JN201713

激変する韓国の物流

李 志明 著

晃洋書房

は し が き

　本書は韓国の物流について，政策と産業の視点から，その動向と課題を明らかにしたものである．韓国の物流に関する論文は日本でもいくつか発表されているが，幅広く韓国物流の全般を取り上げている書籍はないに等しい．諸外国を参考にしたり比較したりする際に，自国より発展している国を対象とするのが一般的である．韓国では新しい政策や制度などを検討する際に，日本や欧米を参考にしている．同様に日本でも欧米を参考にしており，韓国を参考にした例は多くない．これが，韓国物流に関する書籍が日本で見当たらない理由であろう．

　しかし，韓国は「パリパリ」文化を土台に，経済成長や産業発展そして技術革新などを成し遂げてきた．「パリパリ」は，迅速に行動を起こして結果を出すこと，を意味する韓国語である．慎重性に欠けるおそれから，否定的な意味で使われる場合もあるが，35 年間の日本の植民支配から解放され，また内戦を経験した韓国が，わずか約 30 年間で急激な経済成長を実現した動力こそが「パリパリ」文化である．国の法制度や企業の経営活動が革新を止めず，スピーディーに前進してきた結果として得られた経済成長である．

　さらに近年，韓国は経済大国に入り，従来の自動車産業や造船産業そして電子産業だけでなく，医療産業や文化産業など多くの産業が世界から注目されている．物流産業も韓国の国家戦略と位置づけられており，日本にとって参考になる新しい法制度も制定されている．これを踏まえて，本書は，物流に対する国の考え方が反映される法制度の変遷と，物流産業の動向を明らかにしている．

　本書は，以下のように，3 部に分けられており，8 章で構成される．

　第 I 部では，韓国の経済や物流の国際競争力を確認した．一般に経済が成長すると物流活動が増加し，また物流の効率化は経済成長に貢献すると言われる．そのため，第 1 章では急成長した韓国の経済を分析したうえで，世界経済フォーラムの国際競争力指標を用いて，国際競争力の変化を分析した．第 2 章では，世界銀行の物流効率性指標を用いて，韓国物流の国際競争力の変化を明らかにした．また，韓国が物流の国際競争力を向上させるために重点的に進め

てきた国際物流拠点の整備について明らかにした．韓国は'空の仁川・海の釜山'として選択集中投資をおこなってきたことから，仁川国際空港と釜山国際港湾について整備の変遷と活動実績を分析した．

第Ⅱ部では，韓国物流に関する法制度と物流産業の動向を分析した．物流インフラには制度インフラ・施設インフラ・技術インフラがあるが，法制度や政策である制度インフラは国の考え方が反映され，施設インフラや技術インフラに影響を与える．例えば，施設や技術の開発事業などについて，法制度や政策によって規制または支援される．さらには，産業育成の方向性が国によって決められるため，当然のことながら，制度インフラは企業や産業にも大きな影響を与える．そのため，第3章で，韓国の物流に関する主要法律の変遷を概観した．1960年代に港湾や海運に関する法律が制定され，1990年代には物流産業や施設に関する法律が制定された．2021年にはラストマイル物流に関する法律が新設された．これらの法律は，社会の変化とともに数多くの改定を行ってきており，その意味を考察した．第4章では，韓国の内航海運における制度の変化を取り上げ，政府の考え方が産業に与える影響を論じた．特に，韓国の内航海運におけるカボタージュ規制の緩和動向と，外国人船員雇用制度の導入は，日本にとって大いに参考になると考える．第5章では，運輸業調査などのデータを分析し，韓国の物流産業の特徴と課題を明らかにした．韓国においても，日本のように，物流産業のほとんどが自動車貨物運送事業であり，零細な企業が多く，取引の多段階構造が指摘されているが，韓国では「持込制」による構造的な課題が残されている．

第Ⅲ部では，今後の韓国物流について考察した．韓国では，今後もラストマイル物流など物流需要が増加すると予測されており，今後の物流供給のためには物流施設だけでなく，物流教育も重要である．また，持続可能な物流を実現するためには物流課題を明らかにし，その対策を考える必要がある．そのため，第6章ではラストマイル物流に関する宅配産業について分析した．電子商取引の急増により，一人当たり年間宅配利用個数は韓国が世界一となっている．特に迅速な配送が求められる韓国のラストマイル物流をめぐる競争関係を明らかにし，ラストマイル物流に瞬時に対応するための物流施設の動向を明らかにした．そして宅配産業の課題を論じた．第7章では，韓国の高校と大学における物流教育と，産業が主導する物流教育を明らかにした．特に，産官学の協力による物流教育のやり方は，日本に示唆する点が多いと考える．第8章で

は，今後の韓国物流が改善すべき課題を論じた．長い間指摘され続けている物流企業の零細性や物流産業の多段階構造は，改善されているとはいえ，まだ改善の余地がある．そして自家物流がまだ多く，その効率性は改善すべきである．さらに，今後の持続可能な物流のために考慮すべき課題もある．少子高齢化の問題である．韓国は，少子化も高齢化も世界で最も深刻であり，経済成長の視点だけでなく，労働力確保の視点からも大きな課題である．その解決策の一つとなる物流の無人化を考察した．

以上のように，本書は韓国の物流について幅広く取り上げている．なかには，分析や考察が不十分である部分もあり，また課題に対する改善案などは今後の研究に残している．それにもかかわらず，日本にとって参考になる部分も多いと考える．今後は，韓国と日本が相互に参考し，両国における物流政策の立案や物流産業の発展そして物流研究の深化に役立つものとなることを期待したい．

2024 年 10 月

李　志　明

目 次

はしがき

第 I 部
韓国の国際競争力

第1章
韓国経済の国際競争力の変化   3

1・1　韓国経済の成長 ··· 3
  （1）韓国の国内総生産   （3）
  （2）韓国の経済成長率   （4）
  （3）韓国の国民所得   （5）

**1・2　世界経済フォーラムの国際競争力指標からみる韓国経済の国際
競争力** ··· 7
  （1）分析に用いるデータ   （7）
  （2）韓国経済の国際競争力   （11）

第2章
韓国物流の国際競争力の変化   15

2・1　世界銀行の物流効率性指標からみる韓国物流の国際競争力 ········ 15
  （1）分析に用いるデータ   （15）
  （2）韓国物流の国際競争力   （17）

2・2　韓国における国際物流ハブ拠点の整備 ·································· 19
  （1）航空輸送ハブ拠点となる仁川国際空港   （19）
  （2）海上輸送のハブ拠点となる釜山港   （27）

第 **Ⅱ** 部

韓国の物流法制度と
物流産業

第 **3** 章

韓国の物流制度インフラ　39

3・1　物流関連法律の変遷 ·· 40
　(1) 港湾と海運に関する法律　(40)
　(2) 物流産業の育成に関する法律　(41)
　(3) 物流施設の開発に関する法律　(45)
　(4) 生活物流に関する法律　(49)

3・2　国家物流基本計画の変遷からみる韓国物流政策 ·················· 51
　(1) 総合物流政策の国家物流基本計画　(51)
　(2) 国家物流基本計画の変遷　(52)
　(3) 韓国物流政策の変化　(58)

第 **4** 章

韓国の内航海運における制度　63

4・1　韓国における内航海運の特徴 ·· 63
　(1) 輸送量と輸送分担率の減少　(63)
　(2) 登録制への転換による内航海運事業者と船舶数の増加　(64)
　(3) 船舶の大半を占める曳艀船と小型船舶　(65)
　(4) 船舶の高齢化　(68)
　(5) 育成産業の対象外になる内航産業　(69)

4・2　韓国内航におけるカボタージュ規制の動向 ······················· 70
　(1) カボタージュ規制の概要　(70)
　(2) 韓国のカボタージュ規制の緩和　(71)

(3) 韓国のカボタージュ規制の緩和の課題　　(74)

4・3　外国人船員の雇用制度 ································ 76
(1) 韓国の船員動向　　(76)
(2) 韓国の内航海運における外国人船員の雇用制度　　(82)
(3) 外国人船員の雇用制度の評価と課題　　(88)

第 **5** 章
韓国の物流産業の動向　91

5・1　韓国の物流産業の分析 ································ 92
(1) 分析に用いるデータ　　(92)
(2) 物流産業における事業者数と従事者数の動向　　(93)
(3) 物流産業の事業者の規模　　(93)
(4) 物流産業の売上高　　(97)
(5) 韓国の物流産業の特徴　　(99)

5・2　韓国の貨物運送事業の分析 ································ 100
(1) 業種別の貨物運送事業の現状　　(100)
(2) 貨物輸送活動の動向　　(102)
(3) 営業用と自家用の貨物自動車輸送　　(105)
(4) 韓国の貨物運送事業の特徴　　(107)

5・3　韓国の貨物自動車運送事業の分析 ································ 108
(1) 貨物自動車運送事業の変遷　　(108)
(2) 貨物自動車運送事業の動向　　(114)
(3) 貨物自動車運送事業の特徴　　(121)

第 III 部 今後の韓国物流

第 6 章
今後の物流の展望　125

6・1　ラストマイルの生活物流 ································· 125
- (1) 韓国における宅配サービス事業の法制化過程　(125)
- (2) 韓国における宅配産業の形成と成長　(128)
- (3) 韓国における宅配市場の成長　(132)
- (4) 宅配産業における新しい競争　(134)
- (5) 宅配産業における課題　(140)

6・2　物流施設への投資 ································· 147
- (1) 増加する大型物流施設　(147)
- (2) スマート物流センター認証制度　(149)
- (3) 増加する小型物流施設　(152)

6・3　物流基本計画からみる 2030 年の物流未来像 ············· 156
- (1) 2030 年の物流未来像の背景となる外部環境の変化　(156)
- (2) 2030 年の物流未来像　(158)

第 7 章
産官学による物流教育　163

7・1　学校による物流教育 ································· 163
- (1) 物流教育を専門とする高校　(163)
- (2) 大学における物流専攻　(166)

7・2　官民による物流教育 ································· 170
- (1) 韓国統合物流協会による物流教育　(170)
- (2) 物流資格の物流管理士　(172)

7・3　物流教育の課題 ··174
　　(1) 物流産業の課題との乖離　　(174)
　　(2) 教育対象と教育内容の拡大の必要性　　(174)

第 **8** 章
韓国物流における今後の課題　177

8・1　韓国物流における継続的課題 ·······································177
　　(1) 物流産業における構造的問題　　(177)
　　(2) 物流活動の非効率性　　(181)

8・2　少子高齢社会の韓国における新たな課題 ················188
　　(1) 深刻な少子高齢化　　(188)
　　(2) 物流の無人化　　(192)

あ と が き　　(197)

参 考 文 献　　(201)

索　　　引　　(205)

韓国の国際競争力

情報技術の変化や国際化の深化などにより，各国の経済や社会が変化し続けてきている．そして，その変化のスピードが加速しており，各国の国際競争力の変動も激しくなっている．一般に，経済が成長すると物流活動が増加し，また物流の効率化は経済成長に貢献すると言われる．このように経済と物流は密接に関連している．そこで，第 I 部では，韓国と国際機構のデータを用いて，韓国経済の国際競争力の変化（第 1 章）と，韓国物流の国際競争力の変化（第 2 章）を明らかにする．

韓国経済の国際競争力の変化

　韓国は1970年代以降，経済が大きく成長してきた．1990年代の後半には経済危機に陥ったが，その後，再び経済が成長してきている．本章では，まず韓国の経済動向を分析したうえ，日本と比較することで，現在の韓国経済の位置を確認する（**1・1**）．そして，国家競争力指標を用いて，世界における韓国の相対的な位置を明らかにする（**1・2**）．

1・1　韓国経済の成長

(1)　韓国の国内総生産

　1970年以降の韓国の経済は右上がりに増加し続けてきた（**図1-1**）．成長率こそは，後述するように，1960年代後半にも大きく増加していたが，韓国の国内総生産（GDP：Gross Domestic Product，名目価格基準）は1970年代に始まった「セマウル運動」[1]を経て，1980年代後半に連続して韓国で開かれた仁川アジア

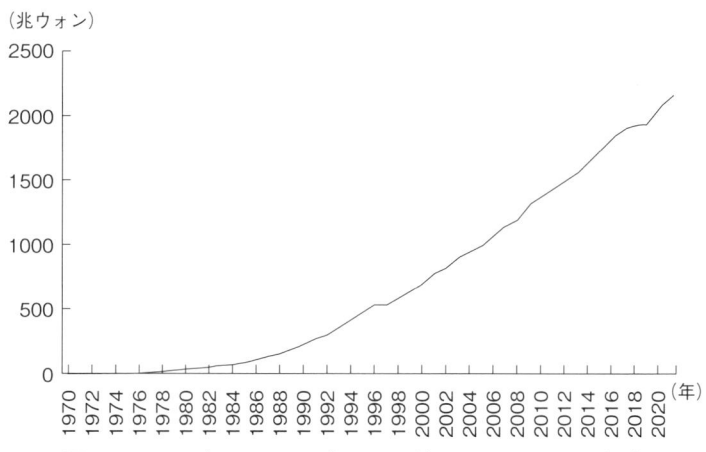

図1-1　1970年から2022年までの韓国GDP（名目）の推移
（出所）韓国銀行「国民所得」（2024）を基に筆者作成.

競技大会 (1986 年) やソウルオリンピック (1988 年) の後に急激に増加した.

　韓国の GDP は, 1970 年に 2.8 兆ウォンであったが, 1978 年には 25 兆ウォンとなり, 約 10 倍増加した. 4 年後の 1982 年は, さらに 2 倍増加し, 57 兆ウォンを超えた. オリンピックの 2 年後の 1990 年には 200 兆ウォンを上回り, 1997 年の 542 兆ウォンまで増加し続けた. しかし, 1997 年にアジア通貨危機に陥り, 翌年の 1998 年における韓国の GDP は 537 兆ウォンとなり, 初めて減少に転じた. その後は再び増加し続け 2006 年には 1000 兆ウォンを上回った. その後も増加し, 2022 年時点で 2150 兆ウォンを記録している. このように, 韓国の GDP は, 約半世紀の間, 約 800 倍も増加した.

　IMF (International Monetary Fund) の「World Economic Outlook 2023」によると, 2023 年における日本の GDP は, 米国と中国に次ぐ世界 3 位であり, 韓国は 2021 年の 10 位から順位を落とし 12 位となった. ただし, CEBR (Centre for Economics and Business Research) が 2023 年 12 月に発表した「World Economic League Table 2024」には, 2024 年, 2028 年, 2033 年, そして 2038 年の GDP 順位を予測しているが, 韓国は 2028 年には 9 位になると予測されている.

(2)　韓国の経済成長率

　次に, 韓国戦争 (1950 年 -1953 年) 後の 1954 年以降における韓国の経済成長率 (実質価格基準) を見てみる (図 1-2). 韓国の経済成長率は, 1954 年から 2023 年まで 70 年の間, マイナス成長を見せたのは 3 回のみである. 最初はオイルショックの影響で 1980 年にマイナス 1.6% となり, 次は通貨危機の影響で 1998 年にマイナス 5.1% を記録した. そして近年の新型コロナウイルスの影響で 2020 年にマイナス 0.7% となった. 経済規模が小さかった 1970 年代以前は成長率の実績値は変動があるものの, 右上がりの傾向にあった. その後は, 前年比増加ではあるが, 長期的には成長率の幅は減少している.

　韓国の経済成長率の長期的な動向は, 日本の高度成長期とその以降に見せた動向と類似しており, いわゆる雁行型経済発展が考えられる. 日本の年平均経済成長率は, 1956 年から 1973 年まで 9.2% とかなり高かったが, その後 1990 年までは 4.1% に半減した. さらに 1991 年から 2022 年まではわずか 0.8% となっている. 同期間の韓国の年平均経済成長率は, 順に, 8.5%, 9.5%, 4.8% である (表 1-1). 韓国の高度成長期 (表 1-1 の 1974 年 -1990 年) の成長率は, 日

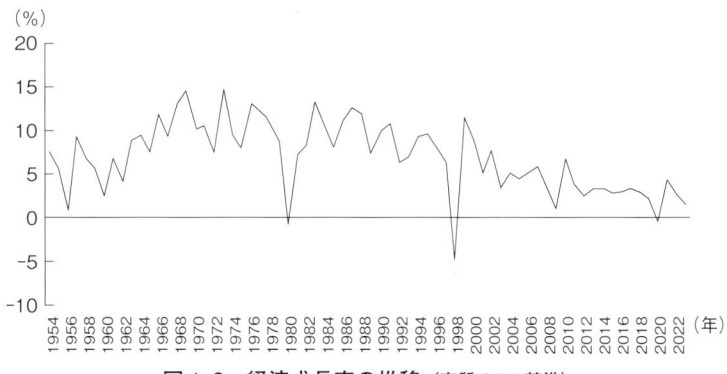

図 1-2　経済成長率の推移（実質 GDP 基準）

（出所）韓国銀行「国民計定」（2024）を基に筆者作成.

表 1-1　日本と韓国の年平均経済成長率

	1956年-1973 年	1974年-1990 年	1991年-2022 年
日本	9.2%	4.1%	0.8%
韓国	8.5%	9.5%	4.8%

（出所）日本の内閣府と韓国の韓国銀行のデータを用いて，上記期間の成長率の単純
平均値を算出.

本の高度成長期（同 1956 年 -1973 年）の成長率に近い．そして，韓国の安定成長
期（同 1991 年 -2022 年）の成長率も日本の安定成長期（同 1974 年 -1990 年）の成長
率に近い．このように時間をおいて，類似した経済成長をみせている.

　ここ 30 年間の日本の年平均成長率が 1% を下回っており，韓国の経済成長
の動向が日本と類似していることを鑑みると，これからの韓国の経済成長率が
大幅に増加することは期待しにくい．2024 年 1 月に発表した IMF の "World
Economic Outlook Update" では 2024 年と 2025 年の実質 GDP 成長率を示し
ているが，そこでは日本の成長率はそれぞれ 0.9% と 0.8% に予測されており，
韓国のそれは両年とも 2.3% と予測されている.

（3）韓国の国民所得

　上記のように韓国の経済は長期的に成長し続けてきており，今の経済規模は
世界で上位 10 位に近づいている．ここでは，国民所得の観点から韓国経済
の変化を見てみる．そのため IMF の "World Economic Outlook Database,

April 2023" を用いて，1990 年から 2028 年まで日本と韓国の一人当たり GDP（実質価格の購買力平価ベース）を比較する．ただし，2021 年値からは IMF による予測値である（図 1-3）．

　1990 年に 1 万 2670 ドルであった韓国の一人当たり GDP は，通貨危機があった 1997 年（2 万 390 ドル）に初めて 2 万ドルを超えたが，その翌年は 1 万 9205 ドルに減少した．しかし，すぐに回復し，韓国の一人当たり GDP は 2006 年に 3 万ドルを超えた．それからも増加し続け，11 年後の 2017 年には 4 万 1001 ドルとなった．今後も増加し，2027 年には 5 万ドルを超え，2028 年には 5 万 2068 ドルになると予測されている．

　一方，日本の一人当たり GDP は 1990 年に 3 万 2908 ドルであり，すでに 3 万ドルを超えていた．しかし，「失われた 30 年」と言われるように，日本の一人当たり GDP は 2015 年の 4 万ドルに至るまで 25 年以上かかった．その後も日本の一人当たり GDP は微増しており，今後も大きな増加は期待できないと予測されている．

　韓国と日本の一人当たり GDP の差は 1990 年には 2 万ドル以上であり，当時の韓国の一人当たり GDP は日本の 38% にすぎなかった．1995 年には韓国が日本の約 52% になり，2010 年には 90% まで近づくほど，両国の一人当たり GDP の差は縮まってきた．その後も韓国の一人当たり GDP は日本に近づき，

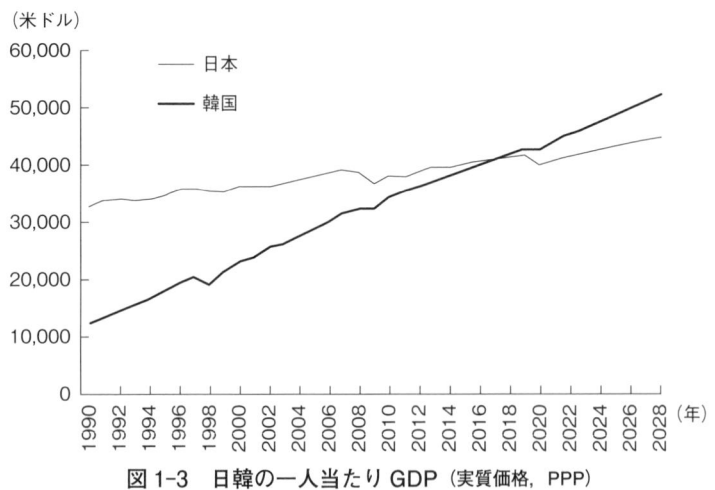

図 1-3　日韓の一人当たり GDP（実質価格, PPP）

（出所）International Monetary Fund, World Economic Outlook Database, April 2023（2021 年以降推定値）を基に筆者作成.

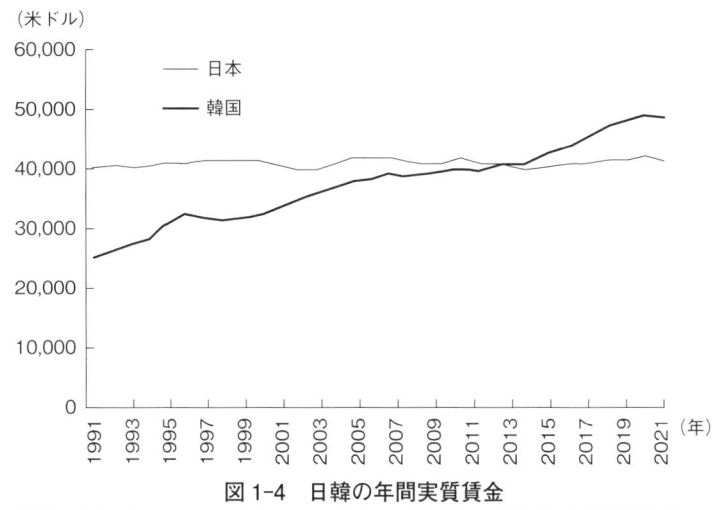

図 1-4　日韓の年間実質賃金

（出所）OECD Average Annual Wages データベース（2024 年 2 月時点）を基に筆者作成．

2017 年にはわずか 408 ドルの差になった．翌年の 2018 年には韓国の一人当た
り GDP が日本を上回った．さらに，その差は今後も大きくなると予測されて
おり，IMF によると 2028 年に韓国の一人当たり GDP が日本のそれを 17% 上
回ることになる．なお，韓国の一人当たり GDP は 2023 年に世界 30 位にな
り，日本は 38 位になると予測されている．

　以上のように，韓国の国民所得が増加し続け，日本を上回るようになった
が，同様なことが OECD の発表する平均賃金データ（実質価格の購買力評価ベー
ス）からも示されている．1991 年の韓国の平均賃金は 2 万 5149 ドルであり，
日本と約 1.5 万ドルの差であった．その後，日本の平均賃金は横ばいしている
一方で韓国の平均賃金は増加し，2014 年には日本を上回る 4 万 746 ドルとなっ
た．その後も韓国の平均賃金は増加し続け，2022 年には 4 万 8922 ドルとなっ
た．現在，韓国の平均賃金は日本より 7413 ドル高い（図 1-4）．

1・2　世界経済フォーラムの国際競争力指標からみる韓国経済の国際競争力

(1) 分析に用いるデータ

　世界における一国の競争力を議論する際，国際競争力という言葉が用いられ
る．しかし，統一した国際競争力の定義やその指標はない．分析する目的やそ

れによる評価項目が異なるためである．国際競争力の定義やその指標に関する議論は本書の目的ではない．本書では，世界経済フォーラム（WEF：World Economic Forum）の定義と，そこで発表される国際競争力指標（GCI: Global Competitive Index）を用いる．

　WEF は国際競争力を「国の生産性を決める制度・政策そしてほかの要因の組み合わせ」と定義しており，1979 年から毎年，世界各国の GCI を発表してきた．GCI は「全要素生産性」を示す指標として定義されている．

　2018 年の報告書からは，第 4 次産業革命の動向を反映して評価方法を変更した「GCI 4.0」が発表された．2019 年の報告書は 141 カ国を対象としているが，これらの国が世界の GDP の 99% を占めており，GCI のスコアと順位をもって，各国の相対的な国際競争力を確認することができよう．なお，2020年には「コロナスペシャル編」に代替され，順位は示されておらず，その後も発表されていない．

　WEF は GCI のスコアを算出する際に，従来は，図 1-5 で示すように基本要素（Basic Requirements），効率性要素（Efficiency Enhancers），革新要素（Innovation and Sophistication Factors）の 3 部門に分類し，その下部に総 12 つの分野（Pillar）を設定していた．基本要素は，国の基本的な成長におけるキーであり，国の法制度，インフラストラクチャー，マクロ経済環境，国民の健康や初等教育に関

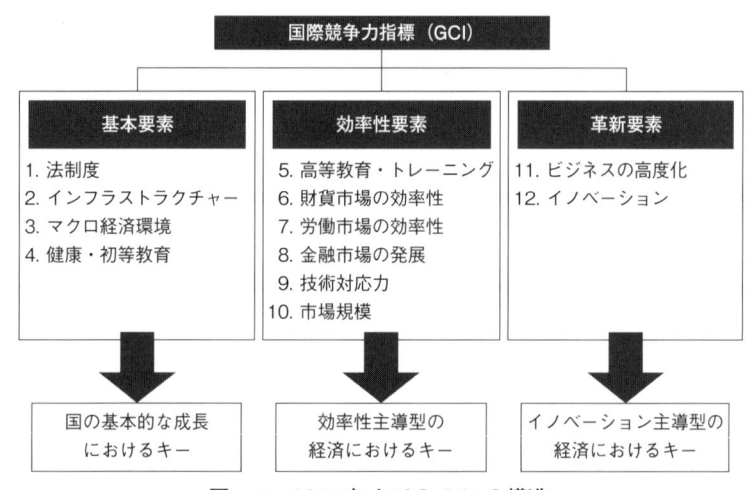

図 1-5　2017 年までの GCI の構造

（出所）World Economic Forum, *The Global Competitiveness Report 2017-2018*, p.12.

する 4 分野からなる．そして，効率性要素は，効率性主導型の経済における
キーとなり，高等教育やトレーニング，財貨市場の効率性，労働市場の効率
性，金融市場の発展，技術対応力，そして市場規模の 6 分野がある．最後に，
革新要素はビジネスの高度化とイノベーションの 2 つの分野から構成される
が，これがイノベーション主導型の経済におけるキーとなる．

　しかし，GCI 4.0 においては，**図 1-6** で示すように，4 部門に変更され，12
つの分野が再配置された．4 部門は，環境醸成力（Enabling Environment），人的
資産（Human Capital），市場（Markets），イノベーション・エコシステム（Innova-
tion Ecosystem）であり，従来に比べて環境と人的資産が強調されていることが
分かる．そして 12 分野として，環境醸成力の部門に (1) 法制度，(2) インフ
ラストラクチャー，(3) ICT の普及，(4) マクロ経済の安定性があり，人的資
産の部門に (5) 健康と (6) スキルがある．市場部門には (7) 財貨市場，(8)
労働市場，(9) 金融システム，(10) 市場規模があり，イノベーション・エコ
システムの部門には (11) ビジネスのダイナミズムと (12) イノベーション能
力がある．

　さらに 12 分野は，ほとんどの場合，複数に細分され，その下部に複数のイ
ンディケーターが設定されている．たとえば，**表 1-2** のように，インフラス
トラクチャー分野は，輸送インフラに関する 8 つのインディケーターと，電気

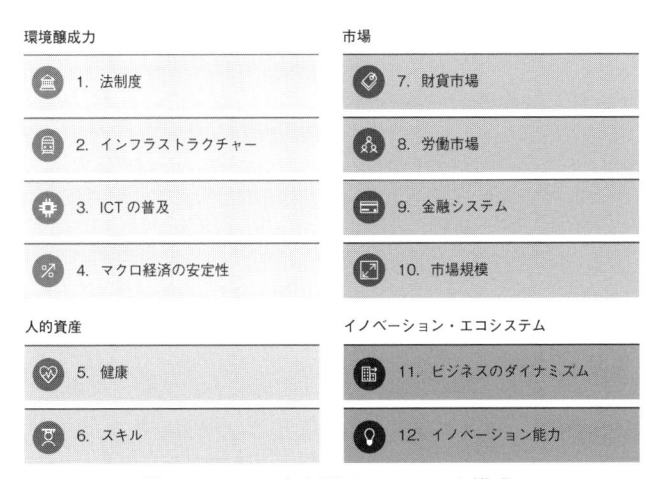

図 1-6　2018 年以降の GCI4.0 の構成

（出所）World Economic Forum, *The Global Competitiveness Report 2018*, p.39.

表1-2　インフラ分野のインディケーター

第2分野：インフラストラクチャー
輸送インフラ
2.01 道路連結性
2.02 道路品質
2.03 鉄道延長
2.04 鉄道輸送の効率性
2.05 空港接続性
2.06 航空輸送の効率性
2.07 コンテナ輸送連結性
2.08 港湾サービスの効率性
ユーティリティ・インフラ
2.09 電気使用可能率
2.10 電力品質
2.11 危険な飲料水への曝露
2.12 水供給の安定性

（出所）World Economic Forum, *The Global Competitiveness Report 2018*, p.325.

や水道などのユーティリティ・インフラに関する4つのインディケーターがある.

　各々のインディケーターのスコアに基づいて12分野のスコアが算出される. そしてその結果からGCIのスコアが算出され, GCIのスコアをベースに各国の国家競争力の順位が決められる. なお, 2019年には総103項目のインディケーターが設定されており, その分析方法とデータはWEFのレポートのアペンドディスクに記されている.

　このようにWEFは広範囲の膨大な調査からGCIを発表しているが, GCIの制約もある. まず, 国際統計とアンケート調査に基づいてインディケーターのスコアを算出するが, これらのデータは1年前ないし2年前のデータが多く, GCIの発表時との時間の差が生じている. また, インディケーターが変更する場合がある. たとえば, 2018年のレポートからは政府の財政収支や負債に関するインディケーターがなくなり, 負債の変動が新たなインディケーターに加わった. さらにはWEFが調査する対象国が毎年多少異なるため, 厳密な時系列な比較には制約がある.

(2) 韓国経済の国際競争力

　上記のような制約はあるものの，GCI は広範囲の膨大なデータから算出しており，国の国際競争力の分析する際に重要な指標となる．ここでは，まず，2000 年以降の韓国の GCI の順位から韓国の国際競争力を見てみる（図1-7）.

　過去約 20 年間，韓国は世界約 130 カ国の中で上位 30 位に入っている．そして，順位の変動はあったものの，上昇傾向にある．2000 年に韓国の GCI の順位は 29 位であったが，その後順位を上げ，2003 年には 18 位になった．しかし，2004 年には再び 29 位に下落した．また，2007 年には 11 位までランクアップしたものの，またすぐに下落した．2014 年から 2017 年まで 4 年間は 26 位に留まっていた（ただし，2018 年報告書で新しい評価方法で 2017 年の対象国を再算出したが，その結果では韓国が 17 位となる）．その後，2018 年には 15 位にランクアップし，さらに 2019 年には 2 ランクアップの 13 位となっている．

　1996 年 12 月に OECD の加盟国となった韓国は，その後，継続して 30 位以内にランクインしている．もし 38 カ国の OECD 加盟国を先進国とするならば，韓国も 1990 年代後半から先進国として競争力を維持していると言える.[2]

　次は，韓国の国際競争力をより詳細に分析するために，最新のデータ（2019 年）を用いて分野別に見てみる（表1-3）．韓国は，ICT の普及とマクロ経済の安定性の 2 つの分野で世界 1 位となっている．国民 100 人のうち 32 人が光ファイバーに接続しており，世界で最も高い比率となる．また成人の 96% が

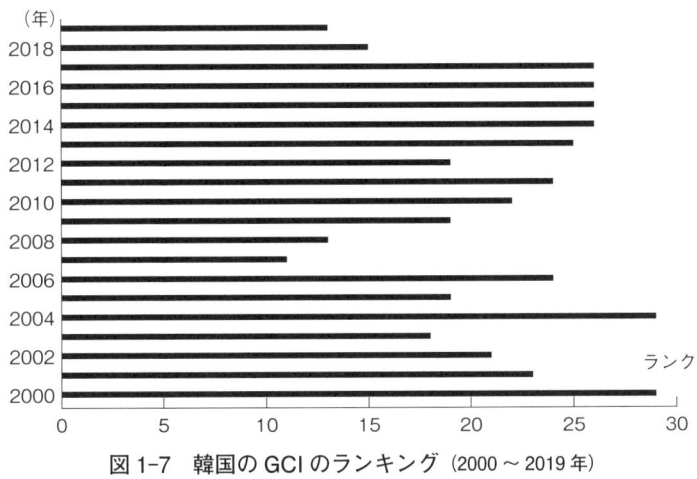

図1-7　韓国の GCI のランキング（2000 ～ 2019 年）

（出所）World Economic Forum, *The Global Competitiveness Report*, 各年を基に筆者作成.

表 1-3　韓国経済の分野別国際競争力順位（2019 年）

部門	分野	順位
環境助成力	（1）法制度	26
	（2）インフラストラクチャー	6
	（3）ICT の普及	1
	（4）マクロ経済の安定性	1
人的資産	（5）健康	8
	（6）スキル	27
市場	（7）財貨市場	59
	（8）労働市場	51
	（9）金融システム	18
	（10）市場規模	14
イノベーション・エコシステム	（11）ビジネスのダイナミズム	25
	（12）イノベーション能力	6
総合		13

（出所）World Economic Forum, *The Global Competitiveness Report 2019* を基に
筆者作成.

インターネットを利用していることから，ICT の普及分野で 1 位となった．
そして，マクロ経済の安定性に関する 2 つのインディケーターは，インフレーションと負債変動の 2 つであるが，韓国はインフレーションが 1.7% と安定しているとの結果となり，負債変動のスコアも満点の 100 ポイントである．その結果，マクロ経済の安定性分野も 1 位となっている．

　そのほか次の 3 つの分野において韓国が上位 10 位に入っている．まず，インフラストラクチャー分野で 6 位になった．前述したように，インフラストラクチャー分野には輸送インフラストラクチャーとユーティリティ・インフラストラクチャーに区分されているが，このうち特に物流と直接関連する輸送インフラは 5 位であったが，ユーティリティ・インフラが 22 位であった．

　同じく世界 6 位になったもう一つの分野は，イノベーション能力分野である．これに関して，研究開発と商用化のインディケーターはそれぞれ 4 位であったが，インタラクションや多様性が 21 位になっている．特に，商用化において，消費者の洗練度は世界 1 位になっている一方，インタラクションや多様性においては労働力の多様性が世界の 86 位となり，イノベーション能力の

順位を引き下げる結果となった.

　これについて WEF は，韓国のイノベーション・エコシステムは，企業文化（55位）を見直すことでより競争力を高めることができると述べている．韓国の文化的・社会的要因によって，「失敗のスティグマ」という企業文化が問題であると指摘している．つまり失敗を嫌うために高リスクを回避し（88位），また，破壊的なアイデアへ消極的（42位）であると述べている．そして，家父長的な企業文化（85位）と多様性の欠如（86位）もイノベーション・エコシステムの強化における課題であると指摘している．

　もう一つ上位10位に入っている分野は，健康分野であり，8位となった．健康に関するインディケーターは期待寿命のみであるが，韓国の期待寿命は71.7歳である．

　一方，最も国際競争力が弱い分野は，財貨市場分野である（59位）．国内市場の競争力も低く（66位）と貿易自由性も低い（76位）ためである．また，労働市場分野も国際競争力が弱い（51位）．労使の対立（130位）と過剰なコスト（116位）が特に低い順位となっている．そして，労働者の権利（93位）もかなり低く，女性の参加が低い（男性100人に対して女性が78人）ことも韓国の労働市場における一つの課題である（59位）．また，WEF は韓国の労働市場における二層構造，すなわち正規雇用と非正規雇用の差も問題として指摘している．正規雇用者は永久契約と寛大な福利厚生を享受する内部者（インサイダー）である一方，非正規雇用者は不安定な外部者（アウトサイダー）であると述べている．

注

1）セマウルは，韓国語で新しい村という意味である．当時の大統領が農村再建事業として提案したキャンペーンであり，農民の所得増大のみならず，工業化やインフラ整備に拍車をかけたと言われている．セマウル運動に関して日本語で掲載されている KBS WORLD（https://world.kbs.co.kr）の 2015. 4. 28. オンライン記事「農村の近代化を導いたセマウル運動」が分かりやすい．そのほか，野副［2007］の論文などに詳しい.

2）日本の経済産業省のウェブサイトにて，OECD を「ヨーロッパ諸国を中心に日・米を含め 38 ヶ国の先進国が加盟する国際機関」と示している（https://www.meti.go.jp/policy/trade_policy/oecd/index.html, 2024. 2.20 閲覧）.

第 2 章

韓国物流の国際競争力の変化

本章では韓国物流の国際競争力の変化を分析する．そのため，世界銀行の物流効率性指標を用いて，世界における韓国の物流パフォーマンスの順位とスコアを見てみる（2・1）．そして，韓国が物流の国際競争力を向上させるために重点的に進めてきた国際物流拠点の整備について明らかにする（2・2）．

2・1 世界銀行の物流効率性指標からみる韓国物流の国際競争力

(1) 分析に用いるデータ

世界銀行（The World Bank）は，2007 年から，世界の各国がより良い物流パフォーマンスをベンチマークするツールとして，各国の物流効率性指標（LPI：Logistic Performance Index）のスコアと順位を算定し公開している．LPI は各国の貿易や物流の効率性を順位付けした指標であり，政策担当者が自国の物流効率性を他国と比較する際に LPI が役立つと，世界銀行は述べている．実施年度によって多少の差はあるが，130 カ国を超える国の順位が公開される．なお，スコアは 1 から 5 までであり，数値が高いほど効率性が高いことを意味する．

LPI は，2 つの情報に基づいてある．一つは，フォワーダーとインテグレーター（Express carrier）などの国際物流事業者を対象としたアンケート調査結果である．つまり，世界の多くの国と取引するフォワーダーやインテグレーターから各国の物流環境について調査した情報である．もう一つは，貿易や物流に関する定量的データであり，通関や輸送時間そしてコストなどの数字情報である．これらの 2 つの情報の分析結果から各国の LPI のスコアを算定し，ランク付けする[1]．

LPI は，6 つのインディケーターからなり，それぞれのインディケーターのスコアと順位も公開されている．各インディケーターは次の通りである[2]．

　① 通関（Customs）：通関制度や越境手続きの効率性
　② インフラ（Infrastructure）：貿易や輸送に関するインフラの品質

③ 国際輸送（International Shipments）：国際貨物輸送の価格と手配の利便性

④ 物流品質（Logistics Competence and Quality）：物流サービスの品質

⑤ トレーサビリティ（Tracking & Tracing）：貨物追跡の可能性

⑥ 正確性（Timeliness）：貨物が荷受人に予定時刻内に到着した頻度

　これらのインディケーターは理論的および実証的研究と物流事業者の実践経験から設定されている．また，サプライチェーンにおけるインプットとアウトカムの両方を網羅している．ここでインプットとは，政策など，サプライチェーンマネジメントを規制する前提条件であり，通関（①）とインフラ（②）と物流品質（④）がここに入る．そしてアウトカムとは，価格や信頼性など，サプライチェーンマネジメントの遂行した結果であり，国際輸送（③）とトレーサビリティ（⑤）と正確性（⑥）がここに入る（図2-1）．

　権・苦瀬［2012］によると，一国の物流効率性はその国の国際競争力と相関関係にある．つまり，物流効率性指標（LPI）のスコアが高い国は，前章で述べた国際競争力指標（GCI）のスコアも高い．そして，国際競争力と最も高い

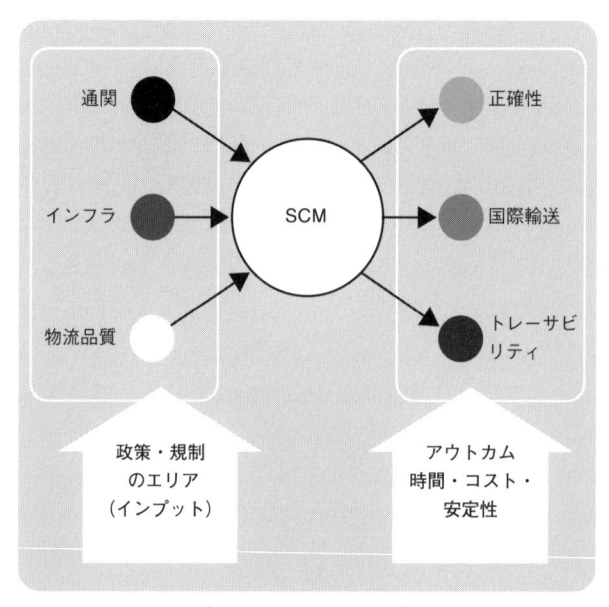

図2-1　LPI インディケーターのインプットとアウトカム
（出所）The World Bank 2023, *Connecting to Compete*, p.12.

相関関係にある LPI のインディケーターはインフラであり，物流品質と通関も高い相関関係にある[3]．

(2) 韓国物流の国際競争力

　世界銀行は，2007 年に初めて LPI を発表して以来，2010 年から 2018 年まで 2 年ごと発表し，その後 2023 年に 5 年ぶりに発表した．2023 年には 139 カ国の LPI を発表しているが，1 位はシンガポールである．その次は順にフィンランド，デンマーク，ドイツなど多くのヨーロッパの国が上位にランクしている．アジアでは，1 位のシンガポールの他に，香港が同率 7 位となり，日本がフランスやスペインそして台湾と並ぶ 13 位となっている．その次が韓国であり，アメリカと並ぶ 17 位である．

　この結果を 2007 年の順位と比較してみる．2007 年にも 1 位はシンガポールであり，続いてオランダ，ドイツ，スウェーデン，オーストリアのヨーロッパの国が上位に並んでいる．日本は 6 位であり，その後をスイスと香港が次いでいる．そして台湾が 21 位となり，韓国は 25 位であった．

　このように，LPI を発表した最初年の順位と最近の順位を比較すると，日本が 6 位から 13 位まで順位を落とした反面，韓国は 25 位から 17 位まで順位を上げた．また，韓国の LPI スコアと 1 位のシンガポールのスコアとの差を見てみると，2007 年においてはその差が 0.67 であったが，2023 年には 0.5 に縮まった．韓国のスコアと日本のスコアとの差も，0.5 から 0.1 に大幅に縮小している（表 2-1）．

　ただし，これには注意が必要である．韓国の LPI の順位が前回（2018 年）までは 21 位から 25 位に分布しているため，2023 年に 17 位にランクアップしたとはいえ，漸次的に順位を上げてきたとは言いがたい．しかしながら，LPI のスコアは増加傾向にあると言えよう（表 2-2）．

　そして，2023 年に韓国の順位が上昇した理由を分析する．そのために，6 つのインディケーターの順位の変化を見てみる（表 2-3）．2007 年に比べて 2023 年に大きく順位を上げたインディケーターは，通関とインフラである．通関は 27 位から 7 位まで上がり，インフラも 25 位から 9 位に上がった．また，正確性も 30 位から 5 ランク上がり，25 位となっている．これらの 3 つのインディケーターの順位が大幅に上がった影響で，2023 年に韓国が上位 20 国に入ったのである．

表 2-1　物流効率性指標（LPI）の順位（2023 年と 2007 年）

2023 年			2007 年		
順位	国	スコア	順位	国	スコア
1	Singapore	4.3	1	Singapore	4.19
2	Finland	4.2	2	Netherlands	4.18
3	Denmark	4.1	3	Germany	4.10
3	Germany	4.1	4	Sweden	4.08
3	Netherlands	4.1	5	Austria	4.06
3	Switzerland	4.1	6	Japan	4.02
7	Austria	4.0	7	Switzerland	4.02
7	Belgium	4.0	8	Hong Kong, China	4.00
7	Canada	4.0	9	United Kingdom	3.99
7	Hong Kong SAR, China	4.0	10	Canada	3.92
7	Sweden	4.0	11	Ireland	3.91
7	United Arab Emirates	4.0	12	Belgium	3.89
13	France	3.9	13	Denmark	3.86
13	Japan	3.9	14	United States	3.84
13	Spain	3.9	15	Finland	3.82
13	Taiwan, China	3.9	16	Norway	3.81
17	Korea, Rep.	3.8	17	Australia	3.79
17	United States	3.8	18	France	3.76
19	Australia	3.7	19	New Zealand	3.75
19	China	3.7	20	United Arab Emirates	3.73
19	Greece	3.7	21	Taiwan	3.64
19	Italy	3.7	22	Italy	3.58
19	Norway	3.7	23	Luxembourg	3.54
19	South Africa	3.7	24	South Africa	3.53
19	United Kingdom	3.7	25	Korea, Rep.	3.52
26	Estonia	3.6	26	Spain	3.52
26	Iceland	3.6	27	Malaysia	3.48
26	Ireland	3.6	28	Portugal	3.38
26	Israel	3.6	29	Greece	3.36
26	Luxembourg	3.6	30	China	3.32
26	Malaysia	3.6			
26	New Zealand	3.6			
26	Poland	3.6			

（注）　2023 年のスコアは小数点 1 桁まで発表されている.
（出所）The World Bank, *Connecting to Compete*, 2007, 2023.

表 2-2　韓国の LPI の順位とスコア

発表年	順位	スコア
2007	25	3.52
2010	23	3.64
2012	21	3.70
2014	21	3.67
2016	24	3.72
2018	25	3.61
2023	17	3.8

（注）　2023 年のスコアは小数点 1 桁まで発表されている.
（出所）The World Bank, *Connecting to Compete*, 各年を基に
筆者作成.

表 2-3　韓国の LPI インディケーターのランク（2023 年と 2007 年）

発表年	LPI	通関	インフラ	国際輸送	物流品質	トレーサビリティ	正確性
2023	17	7	9	26	20	25	25
2007	25	27	25	24	22	23	30

（出所）The World Bank, *Connecting to Compete*, 各年を基に筆者作成.

　一般的に物流効率化は国の所得水準と関係があり，LPI の上位を占める国々は所得水準が高く，下位を占める国々は所得水準が低い．高所得国の LPI スコアの平均は，低所得国の平均より約 45% 高い［世界銀行 2016］．所得水準が高い国は，物流に関するハードウェアとソフトウェアを整備することで物流効率性を高めていることであろう．韓国においても，経済成長に伴い，貿易や物流の重要性をさらに認識し，通関とインフラについて優先的に取り組んできた結果，LPI の順位が高くなったと考えられる.

2·2　韓国における国際物流ハブ拠点の整備

(1) 航空輸送ハブ拠点となる仁川国際空港

1) 韓国における空港と仁川空港の位置づけ

　韓国には 15 の空港がある（2023 年時点）．機能別にみると，7 空港が国内空港であり，8 空港が国際空港である．また，主体別にみると，7 空港が一般空港であり，8 空港は軍用との兼用である．兼用空港は，韓国の国土交通部と国防

部が相互協議して役割を分担し，それぞれ管理している（表2-4，図2-2）．

　一般利用の国際空港は，仁川，金浦，済州，務安，襄陽の5空港のみであるが，国際貨物輸送はほとんどが仁川国際空港にて行われる[4]．よって，以降は，国際航空輸送のハブ拠点となる仁川国際空港（以下，仁川空港）を対象として，その開発と実績について分析する．

表2-4　韓国の空港（2023年末時点）

	区分	空港名
機能別（15）	国際　（8）	仁川、金浦、金海、済州、大邱、清州、務安、襄陽
	国内　（7）	光州、蔚山、麗水、浦項、群山、泗川、原州
主体別（15）	一般　（7）	仁川、金浦、済州、蔚山、麗水、務安、襄陽
	一般・軍の兼用（8）	金海、光州、清州、大邱、浦項、群山、泗川、原州

（出所）韓国国土交通部「第6次空港開発総合計画（案）（2021~2025年）」（2021）．

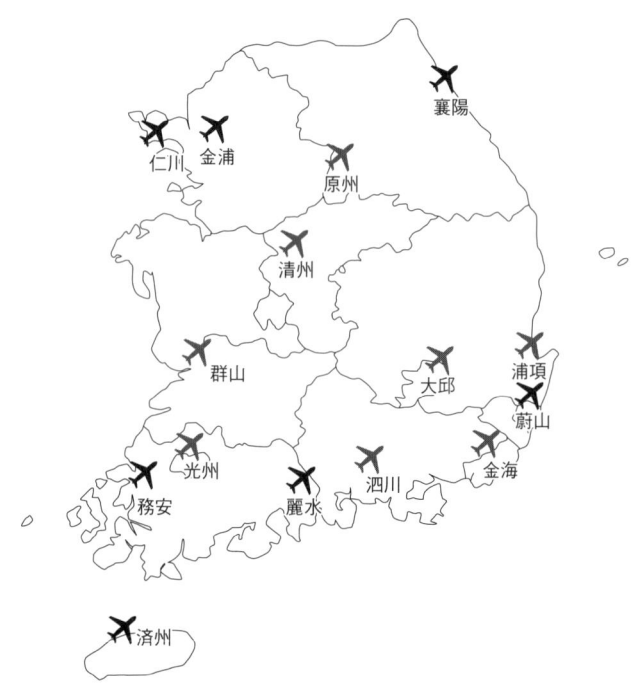

図2-2　韓国の空港の位置（2023年末時点）
（出所）韓国国土交通部「第6次空港開発総合計画（案）（2021～2025年）」（2021）．

2）仁川空港の開発

　仁川空港は，東アジアのハブ空港を目指し，2001 年 3 月に開港された．その前は，韓国の首都のソウルにある金浦国際空港が国際輸送を担当していた．しかし，1980 年代後半に韓国で開かれたアジア競技大会とオリンピック大会を機に国際輸送の需要が急増した．さらに 1989 年には韓国政府が「海外旅行自由化政策」を導入し，旅客の国際輸送が劇的に増加し始めた．金浦国際空港も施設投資を続けたものの，急増する需要には対応できず，新しい空港を建設することになった．そこで 1989 年，「新空港建設推進委員会」は 22 カ所あった立地先の候補地を予備調査から 7 カ所にし，本調査から 3 カ所を選定した．そして 1990 年 6 月に，新空港の立地先として仁川の永宗島（現在の仁川空港の所在地）が確定された．騒音など近隣住民への影響を考慮した結果である．

　その後，仁川空港は 4 期に分けて施設などへの投資をおこなってきた．第 1 期は 1992 年 11 月に空港敷地と防潮堤の整備から始まった．そして 1996 年 5 月に第 1 旅客ターミナルの着工と 2 本の滑走路の整備を始めた．1999 年に仁川国際空港公社が設立され，2001 年 3 月 29 日に空港が開港された．2002 年から第 2 期の投資が開始され，搭乗ビルと滑走路が新たに建設された．第 3 期は 2009 年に始まり，2013 年に第 2 旅客ターミナルが着工され，2018 年 1 月から運営を始めた．その後すぐに第 4 期の投資が決まり，2018 年 12 月に新しい滑走路の整備と第 2 ターミナルの拡張工事が開始された．4 番目の滑走路は 2021 年 6 月から運営されており，ターミナルの拡張工事の完成は 2024 年末と予定されている（表 2-5）．

　仁川空港への投資資金は，第 1 期と第 2 期には国の資金がそれぞれ 40% と 35% であったが，それ以降は国の資金はほとんどない．韓国開発研究院の「2009 年度予備妥当性調査報告書——仁川国際空港 3 段階拡張」によると，第 1 期全体事業費の金額に占める政府出資の金額の比率（財政支援率）は 50% であったが 40% に下方調整し，第 2 期でも仁川空港の事業が順調であることを理由に前期より財政支援率を下げた．表 2-6 は，第 2 期の事業費とそのうちの国の出資金額を年次別に示している．財政支援率が 2001 年から 2009 年まで一貫して減少していることが分かる．その後も，空港への韓国政府の出資はほとんど無いに等しい．

　このように仁川空港は投資を続け，2001 年に開港してから 2019 年まで年平均で，旅客人数と乗換旅客人数がそれぞれ 7% 成長し，貨物輸送実績も 4% 成

表 2-5　仁川空港の施設投資とキャパシティ

	第 1 期	第 2 期	第 3 期	第 4 期
	1992.11- 2001.03	2002.01- 2008.06	2009.06- 2017.12	2018.01- 2024.12
旅客施設 （規模）	第 1 旅客 ターミナル （50.7万m²）	搭乗ビル （16.7万m²）	第 2 旅客 ターミナル （38.8万m²）	第 2 旅客 ターミナル拡張 （34.7万m²）
新設係留場	旅客 60 貨物 24	旅客 49 貨物 12	旅客 54 貨物 11	旅客 62 貨物 13
新設滑走路 （規模）	2 本 （3,750 × 60m）	1 本 （4,000 × 60m）	－	1 本 （3,750 × 60m）
投資金額 （単位：ウォン）	5 兆 6,323 億	2 兆 9,688 億	4 兆 5,754 億	4 兆 8,405 億
新規収容旅客数	3,000 万人	2,400 万人	2,300万人	2900万人
新規運行可能数	33万回／年	17万回／年	（※注）	10 万回／年
新規貨物取扱 キャパシティ	270 万トン	180 万トン	50 万トン	130 万トン

（※注）詳細なデータは入手不可能であり，他の資料では 3 期完了時点で年間 50 万回と示されている．なお，第
　　　　2 ターミナルの完成時は既存の第 1 ターミナルを利用していた航空会社の移転が行われている．
（出所）仁川国際空港の資料を基に筆者作成．

表 2-6　仁川空港の第 2 期投資における事業費と政府出資

単位：億ウォン

	2001	2002	2003	2004	2005	2006	2007	2008	2009	合計
事業費(A)	40	517	1,547	2,747	5,546	9,359	6,570	2,942	420	29,688
政府出資 （B）	40	327	658	1,374	2,273	3,011	2,000	645	0	10,328
財政支援率 （B/A）	100%	63%	43%	50%	41%	32%	30%	22%	0%	35%

（出所）仁川国際空港の資料を基に筆者作成．

　長してきた．そして 2023 年時点での収容旅客人数は 7700 万人，貨物取扱キャ
パシティは 500 万トン，運行可能回数は 50 万回であり，第 4 期投資が終わる
と，それぞれ 1 億 600 万人，630 万トン，60 万回に拡大すると期待されてい
る[5]．
　仁川空港の物流活動や航空輸送も増加傾向にあり，2021 年と 2022 年に貨物

取扱量が世界 2 位となった．開港時の貨物取扱量は年間 119 万トンであったが，20 年後の 2021 年には年間 333 万トンまで約 3 倍増加した．この実績値は同年（令和 3 年）日本の成田国際空港の貨物取扱量の約 260 万トンを大きく上回る数値である[6]．

　韓国は仁川空港の開港時から東北アジアの航空物流のハブ空港を目指していたが，貨物の約 4 割がトランジット貨物であり，ハブ空港として役割を果たしていると言える．そして，韓国は国際貿易や国際物流の競争力強化のために，2005 年 4 月に仁川空港の敷地に 200 万 m^2 を超える自由貿易地域を指定した．そして，2007 年 12 月に 90 万 m^2 以上の敷地を第 1 空港物流団地として指定し，さらに 2020 年 4 月には 33 万 m^2 規模の第 2 空港物流団地を追加で指定した．2022 年末の時点で，35 社の物流企業と製造業 1 社が物流団地で運営している．

　また，自由貿易地域には大韓航空やアシアナ航空など韓国の航空キャリアだけではなく外国の航空会社の貨物ターミナルもある．また AACT（Atlas Air Cargo Terminal）のターミナルがある．AACT は，世界最大規模の貨物運送会社である米国のアトラスエアー航空（Atlas Air）と，航空物流のグランドハンドリングサービス企業である韓国のシャープアビエーションケー（Sharp Aviation K）の合同会社であるが，2008 年と 2020 年にそれぞれ貨物ターミナルを設置して運営していた．同社は近年の航空貨物輸送の需要増加に対応するために第 3 ターミナルを建設している．この新規ターミナルの規模は約 2 万 5000m^2 であり，運営が始まる 2027 年からは年間約 14 万トンの貨物を取り扱うことができる．それによって AACT の貨物取扱キャパシティが年間 28 万トンから 42 万トンに増加すると期待されている．

　仁川空港の貨物ターミナルの拡大は AACT だけではない．グローバルエクスプレス企業である DHL や FeDex も投資を続けている．仁川国際航空公社によると，DHL は 2007 年に設立された DHL 仁川ハブターミナルに 1750 億ウォンを投資に，同社のターミナルを 3 倍に拡大した．これによって，時間当たりの貨物処理件数が約 8000 件から約 2 万 6500 件に増加した．また，FeDex も仁川国際空港公社の「顧客カスタマイズ開発事業」を利用して 3 倍に拡張したターミナルを 2022 年 10 月から運営しており，年間 17 万トン以上の貨物を処理することが可能となっている．

　以上の仁川空港における物流施設の開発が迅速に行われたことは特筆に値

する．AACT の第 2 貨物ターミナルは計画の承認（2018 年 11 月）から 3 カ月後に着工し，竣工前に使用許可（2020 年 3 月）を得て，すぐに運用することができるようにした．DHL のターミナル拡張工事も，本社との契約締結から約 1 年後（2020 年 9 月）に建設が始まり，2022 年の下半期から運営が開始された．FedEx も計画承認から約 1 年後（2019 年 8 月）に着工し，2022 年の上半期から運営を開始している．さらに，仁川空港は近年需要が拡大している生鮮食品や医薬品などの物流効率と安全性を上げるために，1 万 8067m^2 規模の新鮮貨物専用施設（CCC：Cool Cargo Center）を開発したが，空港の建設基本計画（2017 年）から 2 年後の 2019 年 10 月に着工し，2021 年 9 月から運営している．

　これだけ航空物流の施設投資を急ぐ背景には，国際的な電子商取引の増加がある．仁川空港は一般貨物輸送のハブ拠点のみならず，国際電子商取引の物流ハブとして機能を拡大していくために，国際配送センター（GDC：Global Distribution Center）のクラスター形成を推進している．GDC は，海外の電子商取引事業者の商品を搬入・保管し，包装・国際輸送をおこなう物流施設である．米国の大手電子商取引事業者の iHerb は，韓国の大手物流会社である CJ 大韓通運をパートナーとし，アジア市場をターゲットとして仁川空港の GDC に物流センターを設けている（2019 年）．また，ドイツの物流会社の DB Schenker も，540 億ウォンの資金を投入し，敷地面積 1 万 3440m^2（床面積 4 万 325m^2）の国際配送センターを 2021 年 11 月に着工し，2023 年 4 月から運営している[7]．

　また，仁川空港は物流効率化のために，開港から 24 時間体制で通関をおこなっている．特に韓国の関税庁の電子通関システム（UNI-PASS）を導入してからは，通関手続きの 100% をオンラインで処理している．UNI-PASS は 1994 年に開発が始まり，2004 年から段階的に導入され，2006 年から本格施行された．このシステムの導入により，1 日以上かかっていた輸出通関の所要時間が 1 分 30 秒に短縮され，輸入通関も 2 日以上から 1 時間 30 分に短縮された（**表 2-7**）．これは，世界関税機構（World Customs Organization）に加盟している 177 カ国の中で最も速いスピードである．迅速な通関はコスト削減やリードタイム短縮など物流効率化に大いに役立つ．

3）仁川空港の輸送実績

　ここからは，国際航空物流のハブ空港を目指して成長してきた仁川空港の 2010 年以降の輸送実績を見てみる（**表 2-8**）．まず，運航回数は 2010 年（約 21

表 2-7　韓国の電子通関システム（UNI-PASS）の導入前後の手続き所要時間

	UNI-PASS 導入以前	UNI-PASS 導入以降
輸出通関	1 日以上	1.5 分
輸入通関	2 日以上	1.5 時間
関税還付	3 日以上	5.2 時間
関税納付	4 日以上	10 時間

（出所）仁川国際空港公社の資料を基に筆者作成.

万便）から 2019 年（約 40 万便）まで毎年増加し続けてきた. 2010 年に比べて88% の増加である. その後，2020 年と 2021 年には新型コロナウイルス（以降，コロナ）の影響で，それぞれ前年比 63% 減と 13% 減となり，開港当時の運航回数の近くまで減少した. しかし，翌年の 2022 年からは再び増加となり，2023年には約 34 万便まで回復した. 一日当たり平均に換算してみると，開港した2001 年には 312 便であったが，2019 年に 1107 便となるまで，毎年，最高値を更新していた. その後はコロナの影響で，2021 年に 359 便に急減したが，2023 年には 924 便まで回復している.

　次に旅客数を見よう. 旅客数の変化は，運航回数の変化より激しい. 仁川空港を利用した旅客数は 2010 年（約 3348 万人）から増加し続けた. 2018 年（約 6826 万人）には 2010 年の倍以上の旅客が仁川空港から入出国した. さらに2019 年には前年比 4% 増加し，初めて 7000 万人を超える記録を残した. しかし，その後の 2 年間はコロナのための旅行制限により，それぞれ前年比 83%減と 73% 減となり，2021 年の旅客数はわずか 320 万人となった. その後 2022年は，規制緩和に伴い，前年比 459% の増加を見せた. 2023 年も前年比 214%の増加になり，5613 万人に上った. 一日当たり利用客数に換算してみると，2010 年には約 9 万人であったが，2023 年には 15 万人以上となっている. それでもピークとなる 2019 年の約 20 万人には及んでいない.

　最後に，貨物輸送量を見てみる. 開港時の仁川空港の年間貨物輸送量は約120 万トンであった. そして 2010 年には 268 万トンとなり，10 年間で倍増した. しかし，その後，2015 年までは 2010 年の値を超えることができず，2016年（271 万トン）になりようやく 2010 年の値を上回った. そして，2019 年には前年より減少となったものの，コロナにより急減した運航回数や旅客人数とは異なり，貨物輸送量は 2020 年と 2021 年にも前年を超える実績となった. 特に

表 2-8　仁川国際空港の年間運営実績の推移

年	運航	旅客	貨物
	(単位：便)	(単位：人)	(単位：トン)
2010	214,835	33,478,925	2,684,499
2011	229,580	35,062,366	2,539,222
2012	254,037	38,970,864	2,456,724
2013	271,224	41,482,828	2,464,385
2014	290,043	45,512,099	2,557,681
2015	305,446	49,281,210	2,595,677
2016	339,673	57,765,397	2,714,341
2017	360,295	62,082,032	2,921,691
2018	387,497	68,259,763	2,952,123
2019	404,104	71,169,722	2,764,369
2020	149,982	12,049,851	2,822,370
2021	131,027	3,198,909	3,329,292
2022	171,253	17,869,759	2,945,855
2023	337,299	56,131,064	2,744,136

（出所）仁川国際空港公社の資料を基に筆者作成.

　2021 年には 333 万トンとなり，開港以来の最高値を更新した．その後，2022 年と 2023 年は 2 年連続で前年比減少となり，2023 年の貨物輸送量は 274 万トンとなっている．一日当たり平均に換算すると，2010 年（7355 トン）から 2012 年（6731 トン）までは減少したが，その後は 2018 年（8088 トン）まで増加し続けた．2019 年（7574 トン）には減少したものの，2021 年（9121 トン）には急増した．その後，再び減少に転じ，2023 年には 7518 トンとなっている.

　パンデミック中にも貨物輸送量が増加した理由として，コロナの発生直後に海上コンテナ輸送を確保できなかった一部の貨物が航空輸送に転換したことがあるが，仁川空港の支援政策も貨物輸送量の増加に寄与している．仁川国際空港公社の「2020/2021 社会的価値実現報告書」によると，コロナの影響により運航回数が激減したため，通常の貨物輸送が不可能になっていたが，貨物輸送の安全な供給を確保するために，10 カ月間，貨物機の着陸料を 20% 減免した．そのほかに，航空会社の 16 社に 115 億ウォンを支援し，物流企業の 9 社に 4 億ウォンを支援した．このような支援政策の影響で，2020 年の貨物機の

運航回数は前年比 75% 増加した約 6 万 2000 便となり、安定的な貨物輸送の供給を可能にした。

4）今後の航空輸送の予測

韓国は今後も航空貨物の輸送量が増加すると予測している。国土交通部は「第 6 次空港開発総合計画（案）（2021〜2025 年）」にて、2025 年から 2050 年までの航空貨物輸送量の予測値を示している。基本シナリオの他に、2 通りの予備シナリオを設定し、それぞれ中立・拡大・萎縮の 3 つのケースを分析している。基本シナリオの中立ケースでは、2030 年の国際貨物輸送量が 500 万トンを超え、2050 年には 650 万トンを上回ると予想される。ネガティブの予備シナリオの萎縮ケースでも、2030 年には 422 万トンとなり、2050 年に 527 万トンとなると予想されている（表 2-9）。

(2) 海上輸送のハブ拠点となる釜山港

1）韓国における港湾と釜山港の位置づけ

半島である韓国には、港湾法による港湾が 62 港あり、31 貿易港と 31 沿岸港に分けられる。そして、国が管理する港湾と地方自治体で管理する港湾がある（表 2-10）。

2022 年の韓国における海上貨物取扱量（トンベース）は、前年比 2% 減少となる 15 億 5171 万トンである。これを港湾別にみると釜山港が約 27% を占めており、光陽港（約 17%）と蔚山港（約 13%）が次いでいる。光陽港は釜山港から東の沿岸に、道路距離で約 170km 離れている。コンテナ貨物のほかに、多くのバルク貨物や自動車貨物を取り扱っている。蔚山港は釜山港から北の沿岸に、道路距離で約 70km 離れている。コンテナの取扱量（TEU ベース）は、釜山港が多く取り扱っている。一方、コンテナ貨物を

シナリオ・ケス＼年	2025	2030	2035	2040	2045	2050
基本・中立	4,479	5,011	5,453	5,888	6,273	6,589
ネガティブ・萎縮	3,782	4,213	4,554	4,837	5,068	5,254

単位：千トン

表 2-9　韓国の国際航空貨物量の予測

(出所) 韓国国土交通部「第 6 次空港開発総合計画（案）（2021-2025 年）」（2021）.

約 77% を占めている．そして仁川港が約 11% を占め，光陽港が約 7% を占めている．また，コンテナ貨物の中でトランジット貨物のみを対象とすると，約 97% が釜山港を経由している（表 2-11）.

そして，海洋水産部が 2021 年に発表した「第 3 次港湾背後団地開発総合計画（2017-2030）（変更）」によると，釜山港は韓国の全域と交易している．たとえば，仁川港の取扱量は近隣地域（京畿道，ソウル市，仁川市）との交易からが約 9 割を占めており，光陽港も所在地の全羅道だけで約 7 割を占めている．一方，釜山港は近隣地域（釜山市，慶尚道）だけでなく，ソウル市や京畿道，そして韓国の中部にある忠清道などとの交易も多い．

以上のことから，海上輸送においては釜山港がハブ港として位置づけられていることが分かる．

2）釜山港の開発

釜山港は韓国の歴史における最古の港湾であるが，現在のような近代港とし

表 2-10　韓国の港湾（2022 年末時点）

法定区分	機能区分	管理区分	数
港湾（62）	貿易港（31）	国家管理	14
		地方管理	17
	沿岸港（31）	国家管理	12
		地方管理	19

（出所）韓国海洋水産部「海洋水産統計年報」（2023）.

表 2-11　韓国の海上輸送貨物取扱量の上位 3 港湾（2022 年末時点）

港湾	貨物量	シェア	港湾	コンテナ	シェア	うち、トランジット	シェア
	（千トン）	（%）		（千 TEU）	（%）	（千 TEU）	（%）
全国計	1,551,707	100.0%	全国計	28,822	100.0%	12,157	100.0%
釜山	425,084	27.4%	釜山	22,078	76.6%	11,766	96.8%
光陽	269,398	17.4%	仁川	3,192	11.1%	72	0.6%
蔚山	194,857	12.6%	光陽	1,864	6.5%	278	2.3%
その他	662,368	42.7%	その他	1,688	5.9%	41	0.3%

（出所）海洋水産部統計（2024）を基に筆者作成.

ては日本と韓国（当時，朝鮮）との間で締結された江華条約[10]により 1876 年 10 月に開港された．その後 1902 年に，地理的な理由や日本との政治および歴史的な理由から釜山港の本格的な港湾開発が始まった．1906 年に海運施設や付帯施設が設置され，4000 トン規模の船舶が 2 隻同時に接岸できるようになった．そして 1912 年から 1943 年までターミナルや水揚げ場が完工された．しかしその後は，1950 年に勃発した韓国戦争とその後の社会経済の状況により，港湾施設の開発はおこなわれなかった．

　1970 年代に入り，韓国が輸出主導の経済発展を目指すようになり，釜山港においても大規模開発が再開された．1974 年 11 月にコンテナターミナルとバルク専用ターミナルが着工され，翌年は旅客ターミナルの開発事業も始まった．1978 年までこれらの施設が竣工され，1979 年から 1983 年までもう一度の大規模開発がおこなわれた．これにより，釜山港は多くの一般貨物を取り扱うことができるようになった．

　そして，釜山港湾に甘川港が 1989 年 7 月に竣工され，既存の釜山港（後で北港と呼ばれる）とともに貨物取扱量を増やしてきた．その後，さらにコンテナターミナルを新規に建設し，同時接岸キャパシティは 68 隻に増加した．2005 年にはコンテナターミナルにおける同時接岸キャパシティが 149 隻（北港 93 隻，甘川港 56 隻）となった[11]．

　また，韓国は 2003 年 5 月に港湾公社法を制定し，2004 年 1 月には東北アジアのハブ港湾を目指して港湾を運営する釜山港湾公社を設立した．釜山港湾公社は古くなった既存の北港をビジネスや観光などのための親水地域として再開発し，物流拠点としての北港を代替する新港を 2005 年に竣工している．

　北港の再開発[12]は 2024 年までを目標としているが，海洋水産部の「第 3 次 (2021-2030) 港湾再開発基本計画」(2020) によると，すでに第 1 段階事業として 2008 年から 2022 年まで 2 兆 4221 億ウォンを投資している．第 2 段階事業にも 2 兆 5113 億ウォンが投入される．一方，新港は東北アジアのハブ港を目指しており，2008 年から 2025 年まで 1 兆 802 億ウォンが物流インフラに投資される．2023 年時点で，釜山港湾の岸壁は約 3 万 710m であり，同時接岸キャパシティは 201 隻である．コンテナヤードには 52 万 TEU のコンテナが蔵置可能である．また，最も古い北港の第 1 ターミナルを含め，すべてのコンテナターミナルにおいて水深は 15m 以上である．最も新しい新港の第 6 ターミナルの水深は 18m である．

　Drewry の「Container Forecast (2020)」によると，トランジットコンテナ貨物取扱量ベースで 2019 年に釜山港が (2199 万 TEU) シンガポール港 (3719 万 TEU) に次ぐ 2 位となっている．釜山港湾公社は，上記の施設開発事業のほかに，トランジット貨物のハブ港として世界の第 2 位を維持するために，船社はもちろん主に日本と中国の荷主を対象にマーケティング活動を行っている．また，釜山港にてトランジットする船社には運送費の支援などのインセンティブを付与している [釜山港湾公社 2023].

3）釜山港の輸送実績

　上記のように施設投資やマーケティング活動を通して，釜山港は実績を伸ばしてきた．ここで，1993 年以降の釜山港の貨物取扱量（トンベース）を見てみる．このとき，釜山港の貨物取扱量は外航貨物と内航貨物を含んでいるが，内航貨物はわずか 3% を占めている（2023 年時点）．

　釜山港の貨物取扱量は 1993 年の 6950 万トンから 2022 年の 4 億 2500 万トンまで，約 30 年間 6 倍以上も増加してきた．この 30 年間で，釜山港の貨物取扱量が前年より減少したのは 5 回のみである．第 1 回は，韓国の通貨危機により前年比 9.6% 減少した 1998 年である．第 2 回と第 3 回は，リーマンショックにより世界経済が不況に陥った 2008 年と 2009 年であり，それぞれ前年比 0.8% 減少と 6.4% 減少となった．そして第 4 回は，コロナの影響により前年比 12.3% 減少となった 2020 年であり，2022 年も前年より 3.9% 減少している（図 2-3）.

　次に外航貨物を入港と出港別に見てみる．2000 年まではトランジット貨物が外航貨物に含まれて集計されていたので，ここでは 2001 年以降を対象とする．2001 年以降，釜山を出港する貨物が入港する貨物より多く，その差も増加傾向にある．2002 年にはその差が 982 万トンであったが，2017 年には 3431 万トンにまで拡大した．2022 年時点で，出港貨物が入港貨物を 2018 万トン上回っている（図 2-4）.

　一方，釜山港はハブ港として外航におけるトランジット貨物の獲得も重要な目標としている．そのため，韓国は釜山港を韓国におけるハブ港として集中投資するだけでなく，世界におけるトランジット・ハブ港を目標として投資してきた．その結果，釜山港におけるトランジット貨物の取扱量も増加してきた．2001 年において，釜山港の外航貨物取扱量に占めるトランジット貨物のシェ

ア（以下，トランジット率）は38.7% であった．それが2009年には50%を超え，さらに2020年には60%を超えている．2022年時点で，釜山港のトランジット率は61.2%である（図2-5）．

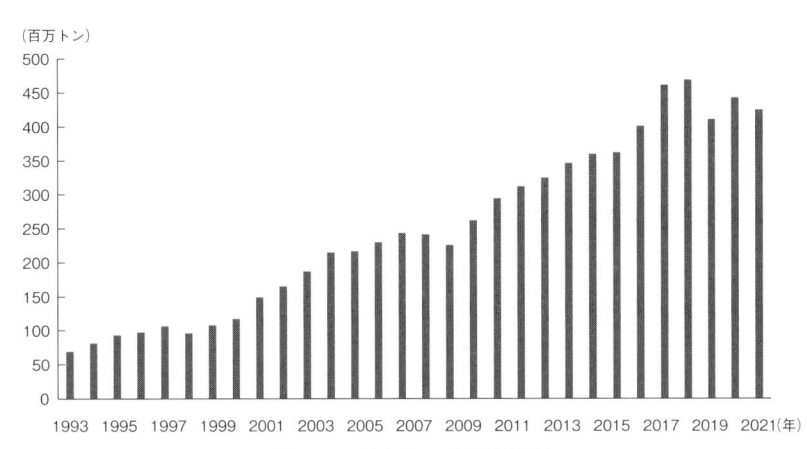

図2-3　釜山港の貨物取扱量

（出所）釜山港湾公社「釜山港年度別物動量」（2023）を基に筆者作成．

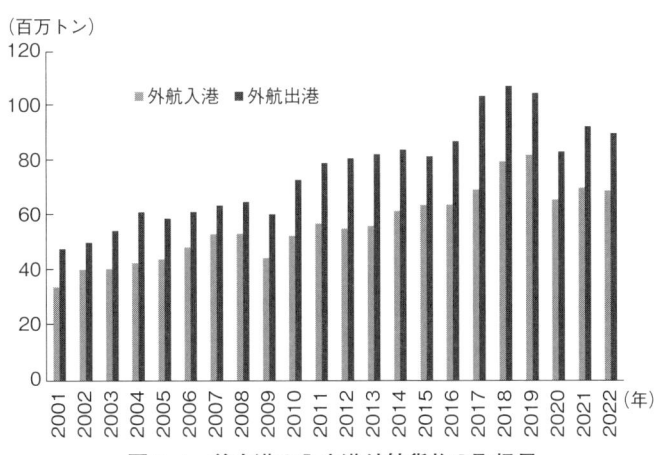

図2-4　釜山港の入出港外航貨物の取扱量

（注）　トランジット貨物を含まない．
（出所）釜山港湾公社「釜山港年度別物動量」（2023）を基に筆者作成．

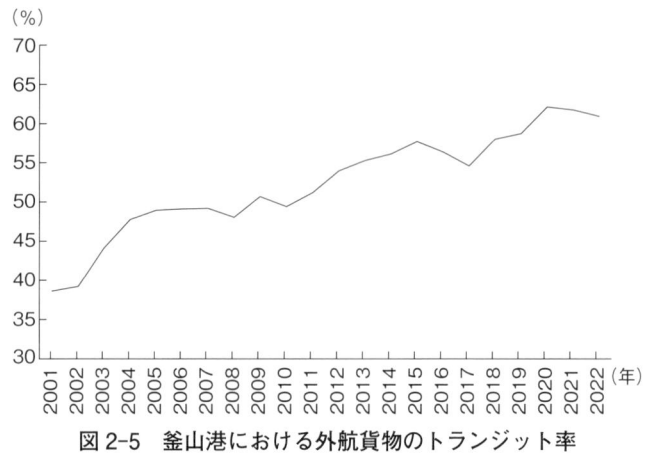

図 2-5　釜山港における外航貨物のトランジット率

（注）外航貨物取扱量（トン）に占めるトランジット貨物取扱量（トン）のシェア.
（出所）釜山港湾公社「釜山港年度別物動量」（2023）を基に筆者作成.

4）釜山港のコンテナ輸送実績

　釜山港は国際海上輸送のハブ港としての地位を維持してきており，特に，上述したように釜山港は韓国のコンテナ貨物の約 8 割を取り扱っている．そこで，ここでは 1993 年以降の釜山港のコンテナ貨物の取扱量について見てみる．

　図 2-6 で示すように，1993 年に釜山港は約 300 万 TEU のコンテナを取り扱っていた．その後，釜山港のコンテナ貨物取扱量は増加し続け，2003 年に 1000 万 TEU を超えた．韓国の通貨危機があった時期でもコンテナ貨物は増加し，この 10 年間の年平均増加率は 13.5% であった．その後の 5 年間は年平均増加率が 5.3% であり，増加率は下がったものの，取扱量は増加していた．しかし，2009 年は世界の経済不況の影響で前年より 10.9% 減少し，1993 年以降初めての減少となった．その翌年の 2010 年には再び増加に転じ，前年比 18.5% 増と大幅な増加を見せた．その後も 2016 年（前年比 0.1% 減）を除き，2019 年まで増加し続けてきた．2020 年には前年より 0.8% 減少したが，2021 年は 4.0% 増加し，コンテナ貨物取扱量が最高値を記録した（2271 万 TEU）．ただ，翌年の 2022 年は前年比 2.8% 減少となった．釜山港湾公社によると，2023 年のコンテナ貨物取扱量は前年比 3.1% 増加となる 2275 万 TEU と推定されており，開港以来，最高値を更新する見込みである[13]．

　そして，すでに述べたように，釜山港はコンテナ貨物においても世界のハブ

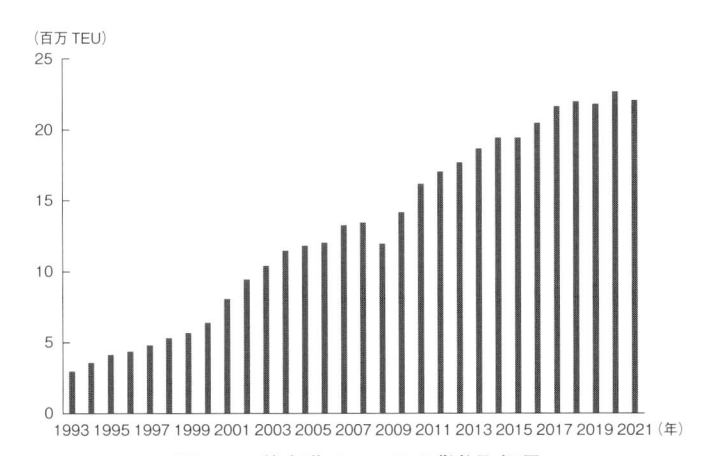

（百万 TEU）

図 2-6　釜山港のコンテナ貨物取扱量

（出所）釜山港湾公社「釜山港年度別物動量」（2023）を基に筆者作成.

港を目指している．海洋水産部の「釜山港世界 2 大トランジット・ハブ港育成および特化発展戦略」（2015）によると，トランジット貨物の 1TEU 当たり約 12 万ウォンの付加価値を創出する．釜山港はコンテナ貨物の獲得を重視し，その取扱量を伸ばしきた．1998 年には，釜山港におけるトランジットコンテナ貨物量が 121 万 TEU であったが，2021 年には 1227 万 TEU となり，トランジットコンテナ貨物量も最高値を記録した．1998 年に比べて 10 倍以上の増加である．2022 年には 1177 万 TEU と，前年比 4% 減少となったが，2023 年には再び増加に転じ，前年比 3.2% 増加した 1214 万 TEU となる見込みである．コンテナ貨物のトランジット率も 1998 年の 20.6% から 2022 年の 53.3% に大幅に増加している（**図 2-7**）.

　さらに，釜山港は 2024 年のトランジット貨物の取扱量を 4.0% 増加することを目標としている．その背景として，釜山港に新規ターミナルが運営を開始することのほかに，大手グローバル船社が釜山港をトランジット・ハブ港として利用していることがある．そのほかに特筆に値する理由として，日本の「物流 2024 年問題」がある．釜山港は，日本の陸上輸送コストが増加すると予想し，日本の貨物を釜山港にトランジットさせることを目標の一つとしている.

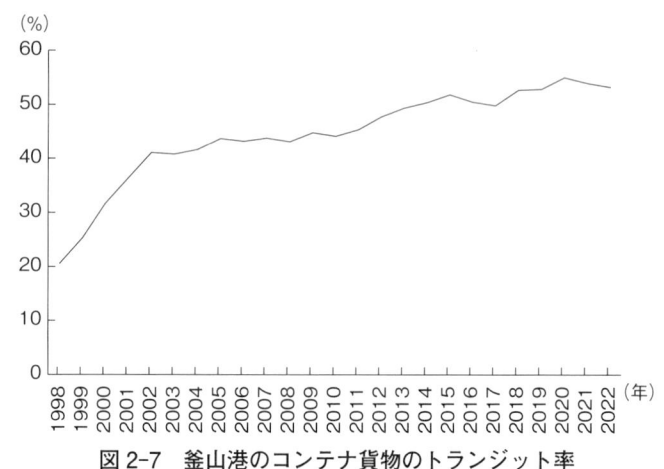

図 2-7　釜山港のコンテナ貨物のトランジット率

（出所）海洋水産部「港湾別コンテナ貨物取扱実績」（2024）を基に筆者作成.

注

1 ）2023 年版には，国際輸送の速度と遅延時間のビッグデータ分析も加わった.

2 ）JETRO は，LPI の 6 つのインディケーターを，順に，「通関の効率性」「貿易・物流関連インフラ」「国際出荷の容易さ」「物流サービスの質」「貨物の追跡能力」「輸送の定時性」と表現している.

3 ）権と苦瀬は，6 つのインディケーターを「通関，インフラ，貨物発送手配，ロジスティクス品質，貨物追跡，適時性」と表現している.

4 ）韓国航空協会の「航空統計」における 2010 年から 2022 年まで韓国の国際貨物輸送量データと仁川国際空港公社の「仁川空港統計」における同期間の貨物輸送量データを用いて計算した結果，仁川空港からの貨物量が平均として約 79% を占める.

5 ）仁川国際空港公社（https://www.airport.kr/ai_cnt/ko/business/background.do, 2024.02.03 閲覧）.

6 ）国土交通省 2022『航空管理状況調書令和 3 年分』.

7 ）Cargo News　2023.5.8. オンラインニュース記事「DB Schenker Korea, KLC2 竣工」（https://www.cargonews.co.kr/news/articleView.html?idxno=51953, 2024.02.19 閲覧）.

8 ）予備シナリオとは将来の不確実性を考慮して，変動幅を ± 15% にしたポジティブシナリオとネガティブシナリオである.

9 ）漁村漁港法による 1036 の漁港があるが，本書では対象外とする.

10）日本では‘日朝修好條規’とも呼ばれ，韓国では‘朝日修好條規’とも呼ばれる. また

当時の年が丙子年であったことから‘丙子修好条約’とも呼ばれ，江華島で調印されたため‘江華条約’とも呼ばれる．

11）釜山市ウェブサイト（https://www.busan.go.kr/bhmohistory05, 2024.02.19 閲覧）．

12）海洋水産部の「第 4 次（2021-2030）全国港湾基本計画」（2021）にて，今後の港湾開発における課題の一つとして“地域相生港湾の構築”を挙げている．そして，その一環として北港の再開発は，マリナーズなど海洋文化観光地区および水上公園など親水地区を醸成することを主要目的としている．

13）釜山港湾公社報道資料　2023.12.19「24 年釜山港荷動き量目標 2.8％ 増加した 2340 万 TEU」．

韓国の物流法制度と物流産業

物流インフラストラクチャー（以降，インフラ）には制度インフラ・施設インフラ・技術インフラがある．このうち，制度インフラは，国の法律や政策また制度であり，ハードウェアとソフトウェアの施設インフラはもとより，人的技術・物流技術・情報技術の技術インフラにも影響を与える．施設インフラや技術インフラの開発事業などを法制度で決定する例が多いためである．さらには，法制度により産業の育成の方向性が定められるため，制度インフラは企業活動にも大きな影響を与える．そこで，第II部では，韓国の物流関連法律のなかで主な法律について概観したうえで（第3章），政府の考え方の影響を明らかにするために韓国の内航海運における制度の変化を取り上げる（第4章）．そして，法制度の影響を受けた物流産業の動向を分析する（第5章）．

韓国の物流制度インフラ

　韓国において物流に関する主な法律は 10 本ほどある（表 3-1）．物流関連の法律として，港湾や海運に関する法律が最も早く制定された．しかし，その時期は 1960 年代であり，諸外国に比べると歴史は古くない．その後，社会と経済の変化によって新たな法令の制定および改定を続けてきた．物流に関連する最も新しい法は，2021 年に制定された「生活物流サービス産業発展法」である．このように現在も新しい物流関連法令を策定しているが，実際に法令において物流の定義が明記されているのは 2007 年に制定された「物流政策基本法」であり，物流という用語が使われた法令は「物流政策基本法」の前身である「貨物流通促進法」である．この「物流政策基本法」が現在の韓国物流政策や物流産業に関する最も直接でかつ基本となる法令である．

　そこで，本章では，韓国の物流関連法律の変遷を概観したうえで（3・1），韓国の「物流政策基本法」とそれに基づく「国家物流基本計画」について述べる（3・2）．なお，「国家物流基本計画」は，韓国の物流政策において最上位の計画であり，日本の「物流総合政策大綱」と同様の位置づけである．

表 3-1　韓国における物流関連の主な法律

分野	法律	制定	備考
港湾・海運	港湾運送事業法	1963.09.19	
	海上運送事業法 →　海運業法 →　海運法	1963.12.05 1983.12.31 1993.03.10	 海上運送事業法の全部改定 海運業法からの名称変更
	港湾法	1967.03.30	
物流産業	貨物流通促進法 →　物流政策基本法	1991.12.14 2007.08.03	 貨物流通促進法の全部改定
物流施設	流通団地開発促進法 →　物流施設の開発および運営に 　　関する法律	1995.12.29 2007.08.03	 流通団地開発促進法の全部改定
生活物流	生活物流サービス産業発展法	2021.01.16	

（出所）各法律を基に筆者作成．

3・1　物流関連法律の変遷

(1)　港湾と海運に関する法律

1)　港湾運送事業法の制定

　韓国において物流に関する最初の法律は，1963年9月に制定された「港湾運送事業法」である．制定の目的は，“港湾輸送に関する秩序を確立し，港湾運送事業の健全な発展を図り，公共の福利を増進すること”である（同法第1条）．

　その後，港湾庁の新設に伴い，1975年12月に1回目の改定がおこなわれ，翌年から施行された．この改定によって，港湾の定義を改め，また港湾において船舶に物品やサービスを提供する港湾運送付帯事業が新に認められた．

　その後も，他法の改定に伴う改定を含め，30回以上の改定がおこなわれてきた．最新の改定は2023年6月（12月施行）であり，港湾総合サービス業が新たに認められた．その事業は離岸と接岸の補助業務と検品などの業務を行う港湾サービス業として登録された事業である．

2)　海上運送事業法の制定と海運業法への全部改定

　「港湾運送事業法」の次に制定された物流関連法律は「海上運送事業法」であり，1963年12月に制定および施行された．この法では海上運送事業として船舶運航事業と海上運送付帯事業を定めていた．前者は旅客運送事業と貨物運送事業であり，後者は船舶貸与，海上運送周旋[1]，海運仲介，海運代理店，自己所有の港湾施設の貸与を業務とする事業である．

　このように海上運送事業にかかわる法律として約60年前に始まった法律であったが，1983年12月に「海運業法」に全部改定され，すぐの1984年1月から施行された．全部改定の理由として“韓国海運の国際競争力強化のために船舶の共同運航に必要な法制度を設け，（中略），各種規制事項を大幅に緩和し，海運業の自律性を保証することである”と記している．そして，既存の海上運送事業を海運業に改め，海上旅客運送事業・海上貨物運送事業・海上貨物運送周旋業・海運仲介業・海運代理店業・船舶貸与業・船舶管理業と定めた．

3) 海運法への改名

海上運送事業法の全部改定により「海運業法」が制定されてから 10 年後となる 1993 年 3 月に，法律が「海運法」に変更された．その理由として"海運環境における自由化や開放の動向に従い，政府の規制を緩和し，海運産業の自律経営を誘導するとともに海運分野における外国との摩擦要因を解消する"と述べられている．

このように規制緩和の動向に合わせて海運事業の規定を改定するとともに，法律の名称も「海運法」に変更し，1994 年 6 月から施行された．同法は，その後，約 50 回の改定がおこなわれ，現在に至っている．

4) 港湾法の制定

物流関連法律の最初となる「港湾運送事業法」と「海上運送事業法」が制定されてから約 3 年後，1967 年 3 月には，港湾開発の促進と適正な管理を目的として「港湾法」が制定された．これによって，1960 年代における物流関連の 3 つの法律が施行されるようになった．

「港湾法」は，指定港湾や地方港湾などを定め，港湾の使用と補填およびその費用に関する事項を規定している．

現在の港湾開発や管理もこの法律に基づいておこなわれている．「港湾法」は，他法の改定に伴う改定を含めて，70 回以上も改定がおこなわれて，現在に至っている．

(2) 物流産業の育成に関する法律

1) 貨物流通促進法の制定

上記のように，韓国において物流に関する法律として，1960 年代に港湾や海上運送にかかわる法律が始まったが，その後，韓国の経済発展や貿易の増加などにより，1990 年代に入り，韓国政府は流通とそれに関する物流の法整備を進めた．

1991 年 12 月には，「物流政策基本法」の前身である「貨物流通促進法」が制定（1992 年 6 月施行）され，30 年間以上，韓国の物流事業に大きな影響を与えるようになった．この法律によって物流産業における規制緩和が進められるとともに多くの法定支援が施され，韓国の物流産業が大幅に成長することになった．ここで，この法律の変遷を概観する．

　「貨物流通促進法」は，物流標準化と複合運送周旋業・貨物ターミナル事業および倉庫業などに関する事項を規定し，貨物流通に関連する事業の健全な発展を促し，貨物流通を促進することで国民経済の発展に貢献することを目的とする（第1条）．ここで複合運送周旋業とは，"他人の需要に応じて，自己の名義と計算で，他人の2つ以上の輸送モードを利用し貨物を一貫して運送する事業である"（第2条の4）．日本においては，複合一貫輸送の契約当事者となる利用運送事業者に該当する．

　また，貨物ターミナルとは"貨物の集荷・荷役・仕分け・包装・保管または通関などに必要な施設を備えた貨物流通の中心となる場所である"（第2条の6）．なお，倉庫業は"他人の需要に応じて有償で倉庫に物品を保管する事業である"（第2条の8）．つまり，韓国の法律では，モノの保管から包装まですべてが行われる物流センターを貨物ターミナルと規定し，保管のみ行われる場合は倉庫と規定している．

　そして，この法律により，韓国は10年単位の「貨物流通基本計画」を策定することになった．

　この法律は他法の改定による改定を除き，1995年12月に初めて一部が改定された（1996年6月施行）．改定の理由は，物流コスト削減のために1994年7月30日に確定公告された「貨物流通体制改善基本計画」の不備を補完することであった．改定法では，物流の施設や装備そして包装の種類やサイズなど標準化を広く普及させるために，物流事業者に融資などの財政支援ができるように明記された．

　また，事業参加のための既存の免許制または認可制を登録制に転換するなど，物流事業の参加規制を緩和した．そして，この改定法において，物流事業や物流事業者が初めて法的に定義された．物流事業は"他人の需要に応じて有償で貨物の運送・保管・荷役または包装そして関連する諸般活動を営むことを業とすること"であり（第2条1項），物流事業者は"物流事業を経営する者"である（同2項）．また，総合物流情報ネットワークの構築（同法の6章）や物流技術の振興（同法の7章）に関する章も新設された．

　もう一つ特筆できる改定内容は，物流専門人材の養成（同法の8章）に関する内容である．物流管理士制度を導入するとともに，物流事業従事者への教育を実施する物流研修機関を指定することを可能にした．

　そして，1999年2月にも改定（5月施行）され，複合運送周旋事業や貨物ター

ミナル事業など物流事業者の義務事項の多くを廃止するなど，規制緩和がおこなわれた．

2) 貨物流通促進法の改定による物流総合政策の策定

2000 年代に入り，貨物流通促進法は大きく転換した．2000 年 1 月に改定（7 月施行）がおこなわれたが，改定の理由は国家レベルでの物流関連政策を推進するためである．韓国の物流に関する政策を，従来は政府の個別組織で策定していたため，組織間の調整に限界があった．そのため，統合した物流政策を策定するように改定した．また，従来の 10 年単位の「貨物流通基本計画」を 20 年単位の「国家物流基本計画」に転換し（第 3 条），より長期的な国家物流政策の推進基盤を造成した．また，そのための物流政策委員会を新設した（第 4 条 6 項）．そして，特別市長と広域市長は管轄する区域の物流を改善するために 10 年単位の「都市物流基本計画」を策定することになった．なお，「企業活動規制緩和に関する特別措置法」において貨物ターミナル事業と倉庫業の登録制が廃止されたため，貨物流通促進法においても関連条項を改定した．

また，この改定法で，物流という用語が "財貨が供給者から需要者まで伝わるまでに行われる運送・保管・荷役・包装とそれに必要な情報通信などの経済活動である" と初めて法的に定義された（第 2 条 1 項）．

2005 年 1 月の改定（7 月施行）では，物流事業の競争力強化のために総合物流事業者を支援することが盛り込まれ，公共機関が拠点物流施設事業へ参加することに関する法的根拠も整えた（第 24 条 2 項）．国家物流システムを段階的かつ総合的に改善していく目的である．この改定の前に，韓国では「東北アジア物流重心推進ロードマップ（2003 年 8 月 27 日）」と「国家物流システム改善対策（2004 年 3 月 2 日）」が発表されており，これを実現させるために専門物流事業を支援して育成することが改定の最も重要な理由であった．その一環として，総合物流事業者として認証を受けた企業には産業団地など物流施設の優先利用や財政支援を許す内容を新設した（第 39 条，第 40 条）．認証基準は「総合物流業者認証などに関する規則（2006 年 1 月 1 日）」の第 3 条に示されていたが，関連他法の廃止に伴い 2015 年 12 月 31 日付けでこの規則は廃止された．

3) 物流政策基本法への全部改定

「貨物流通促進法」は 2007 年 8 月に「物流政策基本法」に全部改定され，

2008年2月から施行された．全部改定の理由は，国内外において物流産業の重要性が高まっており，国際物流の活性化の基盤を構築するためであった．そこで，既存の物流政策委員会の機能を強化して物流政策の総合的な調整を補強することと，物流企業の海外進出の促進および国際競争力の強化に関する内容を規定している．

　物流政策基本法の第1条において，“この法は物流システムの効率化，物流産業の競争力強化および物流の先進化・国際化のために国内外の物流政策・計画の策定・施行および支援に関する基本的な事項を定めることによって国民経済の発展に貢献することを目的とする”と記されている．また，第3条の基本理念でも，“（物流政策基本法による）物流政策は物流が国家経済活動における重要な原動力であることを認識して（後略）”と示されており，第4条の国家および地方自治体の責務においても次のように記されている．

　①（略）
　②国家は物流産業が健全で均等に発展できるように育成しなければならない
　③（略）

　このように物流政策基本法において，国が物流の競争力強化と経済発展を結び付けており，産業の育成と支援することが記されている．このような国の基本理念は，7章で後述するように，物流人材の育成のための国の支援にもつながっている．

　また，物流の範囲を拡大させたことも，物流政策基本法の改定内容として特筆できる．改定理由において“従来には物流の定義を貨物の運送・保管・荷役を中心とした物的流通と定めていたが，これからは財貨の調達から生産・流通・消費および回収・廃棄までの全ての過程を包括し，これらの活動に付加されて価値を創出する加工・組立・仕分けおよび包装を含む概念と定める”と記されている．そして，第2条1項に“物流とは財貨が供給者から調達・生産され消費者に伝達されたり消費者から回収され廃棄されたりするまで行われる運送・保管・荷役などと，これらに付加されて価値を創出する加工・組立・仕分け・修理・包装・ラベリング・販売・情報通信をいう”と定義されている．これは苦瀬［1999］が述べるように，物流の概念が第1世代の物流（物的流通）から第2世代のロジスティクスに拡大されたことである．

　また，「物流政策基本法」において，既存の20年単位の「国家物流基本計

画」を 10 年単位に戻し，国家物流政策委員会の審議を得て，5 年ごとに策定
することにした．2000 年の改定後にも物流に関する政策が統合されておらず，
国家物流政策を効率的に調整するためには政府機関の部署を統括する国家物流
政策の基本方向を構築する必要があると再認識した結果の措置である．そし
て，さらなる情報技術の発展にともない，物流事業においてもデジタル化を促
進するための支援も規定している．また，物流の効率化のための 3PL の促進
とそれに関する支援，環境にやさしい物流の構築とそれに関する支援，さらに
は国際物流の促進と支援についても規定している．

　その後も，物流事業に関する規制緩和と支援について改定してきた．規制緩
和としては，たとえば，2012 年に国際物流周旋業の廃業申告義務を廃止し，
その事業の登録などに関しても 2017 年には国土部長官から市長や道知事に完
全移譲された．一方，支援については，2014 年の改定において「グリーン物
流協議機構」を設置し，「優秀グリーン物流実践企業」と認証された場合は支
援を受けることを可能にし，2015 年には「優秀物流企業」と認証された場合
にも支援を受けることを可能にした．2018 年には，物流新技術の普及のため
の支援と，海外物流企業の買収や海外物流インフラの構築のための支援に関す
る法的根拠が新設された．2020 年からは個人貨物自動車運送事業者のグリー
ン物流活動においても，行政的支援や財政的支援を受けるようになった．さら
に 2023 年には，医薬品や農水産品など食品において，定温物流の共同化を推
進する場合も財政的支援を受けるようになった．

　以上のように，「物流政策基本法」は前身の「貨物流通促進法」から，他法
改定による改定を含め，57 回の改定をおこないながら，韓国の物流産業を育
成してきた[3]．

（3）物流施設の開発に関する法律

1）流通団地開発促進法の制定

　韓国の物流産業に大いに影響を与えたもう一つの法律は，1995 年 12 月に制
定（1996 年 6 月施行）された「流通団地開発促進法」である．ただし，この法律
は 2007 年 8 月に全部改定により「物流施設の開発および運営に関する法律（物
流施設法）」と変わっている．

　「流通団地開発促進法」の制定目的について "流通施設の用地を円滑に供給
し，流通施設を合理的に配置することで，流通構造の改善と流通産業の発展を

促進することによって産業競争力を強化させ，国土の均衡たる発展と国民経済の健全な発展に貢献すること”と記されている（第1条）．

　ここで流通団地とは，“流通施設とそれを支援する施設を集団的に設置・育成するために同法5条により指定・開発する一団の土地である”（第2条1項）．そして，流通施設は“商品の輸送・保管・包装・荷役・加工・通関・販売・情報処理などのための以下の各目の施設である”（同条2項）とし，各目には貨物ターミナルや倉庫はもちろん，大規模小売店舗，卸売センター，集配送センターなど，流通と物流に関する多くの施設があげられている．

　また，支援施設は流通施設の運営を効率的に支えるために流通団地内に設置される施設であり，情報処理施設，金融施設，研究施設，そして従事者と利用者の生活のための施設などがある．

　このように法律の制定目的でも分かるように，韓国は流通市場の開放に備え，流通団地の開発と管理に関する事項を定めるとともに，流通団地の開発促進のための支援を拡大させる理由でこの法律を制定した．そして「流通団地開発総合計画」を策定し，流通団地の指定に関する事項を審議するため，政府（当時,建設交通部）と自治体（市単位と道単位）に流通団地審議委員会を設置した．

　一方，1999年には，民間事業者の企業活動を自由化する動向にともない，流通団地の指定・開発・管理などの規制を緩和した．その一環として，開発事業の施行者が一部を代行させるために必要であった，流通団地の指定権者からの承認を廃止した．また土地や施設を処分する場合，指定権者から承認を受けなければならなかったが，この規定も廃止された．そのほかに，管理機構の設立認可や管理計画も承認を受ける必要がなくなった．

2）物流施設法への全部改定

　「流通団地開発促進法」は，関連する他の法律も多く，それらの法律の改定に伴い，頻繁に改定がおこなわれた[4]が，2007年8月には，全部改定により「物流施設の開発および運営に関する法律（物流施設法）」に生まれ変わった．前述の「物流政策基本法」と同様に，法律の名前に物流が入っている．

　全部改定の理由にも“物流施設の効率的な拡充および合理的な配置運営”と記されており，改定前の‘流通施設’を‘物流施設’に変更している．また，既存の貨物流通促進法による貨物ターミナルおよび倉庫関連規定も物流施設法に移管し，物流施設に関する法令を一元化した．これによって，「貨物流通促

進法」が定めていた'貨物ターミナル'が「物流施設法」にて'物流ターミナル'として定められるようになった.

そして，物流施設の重複投資の防止および総合的な調整を強化するために，5 年単位の「物流施設開発総合計画」を策定することにした（第 4 条から第 6 条）．自治体による物流団地開発を促進するために，自治体の一般会計または政府の補助金からなる物流団地特別会計を設置し，物流団地開発事業への補助や融資など支援を可能にした（第 40 条，第 41 条）．さらに，物流団地に必要な道路・鉄道・下水道・廃棄物処理施設・ガス供給施設などを近隣地域に建設することを，物流団地開発に関する事業と見做した．これにより，他法に別途認可や許可を申請する時間とコストの負担が減らされた.

そして，2010 年 2 月の改定（8 月施行）では，より包括的で一元化した物流施設の開発と配置を図り，「物流施設開発総合計画」に港湾施設を追加した（第 4 条 1 項）．また，物流団地の活性化を阻害する可能性を考慮して，テナント企業または支援機関が施行者と分譲契約を締結した日から一定期間内に建設工事を開始することを義務づけた（第 50 条の 2）．もしその義務を履行しない場合は，物流団地指定権者が履行強制金を賦課することができるようにした（同条の 3）．そして，物流団地再整備事業に関する事項を新設し，物流施設の老朽化を防止するための再整備事業を可能にした（第 52 条の 2）.

翌年の 2011 年 8 月にも改定がおこなわれた（2012 年 2 月施行）．その主な改定内容には，一定規模以上の倉庫業に登録制を導入することと（第 21 条の 2 新設），荷主に対するサービス向上に寄与した倉庫業者を優秀企業に認証することが含まれている（第 21 条の 3 と 4）．また，物流倉庫の建設費の補助または融資の根拠を設けた（第 21 条の 5 新設）.

3) 物流ターミナルなどに関する改定

2012 年以降は，物流ターミナルに関する内容が主に改定された．まず，2012 年 6 月に改定された（同年 12 月施行）物流施設法では，その改定理由として，"物流ターミナルが立地している自治体で増加している交通渋滞や道路の維持費用など財政問題，そして周辺住民の生活を考慮した基盤施設を拡充するような支援の法的根拠を設けるためである"と述べている.

この改定によって，国家または自治体が物流ターミナル事業者に資金の融資または敷地確保ための支援が可能となり，物流ターミナルの円滑な運営に必要

な道路・鉄道・用水施設などの設置または改良に必要な予算を支援することが可能になった.

　その後，2014年1月の改定・施行においては，複合物流ターミナルの内に製造・販売の施設の立地を認めた．複合物流ターミナルとは，"二つ以上の輸送モードの連携運送が可能であるほどの規模や施設を持つ物流ターミナル"である（第2条の5）．このように，複合物流ターミナルにおいて輸送ネットワークが利用できることから，製造から販売そして物流の各機能のシナジー効果を高め，さらには，雇用の創出と地域の経済活性を図るために改定をおこなったのである．ただし，物流センターとしての機能を優先するために，製造・販売の施設の面積は敷地面積の4分の1以下にするようにした．そして，複合物流ターミナル事業の登録に関しては，原則的に認定し，例外的に禁止する方式に規制を緩和した（第7条5項の新設）．さらに，翌年の2015年6月には一般物流ターミナルの内にも製造・販売施設の立地が可能になるように改定された（同年12月施行）．

　2015年12月には，増加し続けている電子商取引による宅配など，都市内物流の需要増に対応するため，物流施設法を改定・施行し，都市先端物流団地制度を導入するとともに（第2条6項の2新設），複合用地制度を導入した（第2条7項の3新設）．都市内にある老朽物流施設を物流・流通・先端事業の融合物流団地に転換し，都市内の物流施設を確保するとともに，連関産業の開発および育成のために支援する．特に，団地内や近隣地域にある住居・文化・福祉・教育施設に支援することで，韓国で長期間にわたり課題となっていた若年層の雇用問題の改善を狙った改定である．

　一方，韓国では物流施設に関する投資を続けてきたが，老朽化した施設もあり，物流施設に対する認識が悪くなっていた．そこで，2020年4月の改定（10月施行）では，スマート物流センターの認証制度を導入した（**6・2**参照）．スマート物流センターとは，"先端物流施設および設備そして運営システムを導入し，低費用・安全性・環境性などから優秀な性能を発揮できる物流倉庫として，国土交通部長官の認証を得た物流倉庫"と定義している（第2条5項の4新設）．そして国や自治体そして公共機関がスマート物流センターに行政的・財政的な支援を優先的にできるようにした（第21条の7の2項新設）．認証の有効期限は3年間であり，国土交通部長官は認証機関を指定することが可能である（第21条の4新設）．

さらに，2023 年 8 月の改定（2024 年 2 月施行）では，'注文配送施設' を物流倉庫の保管施設として追加した（第 2 条 5 項の 2）．注文配送施設とは，電子商取引などの注文を予測し，小型・軽量の貨物を事前に保管しておき，消費者の注文に迅速に配送するための施設である．

以上のように，「物流施設法」は前身の「流通団地開発促進法」が 1995 年 12 月に制定されて以来，他法の改定によるものを含めて 112 回の改定をおこないながら，韓国の物流施設の開発とそれによる物流産業と国民経済の発展に貢献してきた．

(4) 生活物流に関する法律

1) 生活物流サービス法の制定

上記のように，歴史的理由や地理的理由から韓国の物流関連法律は港湾と海運に関する法律から始まり，貿易による経済成長ために港湾の整備や海運産業の育成を進めてきた．また，1990 年代以降は国内の貨物運送や物流施設など物流産業の養成のための法律も制定され，頻繁な改定をしながら，韓国の物流産業を支援してきた．

そして，近年，流通構造の変化，すなわち電子商取引の急激な増加による物流需要に対応するために，2021 年 1 月，新しい物流関連法律が制定された．「生活物流サービス産業発展法（略称：生活物流サービス法）」であり，2021 年 7 月から施行されている．

この法律の目的は "生活物流サービス産業の発展のための基盤を造成し，生活物流サービス従事者および消費者の権益を増進することで（後略）" と定められており（第 1 条），生活物流サービスを "消費者の要請により小型・軽量を重心とする貨物を集荷・包装・保管・仕分けなどの過程を経て配送するサービスおよび二輪自動車を利用して直接配送したり情報通信網などを活用してそれを仲介したりするサービスである" と定義している（第 2 条 1 項）．すなわち，個々の消費者への宅配サービスと配送サービスである．そして，生活物流サービス事業者として，宅配サービス事業者と小貨物配送代行サービスの認証事業者を定めている（第 2 条 3 項）．

このように，「生活物流サービス法」は，いわゆるラストマイルの物流である宅配と小貨物配送に関する法律である．この法律を制定した背景に，生活物流は企業間の物流と異なる宅配と小貨物配送であると述べられ，生活物流サー

ビスの質を向上させるために産業の育成と発展が急がれると記されている.

　そこで，宅配サービス事業の登録制と，小貨物配送代行サービス事業の認証制を導入した．また，税制減免の措置を含め，国や自治体が事業者に行政的・財政的支援を可能とする法的根拠が作られた．なお，国土交通部長官は5年ごとに「生活物流サービス産業発展基本計画」を策定することになった.

　韓国においても宅配の需要が増加し続けているが，物流脆弱地域でのコスト増加，従事者の過労，消費者の安全問題など，事業者と従事者そして利用者の間で葛藤もあった．そのため，この法律では，制定時から，従事者の安全のために休憩時間や空間を提供すること，異常気象などで仕事が困難になった時の対策など，事業者の努力義務が課せられた（第36条）.

　さらに2024年1月9日に一部改定（7月10日施行予定）され，従事者の保護措置が強化された．国土交通部長官が従事者の安全のための内容を宅配事業者に命じる（代行事業者には勧告する）ことを可能にし，施設を検査させることも可能にした.

2）消費者のための改定

　従事者の保護のための改定をおこなってから1週間後である2024年1月16日（2024年7月17日施行予定）に，今度は消費者のための改定がおこなわれた．この改定では，消費者を保護するために，代行サービス従事者の資格について事業者が確認することを可能にし，資格外になったときには契約を破棄することも可能にした．これによって，特定の罪を犯した者は代行サービス事業に従事することは不可能になった.

　消費者のための改定は，2023年10月にもおこなわれていた（2024年4月施行）．この改定の理由として，物流脆弱地域における生活物流サービスを増進するためであると示されている．第3条3項に“国家と地方自治団体は，島嶼・山間地域など交通の不便により生活物流サービスの提供が困難な所として大統領令で定める地域（物流脆弱地域）の生活物流サービスの増進のために努力しなければならない”と努力義務条項を新設した．そして，「生活物流サービス産業発展基本計画」にも物流脆弱地域におけるサービス増進に関する事項が含まれるようにした（第20条）.

　済州特別自治道の「2022年島嶼地域追加配送費実態調査」（2023）によると，電子商取引の事業者や宅配事業者が済州道に追加配送費を請求しているため，

済州道の住民が支払う年間平均配送費は内陸地域の6倍以上になっていた．改定法の施行を受け，韓国では済州道を含め322島嶼地域の住民を対象に，宅配などの追加配送費として，1名当たり年間最大40万ウォンの補助金を支援することにした．

3）無人配送のための改定

生活物流に関する法律が制定されてから，従事者や消費者のために幾度も改定してきたが，韓国の宅配事業において無人配送が2025年より常用化されるようになったのも特筆に値する．

2024年1月におこなわれた生活物流サービス法の改定において，配送における運送モードとして，既存の二輪自動車のほかに，ドローンと室外移動ロボットが追加された（第2条3項2号の新設）．そして第5条3項の新設により，「航空事業法」の第48条にある超軽量飛行装置使用事業の登録，または「知能型ロボット開発および普及促進法」の第40条の2で定める運航安全認証などの要件を整えることで，2025年1月からドローンやロボットを利用した無人宅配が可能となっている．

以上のように，韓国は，今後も増加すると予想される宅配を生活物流と定義し，宅配事業に関する「生活物流サービス法」を制定し，その後の3年間で4度の改定をおこなった．これらの改定は，宅配事業の育成と従事者や利用者の権益のためである．

3・2 国家物流基本計画の変遷からみる韓国物流政策

（1）総合物流政策の国家物流基本計画

韓国の総合的な物流政策は，2000年12月に発表された「国家物流基本計画（以下，基本計画）」から始まった．上記したように，基本計画は「物流政策基本法」に基づいて策定されている．物流政策基本法の第11条1項において，"国土交通部長官および海洋水産部長官は国家物流政策の基本方向を設定する10年単位の国家物流基本計画を5年ごと共同で策定しなければならない"と示されており，同条に基づいて基本計画が策定されている．そして同条2項には基本計画における計画事項が示されており，そのなかには，国内外の物流環境の変化と予測，物流政策の目標や戦略および段階別の推進計画，物流産業の競争

力強化，物流労働力の養成および物流技術の開発，国際物流の促進・支援などが含まれている．そして，2013 年の改正（2014 年 2 月施行）において，環境にやさしい物流活動の促進・支援が新設された．

　また，第 12 条 1 項において，基本計画は「国土総合計画」および「国家基幹交通網計画」と調和して計画することを示しており，同条 2 項では基本計画がほかの物流関連計画より優先的に適用され，その計画の基本となると記されている．つまり，基本計画が韓国における最上位の総合物流政策である．

　さらに，基本計画の施行のために年度別施行計画を管轄部が共同で策定すること（第 13 条），特別市長と広域市長が地域物流政策の基本方向を設定する 10 年単位の「地域物流基本計画」を 5 年ごとに策定すること（第 14 条 1 項），そしてそのために毎年「地域物流施行計画」を策定すること（第 16 条）が定められている．なお，特別自治市長，道知事，特別自治道知事は，地域物流システムの効率化のために，必要によって，地域物流基本計画を策定することができる（第 14 条 2 項）．

　以上のように，韓国の物流産業全般を大綱して，総合的な発展方向性と推進戦略を示す，最上位の物流政策となるのが基本計画である．当初は 20 年単位の長期的な物流政策の方向性を示すために策定されたが，2008 年から施行された「物流政策基本法」にて 10 年単位の方向性を示す基本計画に修正された．基本計画は，社会経済の変化に伴い，5 年ごとに策定するようになっており，現在，第 5 次基本計画まで発表されている（表 3-2）．

(2) 国家物流基本計画の変遷

1) 第 1 次国家物流基本計画（2001 〜 2020）

　韓国の総合物流政策である国家物流基本計画には，韓国政府が考える物流のビジョンと目標，そして推進戦略およびそのための推進計画などが示されている．以降で，基本計画の変遷を概観する．なお，変遷の内容を後掲する**表 3-3**でまとめている．

　2000 年代に入り発表された最初の基本計画では，"21 世紀超優良物流先進国家の建設"がビジョンとして示された．そして，このビジョンを実現する 3 つの目標が設定された．東北アジア物流の中心役割を担う物流強国，先端物流の具現による知識基盤経済を先導する物流知識国，付加価値物流を通じて富を創出する物流産業国，の 3 つである．また，推進戦略は 5 つ設定されており，

表 3-2 基本計画の策定の変遷

	重要内容	備考
2000 年 1 月	基本計画の策定の法的根拠の形成 (「貨物流通促進法」の改定)	20 年単位、5 年ごと更新
2000 年 12 月	基本計画(2001 ～ 2020)の策定	第 1 次基本計画
2006 年 8 月	修正計画(2006 ～ 2020)の策定	第 2 次基本計画
2008 年 2 月	基本計画の単位年へ変更 (「物流政策基本法」の施行)	10 年単位、5 年ごと更新
2011 年 4 月	修正計画(2011 ～ 2020)の策定	第 3 次基本計画
2013 年 3 月	基本計画の策定主体の変更 (「物流政策基本法」の改定)	国土交通部と海洋水産部の共同策定
2016 年 7 月	基本計画(2016 ～ 2025)の策定	第 4 次基本計画
2021 年 7 月	基本計画(2021 ～ 2030)の策定	第 5 次基本計画

(注) 第 1 次,第 2 次などは後で便宜上付けられたものであり,基本計画の策定時には表記されていない.
(出所) 各基本計画を基に筆者作成.

物流強国を目指す物流幹線ネットワークの構築,物流のハードウェアとソフトウェアの有機的調和のための物流技術の高度化,物流産業の体質改善による国際競争力の強化,安全と環境を考慮した環境にやさしい物流の構築,世界志向の国際物流ネットワークの構築,の 5 つである.

このような目標や推進戦略を設定した背景には,当時の韓国における物流インフラの不足,発展が遅れている韓国の物流産業,そして閉鎖的な物流情報の利用などの問題があった.既存の道路や港湾などのインフラが老朽化しており,増加する物流需要に対応するには貨物航空ターミナルや物流センターなどの施設も不足していた.たとえば,道路上の渋滞区間が 1986 年には 262km であったが,1997 年には 4323km に大幅に増加しており,港湾における滞積量も同期間で 4300 万トンから 1 億 6700 万トンに増加していた.このように,増加する物流の需要に供給が対応できていない問題が指摘された.また,物流情報化も遅れており,さらに物流情報や通関情報などは個別の独自システムを開発していたため,情報の共有化が課題であった.物流標準化も遅れており,たとえば標準パレットの普及率が欧州では 90% であったが韓国では 17% と大幅に遅れていると指摘されていた.[11] 物流の自動化のための物流技術も未熟で,物流の効率化も課題であった.

そして,物流に関する政策が多くの政府機関に分散されていたため生じる政策の推進上の問題も指摘されていた.すなわち,総合的な政策が一貫して推進

されていなかったため，政策の運営が非効率的であった．そこで，総合物流政策の調整機構として，政府の関連部署が連携した物流政策委員会を構成・運営することとした．この委員会の審議を経て，2000年末に韓国最初の総合物流政策である基本計画が"21世紀超優良物流先進国家の建設"というビジョンを持って策定されたのである．

2) 第2次国家物流基本計画（修正計画2006～2020）

5年後の2006年には，最初の基本計画の修正計画が発表された．当時の「貨物流通促進法」にて，5年ごとに基本計画の妥当性を検討するように改定されたことによる修正計画であった．

当時，韓国では新しい政権に代わり，「東北アジア物流重心推進ロードマップ」，「国家物流システムの改善対策」，「物流専門企業の育成方案」が発表されたため，これに関する内容を修正計画に反映する必要があった．また，日本や中国なども東北アジアにおける物流市場でシェアを確保するための戦略を取ったことも，韓国の基本計画の修正に影響を与えた．

そこで，第2次基本計画では"2020グローバル物流強国の実現"をビジョンとして示した．なお，グローバル物流強国として，東北アジアの共同繁栄を主導する物流中心国，グローバル付加価値を創出する物流産業国，先端知識基盤経済を先導する物流先進国，という3つの像を示している．

この計画では，第1次基本計画の5年間の結果が評価されている．仁川空港と釜山港がそれぞれ世界の上位にランクされるほど成長したこと，施設インフラが計画通りに進んでいること，また，物流標準化も拡大していることが高く評価されている．しかし，まだ自家物流が多く3PLが少ないこと，零細な物流事業者が多くて物流システムの効率性が低いこと，そして物流人材が足りないことは課題のままであると指摘している．また，インターネットなどの情報技術では世界の最上位を占める韓国であるが，物流の情報化や自動化が遅れていることも課題として指摘されている．

これらの課題を踏まえ，第2次基本計画では，物流による国富の創出と国家物流システムの効率性の強化，という2つの目標を設定した．そしてこれらの目標を実現するために，グローバル物流システムの構築，物流インフラ（ハードウェア）の拡充，物流システム（ソフトウェア）の強化，高付加価値の物流産業の育成，物流政策の統合推進構造の確立，という5つの推進戦略を策定した．

3) 第 3 次国家物流基本計画 (修正計画 2011 ～ 2020)

第 3 次基本計画は，「物流政策基本法」の施行により 10 年単位の基本計画を策定するようになってから初めての基本計画であり，2011 年 4 月に発表された．そのため，目標年は 2020 年のままである．なお，2008 年に韓国政府機関の再編により，既存の建設交通部と海洋水産部が国土海洋部に統合・発足されており，陸海空の視点から物流計画を策定した．

この基本計画では，前回の計画について，空港と港湾のハード面でのインフラ開発は計画通りに進捗してきたものの，情報化や物流産業の活性化が不十分であり，付加価値の創出というソフト面ではまだ課題があると示されている．そして，東北アジアだけの物流戦略は限界があると述べ，より広い範囲のグローバル物流戦略の構築が必要であると主張している．また，世界で大きな課題となっている持続可能性や物流セキュリティーについても対応する必要があった．

そこで，修正計画では "21 世紀のグリーン成長を先導するグローバル物流強国" というビジョンを設定した．そして，持続的な経済成長の支援，低炭素グリーン成長の牽引，物流産業の高付加価値化，という 3 つの目標を示した．さらに，数値目標を設定しており，物流効率性の向上により，物流コストが削減でき，荷主企業の価格競争力が 3.6% 改善されると期待していた．また，物流からの CO_2 排出量が 16.7% 減少することを目標値として示した．そして，物流産業の育成により，物流産業が売上高ベースで国内の 5 位産業にまで成長させることを目標としていた．

そして，推進戦略として，次の 5 つが設定されている．陸海空の統合物流システムを構築することによる物流効率化の具現，高品質の物流サービス提供のためのソフトインフラの確保，グリーン物流システムの構築と物流セキュリティー強化を通じた先進物流システムの具現，グローバル物流市場進出のための物流産業の競争力強化，市場機能の回復による物流産業の競争力強化，の 5 つである．

4) 第 4 次国家物流基本計画 (2016 ～ 2025)

韓国の国土海洋部は 2013 年 3 月に再び国土交通部と海洋水産部に改編されたことから，同年の「物流政策基本法」の改定により，国土交通部と海洋水産部が共同で基本計画を策定するようになった．そして，2016 年 7 月に，初め

て 2020 年を過ぎた 2025 年を目標年として，第 4 次基本計画が発表された．

　過去の基本計画の評価において，国内物流市場の成長（年平均成長率が約 6%），仁川国際空港の国際貨物取扱量（世界 2 位），釜山港のコンテナ取扱量（世界 6 位），そして物流競争力の順位上昇（2007 年 25 位から 2014 年 21 位）を評価している．また，2014 年に物流産業が今後の経済成長を牽引する 7 大有望サービス産業の一つに選ばれたほど，韓国における物流産業の重要度も認められた．

　その一方で，問題点も挙げており，国内物流企業が外国の大手物流企業に比べて小規模であり，新サービス開発などに対応が遅れていること，そして海外進出の例が少なくてグローバル物流ネットワークが不十分であること，宅配事業の需要に比べて都市物流のインフラが不足していること，などが指摘されている．また，物流企業の競争力，道路貨物運送市場，鉄道・海運・航空物流市場，内陸物流インフラ，物流技術・情報化，環境・セキュリティー・安全の 6 部門別に課題をまとめている．

　そして，国内外の物流環境を分析し，諸外国の物流政策を検討したうえで，第 4 次基本計画において 2025 年まで "物流革新と新産業創出によるグローバル物流強国の実現" をビジョンとして提示した．そして，3 つの目標を設定しているが，それぞれの数値目標を発表している．物流産業の雇用拡大（70 万人），国際物流競争力の強化（物流効率性指標の LPI で世界 10 位），物流産業の売上増大（150 兆ウォン）の 3 つである．これらの目標のための推進戦略としては，産業トレンドの変化に対応する高付加価値物流産業の育成，世界物流の変化に伴う海外物流市場への進出拡大，未来に対応可能なスマート物流技術の開発および拡散，持続可能な物流産業の環境醸成，の 4 つである．

　また，それぞれの戦略には 3 つないし 5 つの推進計画を示しているが，2011 年に発表した第 4 次基本計画において，初めて，ドローンや物流センターでのロボットなどの常用化が推進計画の一つとして挙げられた．スマート物流技術の開発および拡散の戦略のための推進計画である．

　以上のような第 4 次基本計画では，4 つの推進戦略を実現するために，細部目標とその成果指標（Performance Index）を設定していることがひとつの特徴である[12]．これは，物流政策の効果を数値で管理できるようにし，より明確に評価するためである．そして，もう一つの特徴として，韓国の物流政策における方向性の転換がある．第 4 次基本計画で，その転換を次の 5 つの項目に分けて

示している．第一に，物流成長の主体が，政府主導から民間主導に転換する．第二に，成長の対象が，輸出入物流の中心から生活物流まで拡大転換する．第三に，物流の形態が，単一産業の単独・分業的物流から共有・連携の融合物流へ転換する．第四に，物流の役割が，製造と流通を支援する物流から製造と流通をリードする先導物流へ転換する．第五に，物流の重心範囲が，国内からグローバルに拡大転換する．

5）第 5 次国家物流基本計画（2021 〜 2030）

2021 年 7 月に，最新の基本計画が，韓国の国務総理が主催する‘現案点検調整会議’にて確定された．特にこの基本計画は，新型コロナ感染症のパンデミックを経て，いわゆるポスト・コロナ時代における今後の 10 年間を目標としている．コロナの影響で急増した宅配などの物流需要に，地域関係なく対応できる必要があること，さらに 4 次産業革命による DX 対応が必要であることも，新しい基本計画を策定するうえで考慮された．

この計画では，過去の基本計画により，物流産業が重要な産業として成長してきたことを評価している．過去 5 年間の物流市場は売上高ベースで年平均3.6％の成長率を見せている．物流産業のなかでも宅配事業の年平均成長率は10.2％であり，増加する宅配需要のために「生活物流サービス産業発展法」が2021 年に制定されたことも評価している．また，仁川空港と釜山港も世界の上位を占め続けてきた．一方で，物流産業に零細な物流企業がまだ多く，若年層にとって魅力的な産業ではないことを課題として指摘している．

そして，「未来の物流に対する期待と認識の調査」[13]を実施し，95％以上の人が物流を必須サービスとして認識していること，約 70％の人がドローンやロボットによる配送が 10 年以内に実現すると期待していることを示した．また，今後，DX を通じて物流の労働環境の改善と持続可能な物流への跳躍が可能になることと，物流産業の発展のために公共の役割が重要であることを再確認した．

以上のような背景から，最新の基本計画は 2030 年を目標年として"物流産業のスマート・デジタル革新成長と共存共栄の環境醸成によるグローバル物流先導国家への跳躍"というビジョンを提示した．そして，物流産業の売上高の増加（140 兆ウォン），国際物流競争力の向上（LPI の 10 位圏），IT 活用の増加（活用指数 66.1％），そして物流雇用の拡大（97 万名）の 4 つの数値目標を設定した．

さらに，スマート物流システムおよびデジタル化への転換，共有・連携のインフラとネットワークの構築，人間中心の仕事および高品格物流サービス，持続可能な物流産業の環境醸成，産業競争力の強化および市場体質の改善，グローバル市場の変化に伴う戦略的海外進出，の6つの推進戦略を設定した．また，推進戦略のために，各戦略において3つないし4つの推進計画（総19計画）を提示したうえ，重要性と緊急性が高い10大核心課題を選定し，より具体的な推進計画を示した．10大課題には，自律走行時代に対応する物流システムの構築，コールドチェーンシステムの活性化および安全性の向上，環境にやさしい海運物流システムの構築などが入っている．

(3) 韓国物流政策の変化

　戦後の韓国は，多様な政策を施し，経済成長のために製造業を育成してきた．低廉な労働力を利用して，繊維などの労働集約型の商品を海外へ輸出することで経済成長を経験した．その後は，電気機器や自動車そして造船に至るまで，製造業が活性化し，それに伴う国際貿易が韓国の経済成長を牽引してきた．このように，韓国において国際貿易が経済成長の重要な要因であり，当然のことながら，貿易を支援する物流も極めて重要である．

　韓国の政府も物流の重要性を認識し，2000年代に入ってから総合物流政策を策定した．従来，運送業や倉庫業さらには輸送モード別に策定されていた個別の政策を網羅した最上位の物流政策として，国家物流基本計画を策定したのである．

　政策には，国の考え方が反映されており，物流政策の変遷から物流に対する国の考え方が確認できる．**表3-3**は，韓国の国家物流基本計画の変遷として，ビジョンと目標と推進戦略をまとめた表である．2001年の第1次基本計画から最新の第5次基本計画まで，表現こそは多少異なるものの，グローバル物流強国というビジョンが一貫して明記されている．そして，20年以上の間で，そのビジョンを実現するための目標や推進戦略には，一貫性とともに変化も見える．国際物流の競争力の強化は目標または推進戦略として一貫して設定されている．これは，韓国の経済成長において国際貿易が非常に重要であるためである．ただし，国際物流について，以前は推進戦略として国際物流ネットワークやシステムの構築が示されていたが，近年は国際物流競争力指標（ILP）を用いた具体的な数値目標が設定されている．また，富または付加価値の創出も

表 3-3　韓国の国家物流基本計画におけるビジョンと目標

	第 1 次 (2001-2020)	第 2 次 (2006-2020)	第 3 次 (2011-2020)	第 4 次 (2016-2025)	第 5 次 (2021-2030)
ビジョン	21 世紀超優良物流先進国家の建設	2020 グローバル物流強国の実現	21 世紀のグリーン成長を先導するグローバル物流強国	物流革新と新産業創出によるグローバル物流強国の実現	物流産業のスマート・デジタル革新成長と共存共栄の環境醸成によるグローバル物流先導国家への跳躍
目標	・東北アジア物流の中心役割を担う物流強国 ・先端物流の具現による知識基盤経済を先導する物流知識国 ・付加価値物流を通じて富を創出する物流産業国	・物流による国富の創出 ・国家物流システムの効率性強化	・持続的な経済成長の支援 ・低炭素グリーン成長の牽引 ・物流産業の高付加価値化	・物流産業の雇用拡大：70 万人 ・国際物流競争力指数：世界10 位 ・物流産業の売上高：150 兆ウォン	・物流産業の売上高の増加：140 兆ウォン ・国際物流競争力の向上：世界 10 位圏 ・IT 活用の増加：活用指数66.1％ ・物流雇用の拡大：97 万名
推進戦略	・物流強国を目指す物流幹線ネットワークの構築 ・物流のハードとソフトの有機的調和のための物流技術の高度化 ・物流産業の体質改善による国際競争力の強化 ・安全と環境を考慮した環境にやさしい物流の構築 ・世界志向の国際物流ネットワークの構築	・グローバル物流システムの構築 ・物流インフラの拡充 ・物流システムの強化 ・高付加価値の物流産業の育成 ・物流政策の統合推進構造の確立	・陸海空の統合物流システムを構築することによる物流効率化の具現 ・高品質の物流サービス提供のためのソフトインフラの確保 ・グリーン物流システムの構築と物流セキュリティー強化を通じた先進物流システムの具現 ・グローバル物流市場進出のための物流産業の競争力強化 ・市場機能の回復による物流産業の競争力強化	・産業トレンドの変化に対応する高付加価値物流産業の育成 ・世界物流の変化に伴う海外物流市場への進出拡大 ・未来に対応可能なスマート物流技術の開発および拡散 ・持続可能な物流産業の環境醸成	・スマート物流システムおよびデジタル化への転換 ・共有・連携のインフラとネットワークの構築 ・人間中心の仕事および高品格物流サービス ・持続可能な物流産業の環境醸成 ・産業競争力の強化および市場体質の改善 ・グローバル市場の変化に伴う戦略的海外進出

（出所）国土交通部・海洋水産部「国家物流施行計画 2021-2030」(2021) p.4 を基に各年基本計画から筆者加筆.

一貫して目標や推進戦略として設定されている．特に，近年は物流産業の売上高の目標値を設定しており，より具体的になってきた．

　一方で，韓国の物流産業は先進国に比べて効率性が低く，物流企業も零細な企業が多いと指摘されていた．そのため，韓国の政府は物流効率化と物流産業の育成を目標に追加した．そして，地球温暖化やSDGs（持続可能な開発目標）など世界の動向から，韓国の物流政策においても，グリーン物流や持続可能な物流を推進戦略に追加した．

　韓国が国際物流拠点として仁川空港と釜山港に集中投資し，これらの施設が韓国のみならず東北アジアのハブ拠点となっていることは，国際物流を国家戦略の一つとしてきた韓国の物流政策による結果であると評価できよう．つまり，物流を国家戦略としてきた韓国政府は，インフラ整備については，公共部門としての政府の役割を遂行してきたと言える．仁川と釜山のほかの地域から新しい空港や港湾を整備する要請があった場合も，政府はハブ拠点として仁川と釜山に集中する政策を貫いてきた．

　一方，物流産業の育成を続けてきた政策の効果は，まだ顕著ではない．韓国における物流の効率性は改善の余地がまだ多く，ほかの先進国の物流企業に比べて，企業の規模や売上高そして技術開発などが劣っている．statistaによると，世界100大物流会社のなかで，韓国の企業は1社のみであり，59位の大韓航空である．ただし，これに関する政策が施行された期間はまだ短く，今後に期待したい．[14]

　また，物流産業の育成に関する政策の効果に関して，2016年におきた‘韓進海運’の破産は一考に値する．韓国の政府は，韓国の物流企業がグローバル企業に比べて貧弱であることを背景として，物流産業の育成を目標と設定していた．しかしながら，世界7位まで上っていた韓国の大手海運企業の韓進海運の破産を止めることをしなかった．その前まで，韓国政府が公的資金を投入して一部の大手企業を破産から守った例は多くあった．経済社会の状況が異なるものの，最大の物流企業を守らなかった政府の判断には多様な異見があった．韓進海運の破産の例から，産業の育成と企業の保護は必ずしも一致することではないと言えるかもしれない．

注

1）韓国の法文には「海上運送周旋」と記されている．一般的には周旋と斡旋が同じ意味として使われる場合もあるが，法的事業としては日本の利用運送事業を意味する．韓国の国土交通部は"第3者の立場から荷主と運送事業者をつなぎ，それに対する手数料を得る事業"と説明している（国土交通部，政策 Q & A）．

2）個別の物流事業の売上高が物流事業総売上高の 3% 以上を占めるか 30 億ウォン以上であること，物流事業総売上高に占める 3PL 事業の売上高比率が 20% 以上であること，など 5 つの基準があった．

3）他法の改定による 2024 年 2 月 6 日の改定（2025 年 5 月施行予定）も含む．

4）たとえば，全部改定の前の最後の改定（2007 年 5 月）は，「水質環境補填法」が「水質および水生態系の補填に関する法律」に改定されたことによる改定である．2007 年に全部改定される前までは 35 回の改定があったが，1999 年の改定を除き，すべてが他法の改定によるものである．

5）島嶼・山間地域など交通が不便であるため生活物流サービスの提供が困難なところである．

6）強力犯罪，麻薬犯罪，性犯罪など禁錮以上の刑として執行後 20 年間は代行サービスの従事者になれない．

7）他法の改定による改定を含めると，7 回の改定が行われている（施行予定も含む）．

8）現在，1 特別市（ソウル）と 6 広域市（釜山，仁川，大邱，大田，光州，蔚山）がある．

9）現在，1 特別自治市（世宗），6 道（京畿道，忠淸北道，忠淸南道，全羅南道，慶尙北道，慶尙南道），3 特別自治道（江原道，全羅北道，済州道）がある．

10）当初の基本計画においては，ビジョンと目標，推進目標と戦略が示されているが，必ずしも用語の使い分けが明確であるとはいえない．そのため，本章では第 5 次基本計画に示されている基本計画の変遷に基づいて，第 1 次基本計画の目標と推進戦略を示している．

11）国家物流基本計画では韓国パレット協会の「パレットの生産と使用実態報告書」に基づいて標準パレットの普及率を示しているが，基準年は示されていない．ただし，この報告書が 1997 年に発表されており，1990 年代の前半における数値であると予想される．元データは入手不可能であった．

12）第 3 次基本計画には付録に目標年の成果指標として数字目標が添付されていた．

13）19 歳以上の 500 人（性別，年齢，地域を考慮して人口比例割当）を対象として 2021 年 2 月 1 日〜7 日に実施したオンライン調査であり，結果の誤差範囲は 4.4% である．

14）150 の国と地域，170 の業界，80,000 件以上のトピックに関する統計，調査レポート，消費者データ，調査代行サービスを提供するグローバルデータプラットフォームである．

第 4 章

韓国の内航海運における制度

　本章では，国の考え方が産業に与える影響を考察するために，韓国の内航海運における制度を取り上げる．日本を含め，世界の多くの国において，内航海運による輸送活動を自国船に留保するカボタージュ規制があり，また内航船員に関しても外国人の乗船を認めていない例が多い．しかし，韓国の内航海運産業は，企業の零細性や船員と船舶の高齢化が課題となっており，輸送分担率も減少している．このような背景から，韓国はカボタージュ規制を緩和し，また外国人船員の雇用制度を導入した．日本においてもカボタージュ規制や外国人船員の雇用について，これから議論される可能性が高い．そこで本章では，韓国の内航海運の特徴を明らかにしたうえで（4・1），韓国の内航海運におけるカボタージュ規制の動向（4・2）と外国人船員の雇用制度（4・3）について明らかにする．

4・1　韓国における内航海運の特徴

(1) 輸送量と輸送分担率の減少

　韓国は半島であり，船舶輸送を担当する内航海運が産業素材など重量物の長距離輸送において重要な役割を果たしてきたが，近年は輸送量が減少している．韓国における輸送モード別の動向は5章で詳細に分析するが，本章では内航海運におけるカボタージュ規制の背景として，内航海運の輸送量とその分担率を見てみる．

　まず，トンベースで見てみる．1980年代以降約20年間，大幅に増加していたが，2000年代以降は減少している．1983年の内航輸送量は約3000万トンであったが，10年後には約1億トンにまで増加し，年平均10%を超えるほど増加してきた．その後の10年間も増加傾向にあったが，2003年の約1億4500万トンをピークに減少傾向に転じ，2021年には約1億2000万トンになっている．同様に輸送分担率も変化しており，1983年の約14%から1993年には約22%に増加したが，その後は減少に転じ，2003年には約9%に減少し，さら

に 2021 年にはわずか約 6% にすぎない.

　次に，トンキロベースで見てみる．内航輸送量は 1983 年の約 100 億トンキロから 1993 年の約 388 億トンキロへ大幅に増加した．年平均で約 15% 増加であった．特に 1980 年代後半からは鉄道輸送量を超え，韓国で最も多くの輸送活動を行ったのが内航海運であった．しかし，その後は減少に転じ，2003 年には約 339 億トンキロになった．2013 年には約 305 億トンキロに減少し，さらに 2021 年には約 298 億トンキロにまで減少している．その結果，輸送分担率は 1983 年の約 37% から 1993 年の約 59% まで大幅に増加したが，2003 年には約 24% に激減し，さらに 2021 年には約 17% となっている（表 4-1）.

　このように韓国における内航輸送量は 2000 年代から減少に転じ，その輸送分担率も低くなっている.

（2）登録制への転換による内航海運事業者と船舶数の増加

　1990 年代における規制緩和の動向は内航海運事業にも影響を与えた．1999 年に内航海運事業が既存の免許制から登録制に転換した．これを契機に内航海運事業は大きく変化した（図 4-1）．まず，内航海運事業者が登録制への転換を機に増加した．1994 年時点で事業者は約 400 社であったが，登録制が始まった 1999 年には約 600 社になった．さらに，翌年には 845 社と，1994 年に比べて倍増している．その後は 2003 年の 926 社をピークに，2014 年の 707 社まで減少した．2023 年には 795 社まで回復している.

　内航船舶数も 1994 年には 934 隻であったが，登録制に転換した翌年の 2000 年には 1989 隻と，倍以上に増加している．その後，2018 年までは 2000 隻以

表 4-1　韓国の内航海運輸送の変化

	輸送量と分担率		輸送活動量と分担率	
	（千トン）	(%)	（百万トンキロ）	(%)
1983	29,087	14.1	10,099	36.5
1993	96,196	21.5	38,765	58.6
2003	145,327	8.8	33,884	23.6
2013	117,860	6.4	30,476	19.0
2021	115,125	5.8	29,770	16.9

（出所）交通部『交通統計年報』（1993，1994），国土交通部『国家交通統計』（2018，2022）を基に筆者作成.

上を維持していたが，2019年以降は減少に転じ，2023年には1886隻となっている．

　船腹量（総トン数：GT）は，1994年に88万GTであったが，1998年には116万GTまで増加した．1隻当たりの平均GTも，938GTから1135GTまで増加していた．登録制に規制緩和された翌年の2000年には144万GTに増加した．ただし，これは事業者や船舶の急増によるものであり，1隻当たりの平均GTは726GTに減少した．規制緩和により，多くの小規模の事業者が内航海運事業に参入したことである．船腹量は2000年代以降も増加傾向にあり，2019年には216万GTと最高値となった．しかし，その後は減少しており，2023年の船腹量は204万GTである．一隻当たりの平均GTは，2002年の697GTを最低値として増加に転じ，2017年以降は1000GTを超えている．2023年時点で一隻当たりの平均GTは1084GTである．

(3) 船舶の大半を占める曳艀船と小型船舶

　韓国の内航海運の船舶数を4時点（1994年，2003年，2013年，2023年）で船種別に見てみる（表4-2）．内航における船種は多様であるが，ここでは貨物船，

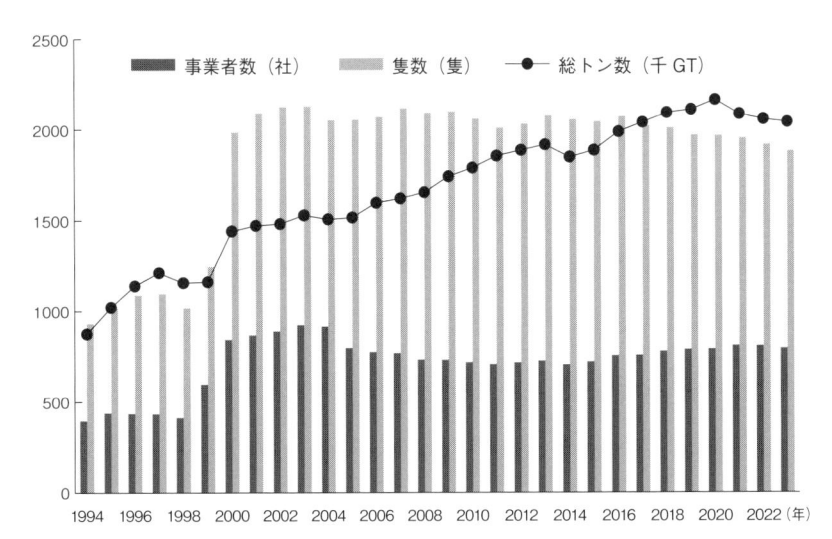

図4-1　韓国の内航貨物運送事業者数と船舶数の推移（1994年〜2023年）
（出所）韓国海運組合　『沿岸海運統計年報』（2004, 2017, 2023），『2024年度内航貨物運送事業登録業者の現況』（2024）を基に筆者作成．

表 4-2　内航海運登録船舶における船種別の割合

年	合計		貨物船	タンカー	曳艀船	その他
1994	船舶数（隻）	934	21.8%	25.5%	50.2%	2.5%
	総トン数（千GT）	877	36.1%	39.6%	21.7%	2.6%
2003	船舶数（隻）	2,132	18.8%	14.8%	64.4%	2.0%
	総トン数（千GT）	1,531	30.8%	30.1%	35.2%	3.9%
2013	船舶数（隻）	2,083	15.5%	14.1%	69.9%	0.6%
	総トン数（千GT）	1,919	25.2%	19.8%	53.7%	1.3%
2023	船舶数（隻）	1,886	19.4%	16.6%	63.8%	0.2%
	総トン数（千GT）	2,044	35.2%	19.8%	44.8%	0.1%

（出所）韓国海運組合　『沿岸海運統計年報』(2004, 2017, 2023),『2024年度内航貨物運送事業登録業者の現況』(2024) を基に筆者作成.

タンカー，曳艀船（曳船と艀船），その他の4つに分類する．なお，その他に分類される船舶数は2023年時点で3隻しかないため,分析結果のみを表に示す.

　貨物船は，主にドライ貨物を輸送する船であり，一般貨物船とコンテナ船とRORO船などが含まれている．1994年から2023年までの30年間，隻数で約2割前後を推移し，総トン数では変化はあったものの，約3割前後を推移している．

　タンカーは，ガスやリキッド貨物を輸送する船であり，隻数や総トン数に占める割合は1994年から減少し，2023年では2割を下回っている．

　韓国の内航海運において登録船舶数で最も多い船種は曳艀船である．1994年には登録船舶の半分が曳艀船であったが，2003年には6割以上に増加し，さらに2013年には7割まで増加していた．2023年には2013年よりは減少したが，韓国の内航船舶の6割以上が曳艀船である．総トン数も1994年の2割強から増加し，2013年には半分を超えるまで増加した．2023年には減少してきたものの，4割以上であり，最も高い割合を占めている．ただし，曳船の総トン数は0.5%にすぎず，艀船が43%を占めている．

　次に，内航の船舶をサイズ別（GTベース）に見てみる．**表4-3**は2003年と2023年における船種別の規模別分布を比較している．2023年時点で，割合が最も高いのは，100トン未満の船舶であり，全体の約29%を占める．そして次に多いのが100トン～300トンの船舶で，約21%である．つまり，内航船

表 4-3　内航海運登録船舶の船種別・規模別の分布 (2023 年と 2003 年時点)

【2023 年時点 (隻数＝ 1,886)】

船種	100トン 未満	~300トン 未満	~500トン 未満	~1000トン 未満	~3000トン 未満	~5000トン 未満	5000トン 以上	合計
貨物船	47.1%	10.7%	2.7%	1.6%	14.8%	10.4%	12.6%	100.0%
タンカー	4.1%	35.4%	17.5%	12.7%	21.3%	2.5%	6.4%	100.0%
曳艀船	29.6%	21.0%	14.0%	16.3%	13.3%	4.5%	1.3%	100.0%
合計	28.7%	21.4%	12.4%	12.9%	15.0%	5.3%	4.3%	100.0%

【2003 年時点 (隻数＝ 2,132)】

船種	100トン 未満	~300トン 未満	~500トン 未満	~1000トン 未満	~3000トン 未満	~5000トン 未満	5000トン 以上	合計
貨物船	47.8%	5.3%	6.8%	12.0%	15.0%	8.0%	5.3%	100.0%
タンカー	8.6%	25.7%	15.9%	20.0%	21.3%	5.7%	2.9%	100.0%
曳艀船	33.5%	28.1%	14.7%	15.0%	7.2%	1.2%	0.4%	100.0%
合計	32.5%	23.5%	13.4%	15.2%	10.7%	3.1%	1.6%	100.0%

(注)　「その他」の船種 (2023 年に 3 隻, 2003 年に 43 隻) は, 曳艀船に含まれている.
(出所)　韓国海運組合『2004 年度沿岸海運統計年報』(2004) と『2024 年度内航貨物運送事業登録業者の現況』(2024) を基に筆者作成.

舶の半分が 300 トン未満の小型船舶である. 内航の船舶は, 500 トン〜 1000 トンを除き, 船舶の規模が大きくなるほど, 割合が低くなっている. 言い換えると, 小型であるほど船舶が多く, 大型であるほど船舶が少ない. この傾向は 2003 年にも同様であった. 100 トン未満の船舶の割合が最も高く, 約 33% を占めていた. その次に多い船舶は, 100 トン〜 300 トンであり, 約 24% であった. その反面, 5000 トン以上の大型船舶の割合はわずか約 2% であった.

このように, 2003 年においても 2023 年においても, 韓国の内航海運には 100 トン未満の小型船舶が最も多く, 大型になるほど割合が減少している. ただ, 2003 年に比べて 2023 年には船舶の大型化が見える.

さらに, 船種別に見てみよう. まず, 貨物船は 100 トン未満の船舶が最も多く, 約 47% が小型船舶である. しかし, 5000 トン以上の船舶も約 13% (42 隻) と, 他の船種に比べるとかなり高い割合である. 2003 年には約 5% (21 隻) であったことを考えると, 大型船舶が増加したことが分かる. タンカーは, 100 トン〜 300 トンの規模の船舶が最も多い. 2023 年に約 35% を占めており, 2003 年の約 26% から増加している. その反面, 100 トン未満の船舶の割合が

2003 年の約 9% から 2023 年の約 4% に減少しており，300 トン未満の船舶として合わせると約 34% から約 39% へ増加している．そして 5000 トン以上の船舶の割合は約 3% から約 6% に増加した．ただし，3000 トン～ 5000 トンの船舶の割合が減少しており，タンカーにおいては大型化が進んでいるとは言い難い．一方，曳艀船においては，曳船と艀船が合計されており，詳細な分析は対象外とするが，一般的に韓国の曳船はほとんどが 100 トン未満の小型であり，艀船の場合も 100 トン～ 300 トンの船舶が最も多い．

　以上，韓国における内航船舶は，多少なりとも大型化してきたものの，まだ多くの船舶が 100 トン未満の小型船舶であることが分かった．

(4) 船舶の高齢化

　韓国の内航海運における深刻な課題の一つとして船舶の高齢化が指摘されている．**表 4-4** は，船種別に船齢の分布を 2023 年と 2003 年時点で比較している．2023 年時点で，内航船舶の 58% 以上が船齢 25 年以上であり，かなり古い船舶が大半を占めている．一方，船齢 5 年未満の若い船舶はわずか 5.6% であり，船齢 15 年未満までの船舶を合わせても，その割合は 21% になる．2003 年には船齢 15 年未満の船舶が内航船舶の 43% 以上であり，船齢 25 年以上の船舶が 26% であった．ここ 20 年間で，船舶の高齢化が深刻になってきたことが分かる．

　船種別に見ると，2023 年時点で，貨物船は船齢 5 年未満の船舶が 10% であり，船齢 15 年未満まで合わせると 24% となる．残りの 7 割以上の船舶は船齢 15 年以上であり，中でも最も高い割合を占めるのが船齢 25 年以上の船舶である．つまり，貨物船の 60% が船齢 25 年以上の古い船舶である．2003 年には船齢 25 年以上の船舶は 20% 弱であり，38% が船齢 15 年未満であったので，貨物船の高齢化が進んできたことが分かる．タンカーは，貨物船に比べて，若い船舶が多く，船齢 5 年未満の船舶が 13% であり，船齢 15 年未満に区切ると 40% となる．それでも船齢 25 年以上のタンカーも 32% であり，韓国の内航海運で運航しているタンカーの 3 分 1 は船齢 25 年以上の古い船舶であることには変わりがない．また，2003 年には船齢 25 年以上の船舶の割合が，2023 年の半分である 16% であったことを考えると，タンカーも船舶の高齢化が進んできたことが分かる．貨物船やタンカーの高齢化が進んできたが，船舶の高齢化が最も深刻になっている船種は曳艀船である．2003 年には船齢 25 年以上の船

表 4-4　内航海運登録船舶の船種別・船齢別の分布（2023 年と 2003 年時点）

【2023 年時点（隻数＝ 1,886）】

船種	5 年未満	~10 年未満	~15 年未満	~20 年未満	~25 年未満	25 年以上	計
貨物船	10.4%	8.2%	5.5%	9.0%	7.1%	59.7%	100.0%
タンカー	13.4%	12.4%	14.0%	15.0%	13.1%	32.2%	100.0%
曳艀船	2.2%	5.9%	6.8%	9.3%	11.2%	64.7%	100.0%
合計	5.6%	7.4%	7.7%	10.2%	10.7%	58.3%	100.0%

【2003 年時点（隻数＝ 2,132）】

船種	5 年未満	~10 年未満	~15 年未満	~20 年未満	~25 年未満	25 年以上	計
貨物船	5.5%	14.5%	17.5%	24.3%	18.8%	19.5%	100.0%
タンカー	4.1%	17.8%	20.6%	27.6%	14.0%	15.9%	100.0%
曳艀船	4.0%	22.2%	18.9%	13.1%	11.6%	30.2%	100.0%
合計	4.3%	20.1%	18.9%	17.4%	13.3%	26.1%	100.0%

（注）　「その他」の船種（2023 年に 3 隻，2003 年に 43 隻）は，曳艀船に含まれている．
（出所）韓国海運組合『2004 年度沿岸海運統計年報』（2004）と『2024 年度内航貨物運送事業登録業者の現況』（2024）を基に筆者作成．

舶が 30% であり，船齢 15 年未満が 45% であった曳艀船であるが，2023 年時点では曳艀船の 65% が船齢 25 年以上である．船齢 5 年未満の船舶はわずか 2% にすぎず，船齢 15 年未満まで合わせても 15% にとどまる．

　このように韓国の内航海運における船舶の高齢化が深刻化してきたのには，零細な小規模の事業者が多いことが関係すると考えられる．輸送量すなわち売上が減少している内航市場であり，零細な小規模の企業にとって船舶の投資は容易ではない．そのため，新しい船舶の投入はできず，古くなる船舶をもって営んでいることであろう．

（5）育成産業の対象外になる内航産業

　以上，韓国の内航海運の特徴を分析した．その結果，韓国の内航海運は国内輸送において分担率が低下していること，内航事業として登録している事業者の半分以上が曳船や艀船を運航していること，また船舶が小型であり高齢化が深刻化していることが分かった．

　そして，ほとんどが零細な企業である．それゆえ船舶などへの投資も困難であり，船舶の高齢化につながったのである．統計庁の「物流産業統計 2024」

によると，2022 年の内航海運[1]の年間平均売上高は約 2000 万ウォンであり，このことからも韓国の内航海運の零細性がうかがえる．また，韓国の国内輸送のほとんどがトラックによりおこなわれており，内航産業の重要性は低下していると言える．

　国の産業政策は制度インフラの一つであり，必要によって特定の産業を保護または育成する政策を講じる場合がある．李［2013］によると，韓国では外航海運や海外勤労者による外貨獲得が韓国経済に大きく貢献したことから，1970年代から外航海運の育成に関する法制度が実施されてきた．その一環として，外航の事業者と船舶そして船員に対して，税金の減免措置を実施している．さらに，韓国の地政学的な理由や外航海運産業の競争力を確保する目的で，1990年代以降にも多くの制度が導入された．その例として，国際船舶登録制度（1998 年），済州船舶登録特区制度（2002 年），船舶投資会社制度（2002 年），トン数標準税制（2005 年）などが挙げられる．

　しかしながら，輸送量も分担率も低下している内航産業において，産業の成長のために中小零細な事業者の自ら対策を講じることは期待しがたい．また韓国の政府も，外航海運のような支援策を内航海運に対して施していない．これが，後述するように，韓国の内航海運におけるカボタージュ規制の緩和と，外国人船員の雇用制度の導入を招いた．

4・2　韓国内航におけるカボタージュ規制の動向[2]

(1)　カボタージュ規制の概要

　カボタージュ（Cabotage）とは，フランス語の caboter に由来した言葉で，一国の沿岸に沿っておこなわれる輸送，すなわち国内各港間における旅客や貨物の沿岸輸送を意味する．この沿岸輸送に従事する権利を自国船舶に留保し，外国籍船による国内港間の輸送を禁止することがカボタージュ規制である．カボタージュ規制は国際慣行上確立したものであり，二国間の通商航海条約においても除外されている［森ほか 2014］．

　世界の多くの国がカボタージュ規制を原則として実施しているが，競争の自由化による効率の向上を理由に，カボタージュ規制を緩和している国もある．たとえば，日本や米国などはカボタージュ規制を堅持しており，韓国やオーストラリアは規制を緩和している．インドネシアのように，カボタージュ規制を

緩和していたが再び強化した国もある.

　カボタージュ規制を堅持する立場からは，国家安保上の理由だけでなく，物資の安定的な輸送や自国民の雇用確保の理由から，沿岸輸送すなわち内航海運を自国船舶や自国船員に留保しなければならないと強調している．日本の内航海運研究会 [2011] は，カボタージュ規制の意義を二つの側面で考察している．第一の産業政策面では，産業の保護と育成，そして雇用確保及び計画性の担保を挙げており，第二の安全保障面では，経済の安全保障，非常時の安全保障，そして船舶航行の安全保障を挙げている．

　一方，カボタージュ規制に対して，経済や貿易の自由化が進んでいる現状において，カボタージュを自国船だけに留保するのは正当化できない，という声もある．また，物資の安定的な輸送保障に関しては，自国船による輸送のみ安定的な輸送が保障され，外国籍船による輸送は不安定であるという論理は正当化できない，との批判がある．そして，雇用確保についても，船員忌避による船員不足が懸念される現状を考えると説得力に欠ける，との主張もある．

(2) 韓国のカボタージュ規制の緩和

1)「船舶法」の改定

　韓国では，原則としてカボタージュ規制を維持しながらも規制を緩和してきた．韓国の「船舶法」の第 6 条に "韓国船舶でないと，不開港場への寄港あるいは国内各港間での旅客または貨物の運送を営むことはできない" と明記されているが，但し書きに "法律または条約に異なる規定がある場合や，海洋事故あるいは捕獲を避けようとする場合，または国土海洋部長官の許可を得た場合はその限りではない" と記されている．

　そして，ここでいう韓国船舶とは，同法の第 2 条において次のように定義されている．

1. 国有または公有の船舶
2. 大韓民国の国民が所有する船舶
3. 大韓民国の法律により設立した商事法人が所有する船舶
4. 大韓民国に主な事務所を設けた第 3 号の以外の法人としてその代表者（共同代表の場合は全員）が大韓民国の国民である場合はその法人が所有する船舶

　上記の第3号について，船舶法が制定された1960年には，“大韓民国に本店を置く商事会社として，合名会社は社員全員，合資会社と株式合資会社は無限責任社員の全員，株式会社と有限会社は取締役の全員が大韓民国の国民である場合その会社が所有する船舶”と限定されていた．その後，1978年に改定され“大韓民国の法律により設立した商事法人として出資の過半数と取締役会の議決権の5分の3以上が大韓民国の国民に属する法人が所有する船舶．この場合，法人の代表取締役は大韓民国の国民でなければならない”とし，一部緩和された．さらに1999年には，“大韓民国の法律により設立した商事法人が所有する船舶”に改定され，外国人を代表者とする外国の商事法人が韓国籍の船舶を所有することができるようになった．そのため，実際に外国人が韓国内に法人を設立することで韓国籍の船舶を所有し，内航輸送をおこなうことができるようになった．

　現在，外国の商事法人による内航事業の事例はないが，外国人による内航海運事業を可能にする法的根拠ができたことで意味がある．

2) 事業登録の特例の新設

　韓国の海上貨物運送事業は，「海運法」の第25条[3]により，内航貨物運送事業・外航定期貨物運送事業・外航不定期貨物運送事業の3つに区別されている．そして，これらの事業を営むためには，同法第26条に基づき，海洋水産部長官に登録しなければならない．

　しかし，2002年12月の改定（2003年3月施行）によって，外航定期貨物運送事業者による輸出入コンテナ貨物の沿岸輸送が認められた．そのため，以下のように，事業登録の特例が新設された．

海運法第26条の2（事業登録の特例）

① 第26条第2号による外航定期貨物運送事業の登録をした者（以下，“外航定期貨物運送事業者”とする）は，第26条第1号による内航貨物運送事業の登録をしなくても国内港と国内港の間で空コンテナや輸出入コンテナ貨物（内国人の間で取引されるコンテナ貨物は除く）を運送することができる．

② 第26条第1号による内航貨物運送事業の登録をした者が一時的に国内港と外国港の間または外国港と外国港の間で貨物を運送しようとする

場合や，第 26 条第 2 号による外航不定期貨物運送事業の登録をした者が一時的に国内港と国内港の間で貨物を運送しようとする場合は，第 26 条第 1 号及び第 2 号にかかわらず，海洋水産部令の定めにより海洋水産部長官に事前に申告することで登録とみなすことができる.

③ 省略

　この特例により，バルカーやタンカーの外航不定期貨物運送事業者による内航輸送も可能となった. 同時に，内航貨物運送事業者による外航輸送も可能となり，沿近海を中心に石油製品，大型構造物，セメントなどの主要物資の外航輸送をおこなっている内航貨物運送事業者もある.

　そして，2003 年 10 月には，輸出入貨物の円滑な輸送と国内港湾の活性化を目的として，釜山港と光陽港の間に限ってであるが，外国籍船による輸出入コンテナ貨物及び空コンテナの輸送が認められた. この措置のはじまりは，1 カ月間の臨時措置であった. 台風の影響で釜山港が事実上運営停止となっていた 2003 年 9 月，外国船社の離脱を防ぐために釜山港と光陽港の間で外国船社の自社貨物（含. アライアンス貨物）の輸出入コンテナに限って輸送を認めていたのである.

　この措置が始まってから 3 カ月の間，外国籍船による釜山港と光陽港間のコンテナ輸送量は 5306TEU であったが，そのうち 3253TEU（61%）がマスクシーランドや APL などの外国船社による輸送であり，2054TEU（39%）が韓国船社による輸送であった[4].

3）外国籍船舶傭船制限の例外

　韓国における船舶登録制度において，国籍取得条件付裸用船（BBCHP : Bare Boat Charter Hire Purchase）を認めている. これは，船価の支払いが終了した時点で船舶の所有権と同時に自国の船籍を取得することを前提に，船舶のみを用船する仕組みである. 自国籍を取得するまでは，手続きなどの行政面や税金など経済面で有利な便宜置籍船になる場合がほとんどである. BBCHP が国籍船になることが前提となっていることから，韓国の外航産業では一般的に BBCHP を国籍船として取り扱っている.

　一方，内航産業でも BBCHP を認めることになった. 2007 年末に「内航貨物運送事業者の外国籍船舶傭船制限に関する告示」が施行されたが，その第 2

条において "内航貨物運送事業者は次の各号の場合を除き，外国籍船舶を備船して国内港湾間の貨物を運送することができない" といい，各号として，"1) 韓国の国籍を取得することを条件とする裸備船（BBCHP），2) 原油船，3) 第3条第1項により地方海洋水産庁長の許可を得た場合" としている．逆にいうと，この3つ場合は，外国籍船を利用して内航輸送することができることを意味している．

　BBCHP による内航輸送について，内航海運事業者と国の考え方は異なる．事業者は，BBCHP のままでは外国籍船であるため，国が外国籍船の内航輸送を認めたと反対している．これに対して，国は，BBCHP は船舶金融の一種であり，新しい船舶を導入する事業者を支援する措置であると述べている[5]．

　そして，この措置に原油船を入れた理由は，従来から韓国籍の原油船が少なかったためである．この告示によって，韓国の原油輸送のほとんどは日本から備船した原油船によっておこなわれている[6]．

　また第3条第1項では，"地方海洋水産庁長は，次の各号の場合，（略），外国籍船舶を備船して国内港湾間の貨物運送を許可することができる" といい，各号として "1) 運送しようとする貨物に適合した内航の国籍船がない場合，2) 船舶の需給不均衡により貨物の適期輸送が困難である場合" と定められている[7]．これは翌年の 2008 年 10 月に，"地方海洋港湾庁長は運送しようとする貨物の輸送に適合した内航国籍船がないと認められる場合は，第4条の規定による外国籍船舶備船適合性審議委員会の審議を経て外国籍船舶の備船を許可することができる" と改定された．改定後にも，国籍船がない場合という前提はあるものの，外国籍船に韓国の沿岸輸送を認めることから，カボタージュ規制の緩和措置となっている．

(3) 韓国のカボタージュ規制の緩和の課題

　以上のように，韓国ではカボタージュ規制を維持していながらも，事実上，外航船社にも外国籍船にも内航輸送を認めるようになった．カボタージュ規制の緩和により，内航船社が外航船社との競争を余儀なくされているが，零細な内航船社が，前述したように，国の政策として育成してきた外航船社と競争するのは容易ではない．

　また，非合理的な輸送の問題が挙げられる．韓国の主要港は港湾の活性化政策の一環として，一定量以上の積み替えをおこなう外航定期運送事業者にイン

センティブを提供している．しかし，インセンティブだけを目的に韓国の沿岸で積み替えをする問題が指摘される．たとえば，釜山港で揚げた貨物を光陽港に再輸送し，インセンティブを得る．カボタージュ規制の緩和がもたらした非合理的な輸送である．

　カボタージュ規制に関して堅持するか緩和するかは，それぞれの国における内航海運市場の状況と政治的な判断によって決まるであろう．韓国のカボタージュ規制の緩和を議論した当時，韓国船主協会は外航船舶による沿岸輸送を認めるにしてもカボタージュを外国籍船には開放しないことを要請していた．外航船社が会員となっている船主協会であり，カボタージュ規制緩和は，小さい市場とはいえ，売上を伸ばす機会となる．そのため，カボタージュ規制緩和に反対する理由はなかったのであろう．しかし，便宜置籍船はコスト面で競争劣位になるため，外国籍船には開放しないことを求めたのであろう．それに対して，韓国の政府は，外国資本が外航定期貨物運送事業者として登録可能であるため，外国船社による内航海運輸送が可能になるが，その事例がなく，また，沿岸輸送は大きな収益性が期待される事業ではないため憂慮していない，と述べていた．つまり，国として，内航産業は保護しながら育成するほど重要な産業ではないと考えていたのであろう．

　一方，カボタージュ規制の緩和によって最も大きな影響を受ける韓国の船社関係者は“既存の内航事業者が規制緩和に対して反対を押し切ることはなかった．内航の痼疾な赤字のためである”[8]と述べていた．つまり，既存の内航海運事業者にとっても守る市場がないため，外航船社や外国籍船による新規参入に対して積極的な対応を取らなかったのである．

　前述のように，韓国の内航海運市場においては事業者が零細であり，船舶の高齢化が深刻化しており，内航海運の輸送量や輸送分担率も減少している状況が続いてきた．このような状況から，韓国の政府は，内航産業を保護するためにカボタージュ規制を堅持するより，むしろ内航輸送の安定的な供給のためにカボタージュ規制を緩和せざるを得なかったと考えられる．

　政策や規制など制度インフラの変化は，正の効果だけでなく負の効果もある．そのため，関係者が様々な状況を考慮して議論しているが，利害関係が異なる場合がほとんどであり，国の判断によって決まる場合が多い．特定産業に関する国の考え方の影響は，韓国の内航海運におけるカボタージュ規制の緩和だけでなく，オーストラリアのカボタージュ規制緩和からも確認できる．オー

ストラリアの政府は「オーストラリアは荷主国であり海運国ではない」と宣言し，既存の国営船社を海外の企業に売却した．その結果，オーストラリアの自国籍船が激減した．これについては李［2018］に詳しい．

4·3　外国人船員の雇用制度

(1)　韓国の船員動向

1)　韓国の国籍船員数

　韓国の国籍船員数は減少してきた．2022年時点で，船員手帳を所有している自国船員は約10万人であるが，そのうち約32%の3万2000人が乗船している．乗組員の数は，1995年の6万3000人に比べると，半分に減少している．

　これは，主に海外船社に就業していた船員（以下，海就船員）と漁船船員の減少によるものである．海就船員は1995年に1万2000人であったが，その後，毎年1000人ほど減少し，2005年には約4000人まで急減した．その後も，減少傾向が続き，2022年の2000人を下回るほどに減少した．1995年に比べて84%減少となっている．漁船においても，遠洋漁船の船員が1995年比86%の減少となっており，沿近海漁船の船員も52%減少している．

　商船船員は，海就船員や漁船船員に比べると，安定している．内航船員は1995年の7500人から1999年には8500人に増加したが，その後は横ばいや微減し，2022年には約7400人と，1995年とほぼ同じ数である．外航船員は1995年の7900人から2001年の6600人まで減少していたが，その後は増加に転じ2013年には9500人まで増加した．しかし，その後は再び減少傾向になり，2022年に約8000人と，1995年とほぼ同じ数である（図4-2）．

　韓国人の船員が減少してきた理由の一つに，若年層の船員忌避の傾向があげられる．一方，韓国の政府や海運業界は自国民の海技士を育成しようとしている．韓国における船員の免許制度と養成教育については李［2014］に詳しい．ここでは簡単に概観する．

　韓国でも，船舶の職員となるためには，「船舶職員法」の第4条により海技免許を取得しなければならない．韓国の海技免許は，航海（1級〜6級）・機関（1級〜6級）・電波通信（1級〜4級）・電波電子通信（1級〜4級）・運航士（1級〜4級）に分類されている（水面飛行船舶操縦士と小型船舶操縦士を除く）．また，海技免許を取得するためには，同法第5条により，海技士試験（筆記試験および口述

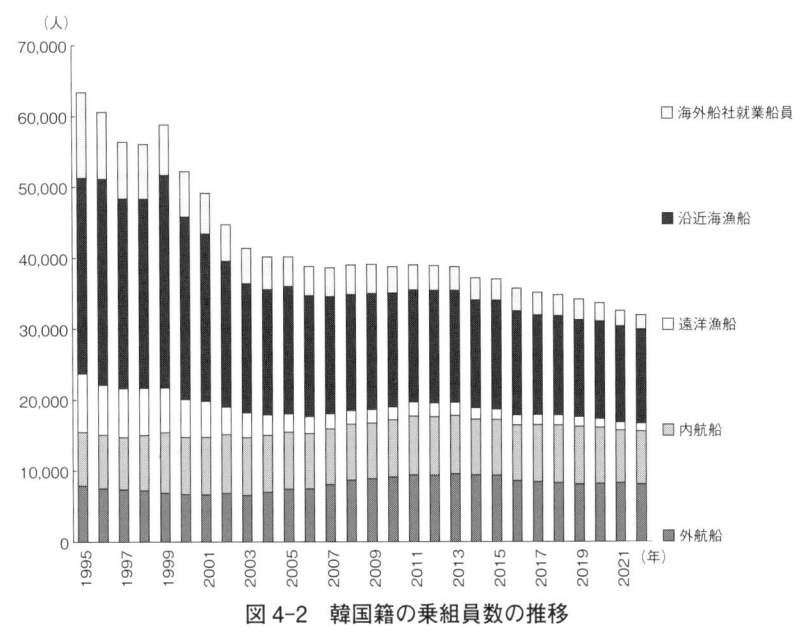

図 4-2　韓国籍の乗組員数の推移

（出所）海洋水産部『韓国船員統計年報』（各年）を基に筆者作成.

試験）に合格し，乗船履歴を有し，船員法で定める健康状態であり，免許講習の課程を修了しなければならない．ただし，国土海洋部の指定教育機関の課程を修了した場合は，同法施行令第 16 条より，筆記試験の免除と乗船履歴の特例が認められる．

2）韓国の船員養成

　船員を養成する学校として，海事系（大学2校，高校2校）と水産系（大学6校，高校7校）に分けることができる．実際には水産系から外航や内航の船員になる場合もあるが，ここでは海事系に着目する．

　海事系の大学は2校あり，海事系の高校も2校ある．大学では座学3年，高校では座学2年を修了してから，乗船実習1年を終えると，それぞれ3級海技士と4級海技士の試験において，乗船履歴の特例と筆記試験の免除が適用される（**表4-5**）．乗船実習の際に，大学では所有実習船を用いる場合と船社に委託する場合があるが，高校は韓国海洋水産研修院に委託しているのが現状である．韓国海洋水産研修院は「韓国海洋水産研修院法」によって設立した法人で

表4-5　韓国の商船船員の養成教育機関（海事系）

所管	船員教育機関としての学校	数	定員数	就学期間	座学	乗船実習	筆記試験の免除
教育部	海事系大学	2	1000人	4年	3年	1年	3級
	海事高校	2	280人	3年	2年	1年	4級

（出典）李［2014］を基に筆者作成.

あり，海洋水産部の傘下にある.

　一般に，大学の卒業生は外航に就業し，高校の卒業生は内航船員となる．海事高校は，後述するように「マイスター高校」であり，授業料が免除される．そして，教科書代・被服代・寮の諸経費なども国費で支給している．しかしながら，内航就業率は低い．たとえば，古いデータはあるが，2007年の海事高校の卒業生の16％（定員の約12％）のみが内航産業に就職している.[9] これは，教育熱心である国[10]と言われる韓国において，海事高校の卒業生の多くが大学へ進学しているためである．この場合，必ずしも海事系大学へ進学しているとは限らない．また，特に男子高校生は卒業後に就職したとしても，韓国の徴兵制により休職せざるをえないため，高校を卒業して就職する前に入隊する例もある.

　このように内航船員になる若年層が少ない実態から，即戦力のある内航船員を養成することを目的として，座学2年と乗船実習1年の課程の「海事高2＋1プログラム」を2008年に導入した．さらに，2012年には海事高校が「マイスター高校[11]」として国の指定を受け，海運企業とのMOU（相互協力協約書）を締結するなど，業界との関係を深めてきている．マイスター高校とは，産業需要のマッチング型高校である．内航海運業界としても，海事高校生を内航海運へ誘導するために，韓国海運組合の資金で高校の「放課後プログラム」を運営している．内航に就業することを希望する学生（内定者含む）を対象に，内航に特化した教育をおこなうプログラムである．また，内航船舶に乗船することを約束する学生に「内航船舶乗船奨学金」を支給している.

　また，韓国には「オーシャンポリテク」という短期養成制度が1991年に導入されている．国が韓国海洋水産研修院に委託して短期で船員を養成する制度である．当初は主に自国籍の外航船員を養成していたが，2006年からは内航海運の5級海技士も養成している．4カ月の座学と1カ月の乗船実習を修了

し，社船での 3 カ月の乗船実習を終えると，5 級海技士の受験資格が与えられ[12]る．そのために，2005 年に，「船舶職業法施行令」の第 16 条第 5 項を次のように新設した．"韓国海洋水産研修院で国土海洋部が認定する 5 級以下の海技士養成教育課程を履修したものは（中略）免許取得及び受験に必要な乗務経歴があることにみなす"．この制度は，産官学の連携により機能している．教育費は国費で支給しており，韓国海運組合は内航への誘導のために奨学金を支給している．そして，韓国海洋水産研修院は，内航事業者の要望に合わせて教育内容を設計することで求人と求職を支援している．応募資格に学歴は問わないが，韓国では大卒者が多く，応募者の大半が大卒者である．また年齢では 30 代と 40 代が最も多く，家族の生計のためにも積極的に学んでいる．

　2021 年末時点で，海技士免許を保有している内航の職員船員は 5797 人であるが，教育部の管轄である学校教育機関を卒業した船員は，海事系 24% と水産系 12% であり，合わせて 36% となる．職員船員の 64% は，上記の短期プログラムなど‘その他’の船員養成プログラムから免許を取得している（表4-6）．

　さらに，2022 年 11 月に，内航向けの海技士を養成するために，海洋水産部，仁川海事高校，韓国海運組合，船員労働者組合連盟が MOU を締結し，2023 年 1 月に仁川海事高校の付設として「海技教育院」を開設した．そして，韓国海運組合と仁川海事高校が進める「内航商船 6 級海技士養成課程」を新設した．民間主導型のプログラムであり，年間 80 名（基本的には前期と後期に各 40名）の海技士を養成する．この課程の教育費や教材費は無料であり，教育期間は 6 カ月である（座学 3 カ月，乗船実習 3 カ月）．課程を修了し，試験に合格すると 6 級の海技士の資格が付与され，さらに 1 年以上乗船すると 5 級の海技士になれる．初年度の 2023 年には，前期（5 月開始）に 46 名の志願者があり，24

表 4-6　内航職員船員の出身分布 （2021 年末時点）

単位：人

海事系					水産系					その他	合計
大学	専門大学	高校	短期／特殊	小計	大学	専門大学	高校	短期／特殊	小計	小計	
320	87	851	128	1,386	136	157	353	60	706	3,705	5,797
5.5%	1.5%	14.7%	2.2%	23.9%	2.3%	2.7%	6.1%	1.0%	12.2%	63.9%	100.0%

（出所）海洋水産部『韓国船員統計年報』（2022）を基に筆者作成.

人が修了した．後期（11月開始）には88名の志願があり，40人が修了した．合わせて64名の研修生の全員が海技士免許を取得した．研修生の平均年齢は45歳であり，70%が大卒である[13]．2024年5月にも前期が始まったが，多くの中年層を含め，85名の志願者があった．2024年からは滞留費用の支援が新設され，首都圏以外からの研修生には座学の3カ月間，月40万ウォンの支援を受けることができる．また，同じ地域にある仁川港湾公社が，仁川港を寄港する内航船社の船員不足のため，韓国海運組合や仁川海事高校と「仁川地域内航商船海技士養成支援および協力に関する業務協約」を結び，1000万ウォンを支援した．

　以上のように，韓国は強い産官学連携によって内航船員を育成している．「産」のニーズに「官」と「学」が応え，「学」の運営を「官」と「産」が支援している．たとえば，海技士試験のために必要な乗船履歴が，高校の在学中の乗船実習だけで満たされる．即戦力のある船員の供給という業界のニーズを考慮して国と教育機関が対応する．また，船員養成に対する国や業界の金銭的支援も積極的におこなわれている．

　しかし，この裏腹には大きな2つの理由が指摘できる．まず，韓国の内航事業者が極めて零細であり，事業者独自の船員確保対策が期待できないことである．そして，海事高校の卒業生の内航就職率が低く，産官学連携による強力な支援なしでは内航船員の確保が期待できないことである．

3）内航海運の船員不足と高齢化

　内航船員の確保のために，育成プログラムを実施しているものの，内航船員数は不足している．また，船員の高齢化が深刻な課題となっている．

　まず，内航船員数（旅客船の船員を除く）を見ると，登録制を機に7000人まで増加したが，その後は大きな変動なく横ばいに推移している．2021年と2022年には6400人ほどに減少したが，1994年に比べて15%の増加となっている．

　船員を海技士と部員に分けてみると，1994年には海技士と部員の数がほぼ同じであったが，それ以降は海技士が増加傾向にある一方で，部員は減少傾向にある．海技士は2019年には1994年の倍以上まで増加したが，2020年と2021年には減少し，2022年は回復している．1994年から2022年まで，2360名の海技士が内航に流入された．その反面，部員は，同じ期間，1501名がいなくなった（図4-3）．

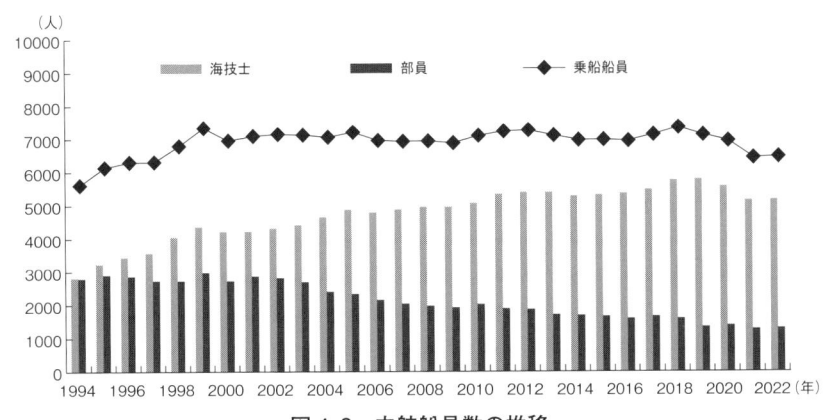

図 4-3　内航船員数の推移

（注）　旅客船の船員は含まれていない.
（出所）韓国海運組合　『沿岸海運統計年報』（2004, 2017, 2023）を基に筆者作成.

表 4-7　内航船員の年齢分布の変化

【2021 年末】

	合計	24 歳以下	25-29 歳	30-39 歳	40-49 歳	50-59 歳	60 歳以上
内航船員（N=7,414）	100.0%	2.8%	4.4%	9.7%	9.7%	17.7%	55.7%
職員（n=5,797）	100.0%	3.5%	4.9%	10.8%	9.9%	17.7%	53.0%
部員（n=1,617）	100.0%	0.4%	2.4%	5.4%	8.9%	17.6%	65.2%

【2009 年末】

	合計	24 歳以下	25-29 歳	30-39 歳	40-49 歳	50-59 歳	60 歳以上
内航船員（N=7,831）	100.0%	1.5%	2.4%	7.6%	16.7%	40.2%	31.7%
職員（n=5,602）	100.0%	1.9%	3.1%	8.3%	17.3%	38.9%	30.5%
部員（n=2,229）	100.0%	0.4%	0.6%	5.8%	15.0%	43.4%	34.7%

（注）　旅客船の船員を含む.
（出所）海洋水産部　『韓国船員統計年報』（2010, 2022）を基に筆者作成.

　次に，内航船員の年齢分布を見る．**表 4-7** は 2009 年末と 2021 年末におけ
る内航船員の年齢別分布を比較している．2009 年には，内航船員のうち 50 代
が最も多く，40.2% を占めている．その次が 60 歳以上（31.7%）であり，その
次は 40 代（16.7%）である．30 代は 7.6% を占めており，その未満の若い年齢
代は 25 歳から 29 歳までが 2.4% にすぎず，さらに 24 歳未満はわずか 1.5% で
ある．すなわち，2009 年には 50 歳以上が約 72% であり，30 歳未満は約 4%

であった．その間の30代と40代が約24%であった．このように，高齢になるほどシェアが高くなる傾向は，職人と部員にかかわらず現れているが，部員の場合，その傾向が強まる．部員の78%が50歳以上であり，30歳未満はわずか1%である．

以上のように2009年においても内航船員の高齢化は課題として指摘されていたが，近年はさらに深刻になっている．2021年において60代が最も多くなっており，シェアも2009年の31.7%から55.7%に大幅に増加した．現在の内航船員の半分以上が60歳以上である．そして次にシェアが高い年齢代は50代であり（17.7%），それを40代と30代がそれぞれ9.7%で次いである．30歳未満は7.2%であるが，そのうち24歳以下は2.8%に過ぎない．また，2021年においても船員の高齢化は部員においてより深刻な課題となっている．2021年の時点で部員の65.2%が60歳以上であり，2009年の34.7%から大幅に増加している．次に多いのが，50代であり，17.6%を占める．つまり，内航海運の部員の77%が50歳以上であり，30歳未満の部員は3%にも満たない．

このように，船員の高齢化が深刻な問題となっているが，内航の予備船員の比率[14]も約1%にすぎず，船員不足と高齢化問題が内航の船舶運航において大きな課題となっている．

(2) 韓国の内航海運における外国人船員の雇用制度

1) 導入の背景と経緯

上記のように，韓国の内航海運において特に部員不足と高齢化の課題が深刻化しているが，韓国では製造業や農林水産業などにおいても労働力不足が課題となっていた．特に1980年代以降の経済成長に伴い，単純労働やいわゆる3K[15]の業種を敬遠する傾向が若年層に現れた．さらに1990年代以降から大学進学率が増加したことも，零細な中小企業に就職を希望する若年層が少なくなった要因の一つである．そして，労働力不足が深刻になった一部の企業は外国人を不法的に雇用し，社会的な問題となっていた．そこで，韓国政府は，外国には産業技術を支援し，国内には外国人の労働力を供給する目的で，1993年に「外国人の産業研修制度」を導入した．しかし，外国人の産業研修制度は，実効性の問題や運営上の問題などの理由で，研修制度から雇用制度への転換が検討された．そして，制度の導入から10年となる2003年8月に「外国人労働者の雇用等に関する法律」が制定され，翌年の2004年8月から「外国人の雇用許可

制度」が導入された．外国人の産業研修制度は，2006 年までは外国人の雇用許可制度と並行して運営されていたが，2007 年に雇用許可制度に統合された．

　現在，外国人が韓国の国籍船舶に就業可能な場合は，外航船に就業する場合を除き，2 つに分けられる．一つは，外国人の雇用許可制度にしたがい，20 トン未満の漁船で操業する場合である．雇用可能な外国人の総数は「外国人力政策委員会」で決める．この場合，入国する外国人はビザ（E-9）が必要である．もう一つは，内航船や近海漁船（20 トン以上）またはクルーズ船において就業する場合である．雇用可能な外国人船員数は，海洋水産部公示「外国人船員の管理指針」にしたがい，業種別の船舶所有者団体と船員労働組合の連合団体が合意で決められる．船員として入国する際には，ビザ（E-10）を取得しなければならない．乗船する船種によって，内航船は E-10-1，近海漁船は E-10-2，クルーズ船は E-10-3 のビザが発行される．E-9 ビザと E-10 ビザで入国する外国人の在留期限は 3 年以内であるが，再雇用による就業期間の延長が許可されたときは，最初入国日から最大 4 年 10 カ月まで在留可能となる（表 4-8）．

　以降では内航海運のみを対象とした「外国人船員の雇用制度」について明らかにする．なお，内航海運における外国人船員雇用制度の導入時の条件については李［2012］に詳しい．

表 4-8　韓国の船舶で就業可能な外国人船員の資格

	外国人船員の在留資格（ビザ）			
	E-9-4	E-10-1	E-10-2	E-10-3
管轄部	雇用労働部	海洋水産部		
運用機関	韓国産業人力公団	韓国海運組合	水産協同中央会，船員管理事業者	韓国海運組合
船舶	漁船（20 トン未満）	内航船	漁船（20 トン以上）	国際巡航旅客船
根拠法など	外国人勤労者の雇用等に関する法律	海運法，船員法，外国人船員の管理指針	水産業法，船員法，外国人船員の管理指針	クルーズ産業の育成と支援に関する法律，船員法，外国人船員の管理指針
導入定員決定	外国人力政策委員会の審議・議決	労使合意後，海洋水産部・法務部の決定		
勤務期間	3 年（最長 4 年 10 カ月）			

（出所）Choi and Hyon［2018］を基に筆者作成．

　韓国の内航海運業界が初めて外国人船員を導入しようとしたのは，1990 年代後半であった．上記の外国人の産業研修制度を利用して，外国人船員を産業研修生として受け入れることを「韓国海運組合（以下，組合）」と「韓国海上産業労働組合連盟」が合意し，政府に要請した．検討の結果，1997 年に，内航海運に 300 人まで外国人船員を受け入れることが決まった．しかし，同年 9 月に韓国通貨危機が起こり，韓国の経済や産業が大きな打撃を受けた．通貨危機は内航産業にも大きな打撃を与え，組合は，急遽，政府に外国人船員の受け入れの保留を申請した．そのため，韓国の内航における外国人船員の受け入れは実現できなかった．

　その後，韓国の経済が回復されたこともあり，2003 年 12 月，組合は保留中であった外国人の産業研修生の受け入れを再び要請した．しかし，政府は雇用許可制度への転換を検討中であることから，組合の要請を承認しなかった．そして，2004 年 8 月に外国人の雇用許可制度が開始されたが，内航産業はこの制度を利用して外国人船員を雇用することは不可能であった．この制度を定める「外国人労働者の雇用等に関する法律」の第 3 条にて "船員法が適用される船員は対象外" と明記されているためであった．

　一方，韓国政府は，外国人の雇用許可制度による外国人船員の雇用は承認しなかったものの，船員不足の状況から外国人船員の導入の必要性は認めていた．そこで，韓国内航における外国人船員の雇用を可能にするように，法務部，労働部，海洋水産部による検討の末，「出入国管理法」を改訂（2004 年 8 月施行）して内航船員の滞留資格を新設した．いわゆる '船員ビザ' と呼ばれるE-10 ビザである．これによって，外国人船員は，陸上の外国人就労者と同様に，必要なビザを取得することで韓国の内航に就職することができるようになった．

2）制度の内容と推移

　2004 年 8 月に船員ビザが新設され，同年 11 月に，ミャンマーからの外国人船員が韓国内航への就業のために入国した．韓国内航における初めての外国人船員の雇用であった．韓国の内航海運における外国人船員の雇用制度は，カボタージュ規制緩和とともに，同業界における大きな変化であった．外国人船員の雇用制度の導入から約 20 年間，その定員が順次に増員され，今は 1000 人を超える外国人船員が韓国の内航海運産業において働いている．

本制度の最も大きな特徴は，外国人船員は部員に限ることである．より高い責任が求められる海技士としての船員は，前述したような船員養成機関から自国民を育成して供給することを目指している．予備船員を含めても不足している部員のみを外国人船員から補充していることである．もう一つの重要な特徴は，船員の年齢制限であり，原則20歳から45歳までの船員のみを雇用することができる．

「外国人船員の管理指針」の第3条において "外国人船員の総導入規模など雇用基準は，全国海上安行労働組合連盟と業種別の船舶所有者団体が自律的に合意して決める" と示されており，"業種別の船舶所有者団体" は，内航海運の場合，韓国海運組合である．韓国海運組合の組合員である内航貨物運送事業者のみが外国人船員を雇用することができ，内航海上貨物運送事業登録船舶のみに外国人船員が乗船できる．そして，労使の合意によって，LPG船と快速線（総乗船員6人未満）はこの制度の対象外となっている．

雇用可能な外国人船員の総数も制限しており，当初は内航産業全体において300人までとしていたが，その後，2006年からは500人に拡大し，2010年6月からは700人に増員した．さらに，2013年8月からは1000人に増加し，2020年6月8日には「内航商船外国人船員の混乗に関する労使合意書」にて，外国人船員の雇用を1200人まで拡大した．また，1隻当たり乗船可能な外国人船員数も定められており，総乗船員数によって，当初は1人から3人までとなっていたが，今は8人までになっている（表4-9）．ただし，韓国におけるほとんどの内航船舶は総乗船員が12人以内であり，実際としては，1人ないし3人の外国人船員が混乗している．

そして，外国人船員の管理のために，組合から選定した国内の船舶管理会社を通じて，外国人船員が雇用される．制度の導入時はミャンマーと中国（漢族のみ）だけが送出国であったが，事業者である船社から送出国の追加の要請があり，労使の協議後，政府の承認を得て，2011年からはインドネシアも追加された．現在，送出国はミャンマーとインドネシアの2カ国である．なお，管

表4-9　船舶別に乗船可能な外国人船員数

単位：人

船舶当たり総乗船員	3~4	5~6	7~8	9~10	11~13	14~18	19~20	21以上
混乗可能な外国人船員	1	2	3	4	5	6	7	8

（出所）韓国海運組合「内航商船外国人船員雇用ガイドブック」（2019）．

理会社も当初は3社であったが，現在は6社となっている．

　外国人船員を雇用する内航船社は組合が選定した船舶管理会社の中で，管理会社を選び，外国人船員の供給管理契約を締結する．そして管理会社を通じて，船社と外国人船員が船員雇用契約を結ぶ．船社（管理会社が代行可能）は，組合に団体協約の適用の承認と外国人船員の雇用推薦書を申請し，組合は雇用推薦書を発給する（2019年から発給業務が地方海洋水産庁に移管）．そして，管理会社または船社が地方庁に外国人船員雇用申告受理証明書を申請し，内航海運事業登録地の管轄出入国管理所にビザを申請する．ビザが発給されると，外国人船員が入国し，管理会社が乗船の教育やその後の管理を行う．なお，外国人船員が入国する前に，管理会社は混乗する自国船員や陸上従事者にも当該船員の国の文化や慣習などの教育を実施する．乗船まで通常1カ月かかる．外国人船員の入国および乗船後は，法務部が外国人登録や滞留を管理し，海洋水産部や船社そして管理会社が外国人船員の雇用管理と滞留管理をする（表4-10）．

　このように，外国人船員の雇用制度の運営において，雇用する船社のみならず管理会社にも教育と管理責任を与えており，雇用申告を必須にするなどの措置も設けている．船社が負担する管理費用は船社と管理会社が協議して決める

表4-10　内航海運における外国人船員の雇用手続き

担当	手続き
韓国海運組合， 全国海上産業労働組合連盟	外国人船員雇用の労使合意に 関する団体協約
内航船社， 船舶管理会社	外国人船員と雇用規約
内航船社（船舶管理会社）， 韓国海運組合，地方海洋水産庁	・団体協約適用の承認 ・外国人船員雇用推薦書[注]
船舶管理会社（内航船社）， 地方海洋水産庁	外国人船員の雇用申告受理
船舶管理会社（内航船社）， 出入国管理事務所	査証発給認定書（ビザ）
船舶管理会社， 内航船社	外国人船員の入国と乗船
船舶管理会社，内航船社， 法務部，海洋水産部	外国人船員の滞留および雇用管理

（注）　2019年に推薦書の発給業務が韓国海運組合から地方海洋水産庁に移管．
（出所）韓国海運組合「外国人船員雇用手続きの案内2006」を基に筆者作成．

が，船員の離脱など船舶所有者が支払う罰金は管理会社が負担するようにしている．管理会社の責任を重視するためである．このような措置と努力によって2004 年から長い間，無断で離脱した外国人船員はいなかったが，近年 19 人の離脱があった．ただ，制度の導入後，1 万 1162 人の外国人船員が入国していたことを考えると，離脱率は 0.17% であり，安定的に運営されていることが分かる[16]．

　また，この制度が導入されてから 6 年が経過した 2010 年に関係者へのインタビュー調査をおこなった．制度を議論する当初は，外国人船員を雇用することに対して内航船主の心配もあったが，結果としてかなり満足している．特に，ミャンマーは仏教国であり，温和は性格を持つ人が多く，大きな問題を起こさないとの答えもあった．また，もし外国人船員と問題がある場合は，管理会社から対応してもらえることにも船主は安心感を持っていた．

　外国人船員雇用制度が始まった 2004 年以降も，自国船員の雇用があまり増加せず，外国人船員の雇用可能数を拡大してきた．その結果，2004 年には 37 人の外国人船員が雇用されたが，2 年後の 2006 年には 300 人を超え，さらに2013 年には 600 人を超えた．その後も，2021 年を除いて増加し続け，2022 年末時点で 1039 人が雇用されている．そのうち，820 人がミャンマーからであり，219 人がインドネシアからである（図 4-4）．

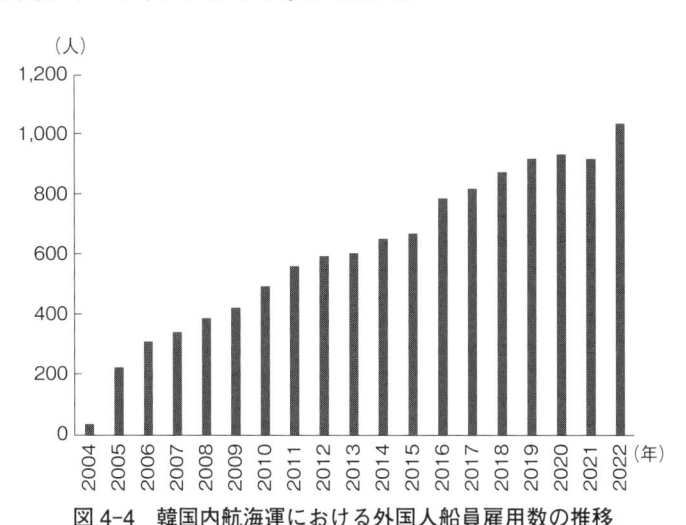

図 4-4　韓国内航海運における外国人船員雇用数の推移

（注）　2019 年に推薦書の発給業務が韓国海運組合から地方海洋水産庁に移管.
（出所）海洋水産部　『韓国船員統計』（各年）を基に筆者作成.

(3) 外国人船員の雇用制度の評価と課題

　以上のように，2004 年 11 月にミャンマー人船員が韓国の内航海運産業に雇用されて以来，延べ 1 万人を超える外国人船員が韓国の内航船舶で働き，2022 年時点で 1000 人を超える外国人船員が韓国の内航船舶に乗船している．韓国人の乗船部員は 1274 人であり（旅客船への部員を除く），外国人部員数と韓国人部員数に差がなくなっている．そして，前記したように，外国人船員の離脱率も極めて低く，同制度は不足している船員の供給という目的を達成していると評価できる．

　前述したように内航船員の高齢化が深化しており，韓国海運組合は今後 5 年以内に約 3000 人が必要であると推定している．しかし，韓国人の内航船員は今後も不足すると考えられる．それには，以下のように，いつかの根拠がある．

　韓国において少子高齢化は深化しており，労働人口が減少すると予測されている．そのなか，船員を目指す場合は，外航船員を目指す場合が多い．同じ船員であっても，外航船員と内航船員の待遇には大きな差があるためである．韓国船員統計（2023）によると，2022 年の外航船員の平均賃金は約 690 万ウォンであるが，内航船員の賃金は 420 万ウォンである．また，外航船員の賃金は月 300 万ウォンまで非課税対象となるが，内航船員の場合は 20 万ウォンが非課税である．なお，陸上職種の賃金上昇により，内航船員の賃金と差がなくなっている．さらに，近年の若年層には仕事と生活の調和（Work-Life Balance）を重視する[17]．そのため，勤務時間や勤務場所も就職において重要な要因であるが，この視点からすると，内航船員の勤務環境は魅力的であるとは言い難い．そして，Hwang［2021］によると，韓国の船員は他の職種に比べて職務満足度が低い．

　これらの理由から，今後，韓国人の船員の確保は難しいと予測されている．そのなか，内航海運産業からは，外国人船員の雇用制度を海技士まで拡大することを望む声もある．

　一方，外国人船員の雇用制度には課題もある．この制度は，基本的に労使合意により，雇用可能な人数や内容が決まるため，労使の承認なしでは外国人船員の雇用申告が不可能であり，船社の船員雇用計画や運航計画に自由度が欠ける．これは結果として，輸送の品質だけでなく安定的な輸送の確保にも課題となろう．

　そして，外国人船員の待遇やコミュニケーション問題も指摘される．韓国人船員は「船員法」により船社と賃金交渉が可能であるが，外国人船員の場合は労使の団体交渉で決められる．また，長期勤務に対するインセンティブがない．そして，混乗する韓国人船員と外国人船員とは基本的に韓国語でコミュニケーションを取っているが，外国人船員の韓国語の問題に加え，一部の韓国人船員による外国人船員への差別がある．韓国では年下に対する言葉遣いが丁寧でない場合があるが，高齢化している韓国人船員と，制度上の年齢制限により比較的に若い外国人船員が混乗しており，船員同士のコミュニケーション問題が考えられる．

　また，内航においては離脱率がゼロに等しいが，沿近海の漁船の場合は，外国人船員の離脱が大きな課題となっている．近年，E-10-2 ビザで入国した外国人の漁船員は，2019 年に 2555 人，2020 年に 1922 人，2021 年に 2166 人であったが，同年に離脱した漁船員は，順に，874 人，923 人，1866 人である．特に，2021 年には入国漁船員と離脱漁船員の比率が 86% である．期間離脱率[18]を見ても，2021 年に 15.6% となり，2020 年（7.7%）から倍増している．今後，内航海運においても船員の無断離脱は注意を要する．

　韓国の内航において，船員不足や高齢化により，産学官連携により海技士を養成する一方で，労使の合意によって外国人の部員船員を雇用してから約 20 年になる．今まではこの制度に対する船社の満足度も高く，関連機関の管理努力もあり，離脱者もほとんどないことから成功的な制度であると言える．しかし，文化の差や年齢の差がある船員の混乗による課題も存在する．今後，外国人の雇用を拡大する業界の動きもあるので，混乗に関する自国船員や外国人船員の教育をより強化し，また，他の業界で見られる離脱者の管理も含め，関連機関のより効果的な管理が必要であると考える．

注

1 ）ただし，「物流産業統計」に曳艀船は対象外となっている．

2 ）韓国のカボタージュ規制の緩和動向については，筆者の拙論「韓国内航海運におけるカボタージュ着せの動向」『海事交通研究』第 60 集，pp.75-84（2011）に基づいて加筆している．

3 ）法律の改定によって条番号が変わる場合がある．ここでは改定時の条番号を示す．

4 ）Shippers' Journal 2004.2.5 記事「釜山—光陽間外国籍船舶，コンテナ 5306TEU 運送」

（http://www.shippersjournal.com/news/article.html?no=12912, 2024.5.20 閲覧）.

5 ）Shippers' Journal 2016.10.14 記事「BBCHP の内航運送は沿岸活性のための手段」
（http://shippersjournal.com/news/article.html?no=22417, 2024.5.20 閲覧）.

6 ）韓国の内航船社関係者へのインタビュー調査（2010 年）による.

7 ）政府組織の編成による名前の変更.

8 ）インタビュー調査（2010 年）による.

9 ）韓国海運組合「沿岸海運発展のための内航商船船員の安定的受給方案研究（2008）」から卒業生の比率を参照し，韓国船主協会の内部資料から 2007 年度卒業生の乗船率を算出した.

10）韓国における大学進学率は高い水準を維持している．教育部『教育統計年報』によると，1990 年の大学進学率は 33% であったが，2001 年には 70% を超え，2007 年には 79% になった．その後も 75% ないし 80% を維持している.

11）産業需要に合わせた高校（初中等教育法施行令第 90 条）である．韓国は，有望分野に特化した産業需要のマッチング型高校として，技術職人を養成し産業界へ供給することを目標としてマイスター高校制度を導入している．2010 年に 21 校（1 次と 2 次）が指定開校し，2012 年には釜山海事校（3 次）と仁川海事校（4 次）が指定開校した.

12）研修生の現場適用能力と乗船維持率を向上させるために，2022 年から始まった.

13）海運産業新聞 2024 年 3 月 21 日記事「内航海技士養成課程　政府支援望まれる」
（http://www.maritimepress.co.kr/news/articleView.html?idxno=319774, 2024.5.20 閲覧）.

14）予備船員の比率は，予備員数 / 乗船員数である．2021 年の内航船員（7414 人）のうち，乗船員は 7311 人であり，予備員は 103 人である.

15）日本語で「きつい・汚い・危険」の 3K と記しているが，韓国では英語の「Difficult・Dirty・Dangerous」の 3D と記している.

16）海運産業新聞 2023 年 9 月 8 日記事「国籍船員と外国人賃金体系の差別化」
（https://www.cargotimes.net/news/articleView.html?idxno=73035, 2024.6.2 閲覧）.

17）全国経済人連合会が 2023 年 4 月に韓国の Z 世代 827 名を対象に実施した「企業（人）認識調査」のアンケート調査結果によると，職場選択基準として最も重視する基準は仕事と生活の調和を保証する企業（36.6%）であった．次が月給やボーナスなどのシステムがある企業（29.6%）であった．また，Deloitte 社の「2023 Global Z & Millennial Survey」においても，韓国の Z 世代は勤務場所を選択可能な労働形態を最も望んでいるとの結果が出ている.

18）前年乗船員と当該年入国船員を合わせた船員数に比する当該年の離脱人数.

第 5 章

韓国の物流産業の動向

　韓国の物流産業について，その零細性が課題として指摘されて久しい．Kim and Park［2009］は，韓国の物流産業は，小規模の企業の乱立により，企業当たりの売上高や固定資産が低く，他の産業に比べて従事者の賃金も低いと指摘している．また Jeong ほか［2019］は，韓国の物流産業の大多数が中小企業であるが，多段階の取引構造により，それらの事業者の経営状況が劣悪であると指摘している．そして，物流産業の両極化により産業内に葛藤が続いていると述べている．

　本章では，データ分析から，韓国の物流産業の特徴を明らかにする．分析の際には韓国の物流産業の大分類（貨物運送業，物流施設運営業，物流関連サービス業）を分析したうえで（5・1），そのうち最も多い貨物運送業を分析する（5・2）．さらに貨物運送業のうち最も多い貨物自動車運送業について分析する（5・3）．ただし，関連法制の改定や管轄部署の変更などによりデータ名が変わっていたり，集計対象や集計方法が変わっていたりする[1]．よって，時系列分析や既存分析と差が生じる場合があることに注意が必要である．なお，本章における物流産業の主な分類と本章の構成は**図 5-1** のようである．

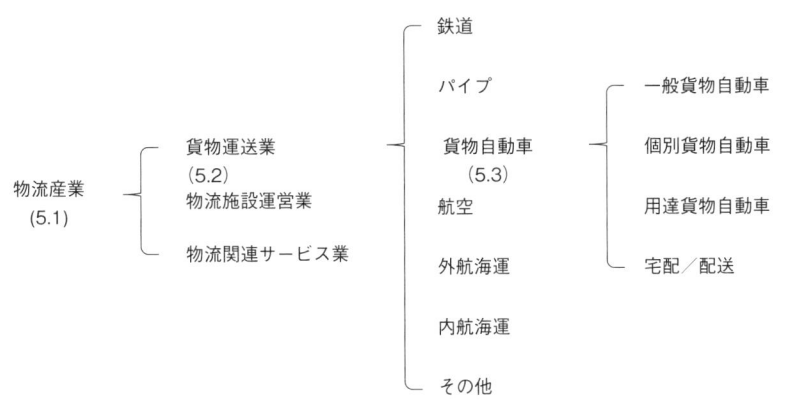

図 5-1　韓国の物流産業の分類と本章の構成

（出所）運輸業調査等を基に筆者作成．

5・1　韓国の物流産業の分析

(1) 分析に用いるデータ

　韓国の統計庁は，物流産業の構造と分布そして経営実態を明らかにする目的で「運輸業調査」を 1977 年から毎年発表している．本調査は，最初，貨物運輸と旅客運輸を対象としていたが，後述するように 2019 年からは，別途，貨物輸送に関するデータのみ集計している．

　運輸業調査は，統計庁の告示により発表される「韓国標準産業分類」に基づいている．韓国標準産業分類は数回改編されてきており，近年まで用いられているのは，統計庁告示第 2017-13 号により発表された「第 10 次韓国標準産業分類」である．

　この産業分類には，物流産業が産業大分類の「H 運輸及び倉庫業」に該当している．その概要として，"各種の運送施設による旅客および貨物運送業，倉庫業およびその他の運送関連サービス業を遂行する産業活動が含まれる．運転者と運送装置を共に賃貸して，運転者が運転方法，日程，経路，その他の運転上の考慮事項などを決定する場合も含む"と記されている．

　そして，中分類は分類記号 49 から 52 まで 4 分類されており，順に，陸上運送およびパイプライン運送業，水上運送業，航空運送業，倉庫および運送関連サービス業となっている．ただし，水産運送業のなかで，20 総トン未満の船舶のみを保有している事業者と，非動力船舶（曳船や艀船）のみを保有している事業者は調査の対象外としている．そのため，4 章で分析している内航登録事業者数とは異なる．

　また，1988 年までの運輸業調査は，個人事業者の個人タクシー運送事業，用達貨物運送事業，個別貨物運送事業の場合，市または道の単位の組合を 1 事業者として集計していたが，1989 年からはそれぞれの個人事業者を 1 事業者として集計しているため，時系列分析では大きな乖離が生じている[2]．よって，ここでは 1989 年以降の事業者数と従事者数の推移を分析する（2010 年は調査未実施）．なお，従事者には，業種によって多少異なるものの，給与をもらう被雇用者と事業主および無給の家族従業者が含まれる．

　そして，2019 年から運輸業調査の一部として，旅客運輸を除く貨物運輸のみを対象として「物流産業統計」が新設されている．物流産業統計における対

象業種と事業は，貨物運送業（以下，運送業）の 11 事業，物流施設運営業（以下，倉庫業）の 7 事業，そして物流関連サービス業（以下，物流サービス業）の 14 事業である．ただし，この調査にも注意が必要である．貨物自動車運送事業（詳細は 5・3 で述べる）は，一般貨物自動車運送事業，用達貨物自動車運送事業，個別貨物自動車運送事業に細分されているが，後者の 2 事業は基本的に個人事業者である．一般貨物自動車運送事業は，日本の一般貨物自動車運送事業と同様であり，一定台数以上の貨物自動車を利用する企業である．物流産業統計では，企業数のみを示す場合を除き，2 人以上の一般貨物自動車運送事業を対象としている．一人企業の一般貨物自動車運送事業（約 10 万社）は対象外となっている．

(2) 物流産業における事業者数と従事者数の動向

　「運輸業調査」によると，韓国の物流産業（旅客運輸を含む）における事業者数と従事者数はともに増加してきた．1989 年に約 12 万社であった事業者は，10 年後の 1999 年に約 22 万社に増加し，さらに 4 年後の 2003 年には約 32 万社になった．その後も増加し，2019 年に約 40 万社となり，2022 年には約 49 万社に増加した．同様に従事者数も増加した．1989 年に約 64 万人であった従事者は，2000 年には 83 万人を超え，2004 年には 100 万人を上回った．従事者はその後も増加し，2022 年には約 134 万人が韓国の物流産業に従事している（図 5-2）．

　最新の調査によると，2022 年末時点で，業種別の事業者数と従事者数は次のようである．旅客運輸を含む事業者の 49 万社のうち，95%（46 万 6000 社）が陸上運送であり，4.8%（2 万 3000 社）が倉庫および運送関連サービス業である．そして水上運送業はわずか 0.2%（935 社）であり，さらに航空運送業は 0.01%（72 社）に過ぎない．また，約 134 万人の従事者数を業種別にみると，78.6%（105 万人）が陸上運送業に従事しており，16.6%（22 万人）が倉庫および運送関連サービス業で従事している．そして，航空運送業の従事者が 2.8%（3 万 8000 人）を占め，水上運送業は 2%（2 万 6000 人）である．

(3) 物流産業の事業者の規模

　貨物運送のみを対象にした「物流産業統計」では，**表 5-1** のように物流産業の業種を細分して，その事業者数を公開している．この調査によると，韓国

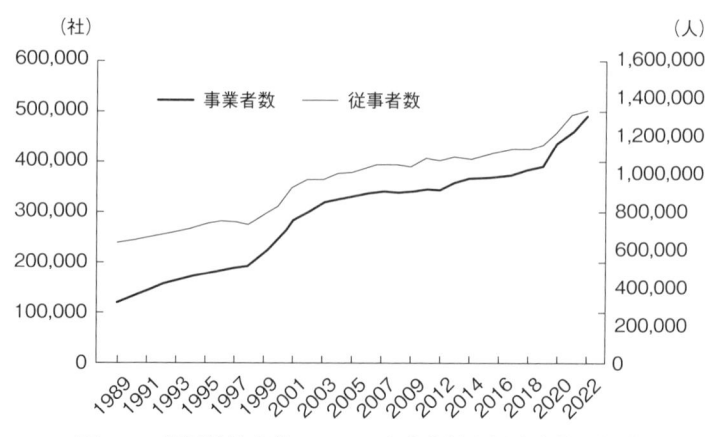

図 5-2　韓国物流産業における事業者数と従事者数の推移

（注 1）旅客輸送も含まれる.
（注 2）2010 年は調査を実施していない.
（出所）統計庁各年「運輸業調査」を基に筆者作成.

の物流産業における事業者は 42 万 2000 社を超えているが，その 96% である 40 万 6000 社が運送業である.

　一方，一人企業の一般貨物自動車運送事業を除くと，2022 年末時点で，韓国の物流企業数は 31 万 4000 社を超えている. そのうち，約 29 万 7000 社（94.7%）が運送業であり，物流サービス業は約 1 万 4000 社（4.6%），そして，倉庫業はわずか約 2300 社（0.8%）である. いずれにしても韓国の物流企業のほとんどが運送業であることには変わりがない.

　韓国の物流産業には零細な中小企業が多いと指摘されているが，ここでは，韓国の物流産業を組織形態別に見てみる. このとき，組織形態は，個人企業と会社法人に区分されている.

　表 5-2 は，物流産業の事業者数と従事者数と売上高を組織形態別に集計した表である. 31 万 4000 社のうち，29 万 7000 社（94%）が個人企業であり，会社法人は 1 万 7000 社（6%）にすぎない. そして，その他（会社以外の法人，非法人団体，国・地方自治体）が 261 社（0.1%）である. 一方，従事者数は，個人企業が約 42% を占め，会社法人が約 55% を占めている. 従業者数を事業者数で除して求めた事業者当たりの平均従業者数は，会社法人が 26.2 人であるが，個人企業は 1.2 人となり，両者に大きな差がある. このことからも，韓国の物流企業は小規模の個人企業がほとんどであることが分かる.

表 5-1　物流産業統計における対象業種と事業の企業数（2022 年末時点）

業種と事業	企業数
物流産業合計	422,344
貨物運送業	405,526
鉄道貨物運送業	1
一般貨物自動車運送事業（他の集計では 2 人以上の企業 6,956 のみ対象）	114,846
用達貨物自動車運送事業	182,189
個別貨物自動車運送事業	98,151
宅配業	24
ヌルチャン配達業	9,615
パイプライン運送業	1
外航貨物運送業	223
内航貨物運送業	328
その他の海上貨物運送業	124
航空貨物運送業	24
物流施設運営業	2,360
一般倉庫業	939
冷蔵および冷凍倉庫業	584
農産物倉庫業	615
危険物品保管業	74
その他の保管および倉庫業	74
陸上貨物ターミナル運営業	47
港およびその他の海上貨物ターミナル運営業	27
物流関連サービス業	14,458
航空および陸上貨物取扱業	543
水上貨物取扱業	354
通関代理および関連サービス業	1,363
貨物運送仲介、代理および関連サービス業	11,000
貨物包装、検数および計量サービス業	449
その他水上運送支援サービス業	559
その他の未分類運送関連サービス業	54
物流関連応用ソフトウェア開発および供給業	24
物流関連コンピュータープログラミングサービス業	7
物流関連コンピューターシステム統合諮問および構築サービス業	11
物流関連データベースおよびオンライン情報提供業	1
物流運送装備賃貸業	67
物流関連機械装備賃貸業	12
物流関連経営コンサルティング業	14

（出所）統計庁 2024「運輸業調査──物流産業統計──」.

表 5-2　組織形態別にみる韓国物流産業（2022 年末時点）

産業別	組織形態別	事業者		従事者		売上高	
		数	割合	数	割合	十億ウォン	割合
物流産業全体	合計	314,454	100.0%	817,510	100.0%	183,141	100.0%
	個人企業	296,945	94.4%	344,189	42.1%	14,973	8.2%
	会社法人	17,249	5.5%	452,228	55.3%	165,776	90.5%
	その他	261	0.1%	21,093	2.6%	2,393	1.3%
運送業	合計	297,636	100.0%	635,488	100.0%	127,063	100.0%
	個人企業	292,006	98.1%	328,173	51.6%	13,243	10.4%
	会社法人	5,595	1.9%	290,530	45.7%	112,353	88.4%
	その他	35	0.0%	16,785	2.6%	1,467	1.2%
倉庫業	合計	2,360	100.0%	30,200	100.0%	11,748	100.0%
	個人企業	1,028	43.6%	2,733	9.0%	226	1.9%
	会社法人	1,242	52.6%	25,969	86.0%	10,934	93.1%
	その他	90	3.8%	1,498	5.0%	588	5.0%
物流サービス業	合計	14,458	100.0%	151,822	100.0%	44,330	100.0%
	個人企業	3,911	27.1%	13,283	8.7%	1,505	3.4%
	会社法人	10,411	72.0%	135,729	89.4%	42,488	95.8%
	その他	136	0.9%	2,811	1.9%	337	0.8%

（出所）統計庁「運輸業調査——物流産業統計——」（2024）を基に筆者作成.

　次に，売上高を見ると，個人企業から約 15 兆ウォンの売上高を上げ，全体の 8% を占める．会社法人はその 10 倍以上となる約 166 兆ウォンの売上高を上げ，全体の 91% を占めている．このように，韓国の物流産業において，個人企業は事業者数では圧倒的に多い反面，売上高は圧倒的に低く，その零細性がうかがえる．

　この特徴は，物流産業の中でも運送業において，より明確に表れている．運送業の 98% を占める個人企業が，運送業全体の売上では 10% のみを占めている．わずか 2% の会社法人が 88% の売上高を占めている．

　一方，一般的に運送業に比べてより多くの資本が必要な倉庫業では，個人企業数（1028 社）が会社法人（1242 社）より少なく，物流サービス業も個人企業が約 4000 社（27%）であり，約 1 万社（72%）の会社法人よりはるかに少ない．しかし，売上高における割合を見ると，倉庫業や物流サービス業においても，会

表 5-3　従事者数規模別にみる物流企業数の分布 (2022 年末時点)

従事者数規模	物流産業全体		運送業		倉庫業		物流サービス業	
	数	割合	数	割合	数	割合	数	割合
合計	314,454	100.00%	297,636	100.00%	2,360	100.00%	14,458	100.00%
9 人以下	306,742	97.55%	293,576	98.64%	1,808	76.61%	11,358	78.56%
10 ~ 19	3,645	1.16%	1,709	0.57%	238	10.08%	1,698	11.74%
20 ~ 49	2,760	0.88%	1,537	0.52%	215	9.11%	1,008	6.97%
50 ~ 99	811	0.26%	534	0.18%	56	2.37%	221	1.53%
100 ~ 299	395	0.13%	213	0.07%	34	1.44%	148	1.02%
300 ~ 499	53	0.02%	35	0.01%	5	0.21%	13	0.09%
500 人以上	48	0.02%	32	0.01%	4	0.17%	12	0.08%

(出所) 統計庁「運輸業調査——物流産業統計——」(2024) を基に筆者作成.

社法人がほとんどの売上をあげている (それぞれ 93% と 96%).

　さらに，韓国の物流事業者を従事者数の規模別に分けてみると (表 5-3)，従事者 9 人以下の小規模企業がほとんどであることが分かる．物流産業の 98% が 9 人以下の事業者である．特に，運送業は約 99% が 9 人以下である．500 人以上の大規模の運送業は 32 社のみであり，運送業の 0.01% にすぎない．倉庫業も約 77% が 9 人以下であり，同様に，物流サービス業も 79% が 9 人以下の小規模企業である．

(4) 物流産業の売上高

　2022 年における韓国の物流産業の売上高は，183 兆ウォンを超えた．物流産業統計が始まった 2019 年には 106 兆ウォンであったが，2020 年に 113 兆ウォンに増加し，2021 年にも 155 兆ウォンに増加した．3 年の間，72% 増加した．なお，物流産業の売上高に占める業種別の割合を見ると，運送業 (69%) が最も高い割合を占めており，物流サービス業 (24%) や倉庫業 (6%) との差が大きい．

　次に，売上高を従事者数の規模別に見よう (表 5-4)．物流産業のほとんどを占める 9 人以下の小規模企業が，売上高では 15% のみを占めている．企業数ではわずか 0.2% を占める 500 人以上の大規模企業が売上高の 33% 以上を占めている．この特徴は運送業でより強く表れている．99% を占める小規模企業

表 5-4　従事者数規模別にみる物流産業の売上高の分布　（2022 年末時点）

従事者数規模	物流産業全体		運送業		倉庫業		物流サービス業	
	十億ウォン	割合	十億ウォン	割合	十億ウォン	割合	十億ウォン	割合
合計	183,141	100.0%	127,063	100.0%	11,748	100.0%	44,330	100.0%
9 人以下	27,453	15.0%	16,334	12.9%	1,147	9.8%	9,972	22.5%
10 ~ 19	12,820	7.0%	4,550	3.6%	1,022	8.7%	7,248	16.4%
20 ~ 49	21,762	11.9%	9,946	7.8%	2,614	22.3%	9,201	20.8%
50 ~ 99	10,559	5.8%	5,671	4.5%	1,141	9.7%	3,748	8.5%
100 ~ 299	23,243	12.7%	12,684	10.0%	2,195	18.7%	8,364	18.9%
300 ~ 499	25,998	14.2%	22,306	17.6%	501	4.3%	3,192	7.2%
500 人以上	61,306	33.5%	55,573	43.7%	3,129	26.6%	2,604	5.9%

（出所）統計庁「運輸業調査──物流産業統計──」（2024）を基に筆者作成.

が運送業の売上高において 13% を占めており，0.01% の大規模企業が売上高の 44% を占めている．倉庫業は，500 人以上の大規模企業が売上高の 27% を占めており，20~49 人規模の企業が 22% の売上高を占めている．次に高い割合となっている企業の規模は 100~299 人である．一方，物流サービス業は，大規模企業が最も低い売上高の割合（5.9%）を占めている．逆に小規模の企業が売上高の 23% を占めており，最も高い割合である．

　韓国の物流企業のほとんどが小規模であることが分かっているが，ここで売上高別の企業数の分布を見てみる．この分析から韓国の物流産業の規模がより明確になる.

　表 5-5 は，年間売上高の規模を基準として，業種別にどれだけの企業があるのかを示している．約 31 万 4000 社の物流事業者のうち，売上高が 5000 万ウォン未満である企業は 68% である．売上高 1 億ウォンまでの企業を含めると，その割合は 89% となる．すなわち，韓国における物流企業の約 9 割が，年間 1 億ウォン未満の売上で事業を営む零細な小規模企業である.

　この結果は，運送業からの影響が大きい．運送業の 71% が 5000 万ウォン未満の売上高であり，1 億ウォン未満の企業を含むと，その割合は 93% となる．100 億ウォン以上の売上高を上げている運送業はわずか 0.2% である．10 億ウォン以上の売上高を上げる企業にしても運送業の 1.1% にすぎない．一方，倉庫業の場合は，5000 万ウォン未満から 50 億ウォンまで多く分布しており，

表 5-5　売上高規模別にみる物流企業数の分布（2022 年末時点）

売上高の規模	物流産業全体		運送業		倉庫業		物流サービス業	
	数	割合	数	割合	数	割合	数	割合
合計	314,454	100.0%	297,636	100.0%	2,360	100.0%	14,458	100.0%
50 百万 W* 未満	212,799	67.7%	211,245	71.0%	515	21.8%	1,039	7.2%
50 ~ 100	65,958	21.0%	64,624	21.7%	250	10.6%	1,084	7.5%
100 ~ 500	22,196	7.1%	17,024	5.7%	533	22.6%	4,639	32.1%
500 ~ 1,000	3,941	1.3%	1,477	0.5%	268	11.4%	2,195	15.2%
1,000 ~ 5,000	6,847	2.2%	2,132	0.7%	506	21.4%	4,209	29.1%
5,000 ~ 10,000	1,386	0.4%	579	0.2%	129	5.5%	678	4.7%
10,000 百万 W* 以上	1,327	0.4%	555	0.2%	159	6.7%	613	4.2%

（注）　W は韓国通貨のウォンを意味する.
（出所）統計庁「運輸業調査──物流産業統計──」（2024）を基に筆者作成.

50 億ウォンを超える企業も，さらに 100 億ウォン以上となる企業も多く，それぞれ約 6% と 7% を占める．運送業に比べると，倉庫業は市場が棲み分けされていることが推測される．物流サービス業は，他の業種に比べて 1 億ウォンから 50 億ウォンまでの売上高を示す企業が多い．物流サービス業の 32% が 1 億ウォン以上の売上高を上げており，10 億ウォン以上の企業も 29% である．

（5）韓国の物流産業の特徴

　以上の結果から，韓国の物流産業の特徴として次のことが言える．まず，物流産業において，運送業が約 95% を占めている．そして，韓国の物流産業は既存の研究が指摘するように，零細な小規模企業がほとんどである．従事者数を基準としても 9 人以下の企業が 98% であり，売上高を基準としても 1 億ウォン未満となる企業が 89% である．特に運送業においては，大多数を占める小規模企業が運送業全体の売上のわずかを占める一方で，少数の大規模企業が全体売上高の約半分を占めており，両極化の様子が見える．なお，分析で用いたデータにおいて集計の対象外となっている一人企業の一般貨物自動車運送業の約 10 万社を含めると，零細性はさらに強い特徴として現れる．

　また，売上高に占める大規模企業の割合は一般的に高いが，業種によって様子が多少異なる．韓国の運送業のほとんどが貨物自動車運送事業であり，この事業においては，従事者すなわちドライバーの人数は貨物自動車の稼働率にか

かわり，結果として売上高に影響する．そのため，従業者数 500 人以上の大規模運送業が運送業全体の売上高に占める割合が高くなっている．一方，倉庫業は，売上高は他の業種に比べて少ないものの，企業の規模と売上高が比例しておらず，市場において棲み分けされている．最後に，物流サービス業は 3PL 事業やコンサルティング事業のように，必ずしも多くの従事者が必要なわけではなく，小規模企業であっても高い売上高を上げている．

5・2　韓国の貨物運送事業の分析

(1)　業種別の貨物運送事業の現状

　前節で韓国の物流産業のほとんどが貨物運送業であることが分かった．そこでここでは，韓国の貨物運送業に着目し，前掲の「物流産業統計」を用いて，貨物運送事業の詳細を分析する．

　韓国における貨物運送事業者（一人企業の一般貨物自動車運送事業を含む）は，2019 年に約 36 万 8000 社あったが，2020 年には約 2% 減少した．しかし，2021 年と 2022 年には前年比それぞれ 6% 増加し，2022 年には約 40 万 5000 社となっている．2019 年から 10% 増加している．

　貨物運送事業のほとんどを占めるのは貨物自動車運送業であり，その割合は 99.8% に上る．貨物自動車運送業は，2019 年に 36 万 7000 社以上であり，翌年は前年比 2% 減少となったが，その後増加し，2022 年時点で 40 万 4800 社以上となっている．2019 年比で 10% 以上増加しており，運送業全体に占める割合は相変わらず 99.8% を占めている．

　鉄道運送業者とパイプライン運送業者はそれぞれ 1 社のみであり，統計開始から変化がない．航空貨物運送業は 2019 年の 27 社から翌年には 20 社（26% 減少）となったが，その後は毎年 2 社ずつ増え，2022 年には 24 社になっている．外航貨物運送業者は，2019 年の 401 社から減少し続け，2022 年には 223 社になっている．2019 年比 44% の減少である．内航貨物運送業は，2019 年の 336 社から，翌年は 331 社に減少したものの，2021 年には 337 社に増加した．しかし，2022 年には 328 社に減少した．その他の海上貨物運送業は，2019 年の 97 社から 2024 年の 124 社まで増加し続けてきた．以上の鉄道運送，パイプライン運送，航空運送，海上運送を営んでいる事業者は，貨物運送事業においてわずか 0.2% を占めている（表 5-6）．

　次に，貨物運送事業における売上高の近年の推移を見てみる（**表 5-7**）．2019年の売上高は 72 兆 8870 億ウォンであったが，翌年の 2020 年には前年比 8.0% 増加した．その後の 2021 年も前年比 35.3% の増加となり，2022 年にも前年比 19.3% の増加を記録した．2022 年の売上高は 127 兆ウォンを超えており，2019年比 74.3% も増加している．

　業種別に見ると，貨物自動車運送業の売上高は 2019 年の約 40 兆ウォンから増加し続け，2022 年には 51 兆 4110 億ウォンとなった．2019 年比 28.3% の増加である．事業者数では運送業の 99.8% を占める貨物自動車運送業であるが，

表 5-6　業種別に見る貨物運送事業者数

	2019	2020	2021	2022
貨物運送業合計	368,087	359,555	381,887	405,526
貨物自動車運送業	367,224	358,749	381,165	404,825
鉄道貨物運送業	1	1	1	1
パイプライン運送業	1	1	1	1
航空貨物運送業	27	20	22	24
外航貨物運送業	401	352	248	223
内航貨物運送業	336	331	337	328
その他の海上貨物運送業	97	101	113	124

（注）　一人企業の一般貨物自動車運送事業を含む．
（出所）統計庁「運輸業調査──物流産業統計──」（各年版）．

表 5-7　業種別に見る貨物運送事業の売上高　　（単位：10 億ウォン）

	2019	2020	2021	2022
貨物運送業合計	72,887	78,717	106,528	127,063
貨物自動車運送業	40,073	43,103	48,802	51,411
鉄道貨物運送業 *	n/a	n/a	n/a	n/a
パイプライン運送業 *	n/a	n/a	n/a	n/a
航空貨物運送業	4,483	7,206	11,052	12,396
外航貨物運送業	26,180	26,296	44,259	60,641
内航貨物運送業	1,285	1,259	1,285	1,527
その他の海上貨物運送業	398	411	420	469

（注）　1 社のみある鉄道貨物運送業とパイプライン運送業のデータは公開されていない．
（出所）統計庁「運輸業調査──物流産業統計──」（各年版）．

売上高に占める割合は 2022 年に約 41% であり，2019 年の 55% から減少してきた．

　2022 年の航空貨物運送業の売上高は 2019 年から約 2.8 倍増加しており，最も高い増加率を示している．なお，航空貨物運送業の売上高は貨物運送業全体の約 10% を占めている．外航貨物運送業も 2022 年に 60 兆ウォン以上の売上高となり，2019 年に比べて 2.3 倍の増加となっている．貨物運送業の売上高に占める外航貨物運送業のシェアも 2019 年の 36% から増加し，2022 年には48% になった．つまり，韓国の貨物運送事業において，事業者数では 0.1% を占めている外航貨物運送事業が売上高では約半分を占めており，重要な事業であることは間違いない．航空貨物運送業と外航貨物運送業においては，コロナ禍中の運賃高騰が売上高を増加させた大きな要因であると考えられる．

　一方，内航貨物運送業の売上高は，2020 年に前年比 2% の減少となったものの，その後は増加し，2022 年には 1 兆 5270 億ウォンと，2019 年比 18.9% の増加を見せている．ただし，貨物運送事業全体の売上高に占める割合はわずか1.2% である．その他の海上貨物運送業も，2022 年の売上高は 2019 年に比べて17.8% 増加したものの，4690 億ウォンであり，運送業に占める割合はわずか0.4% である．

(2) 貨物輸送活動の動向

　国土交通部の「2024 国土交通統計年報」によると，2022 年時点で韓国の国土面積は約 10万m^2 であり，道路延長は約 11 万 4000km である．高速道路の延長は約 5000km と，2015 年より約 800km 伸びてきた．鉄道の延長も約5100km まで徐々に増加してきた．

　また，韓国の総人口は約 5163 万人であるが，その 92% が都市に住んでいる．特に，ソウルとその周辺都市の首都圏に住んでいる人口は，全体の 50%である．首都圏の面積は国土面積の約 12% を占めており，人口が首都圏に過密していることが分かる．さらに，首都圏人口の 72% が過密抑制圏と呼ばれる都市に住んでいる[4)]．

　このような物理的な特徴により，韓国における貨物輸送のほとんどは道路輸送によっておこなわれている．**図 5-3** は，2001 年以降の輸送手段別の貨物輸送量（トンベース）を示しており，その変化を指数で示しているのが**図 5-4** である．2001 年の韓国の国内貨物輸送量は約 15 億 3000 万トンであった．その

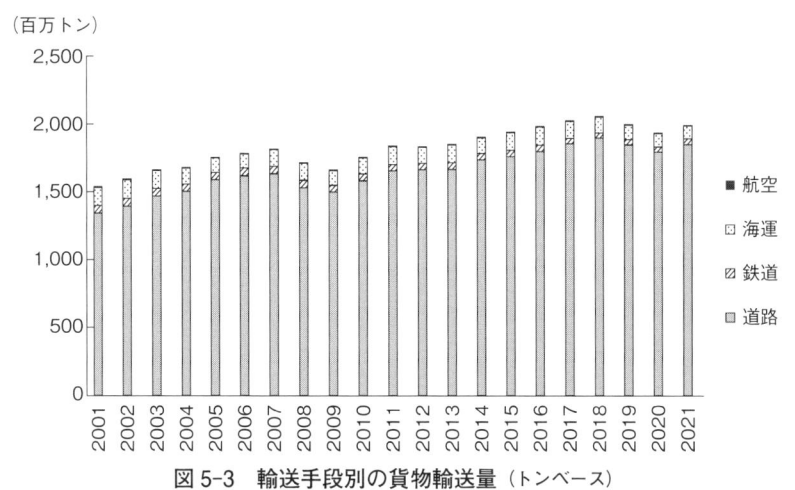

図 5-3　輸送手段別の貨物輸送量（トンベース）
（出所）国家交通データベース「国土交通統計国内編」（2018，2022）を基に筆者作成.

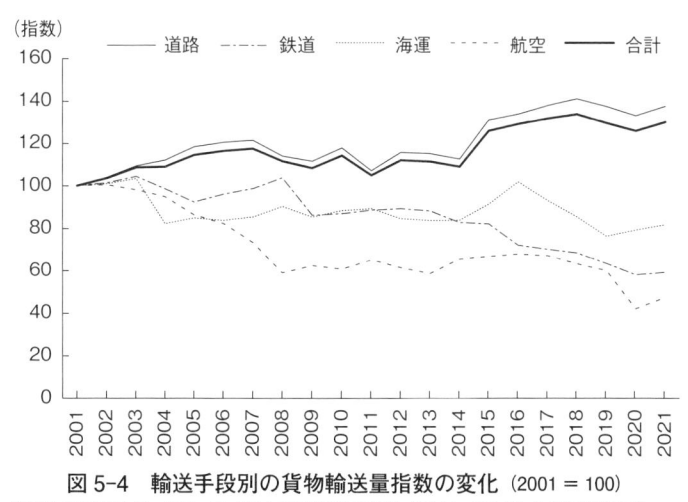

図 5-4　輸送手段別の貨物輸送量指数の変化（2001 = 100）
（出所）国家交通データベース「国土交通統計国内編」（2018，2022）を基に筆者作成.

後，国内貨物輸送量は増加傾向にあり，10 年後の 2011 年には 18 億トンを超え，2001 年に比べて約 20% 増加となった．その後も増加しており，2017 年には 20 億トンを超えた．翌年の 2018 年には約 20 億 5000 万トンと過去最高となったが，その後はコロナの影響もあり，2020 年には約 19 億 3000 万トンに減少した．2021 年には再び増加し，約 20 億トンまで回復した．2001 年に比べ

て 30% 増加している．この輸送量の増加は，道路輸送量の増加によるものである．道路輸送量は 2001 年に約 13 億 4000 万トンであったが，2021 年には 38% 増加となる約 18 億 5000 万トンとなった．他の輸送モードの輸送量は同期間で減少している．鉄道輸送量は約 4500 万トンから約 2700 万トンへ約 40% 減少しており，海運輸送量は約 1 億 4000 万トンから約 18% 減少しており，約 1 億 2000 万トンとなっている．航空輸送量はわずか 43 万トンであったが，2021 年には 20 万トンと，半分以下に減少している．

　以上のように，過去 20 年間の韓国の国内輸送において，道路輸送量のみが増加し，他の輸送手段による輸送量は減少した．その結果，2021 年時点での輸送分担率は，道路が 92.9% であり，2001 年の 87.8% からさらに増加した．鉄道は 3.0% から 1.3% に減少し，海運も 9.2% から 5.8% に減少した（表 5-8）．

　次に，輸送活動量（トンキロベース）を輸送手段別に見てみる（図 5-5）．2001 年には，約 1380 億トンキロであり，その後，約 10 年間は大きな変動がなく，2011 年には約 1418 億トンキロと，2001 年比 7% の増加にとどまっている．その後は増加傾向になり，2017 年には約 1848 億トンキロまで増加し，最高値となった．それから 2020 年（1710 億トンキロ）まで減少したが，2021 年には前年比増加となり，1765 億トンキロまで回復した．20 年前に比べ，約 28% 増加している．

　輸送手段別に見ると，道路輸送が同期間で 54% の増加となり，鉄道は 36% 減，海運は 18% 減，そして航空は 52% 減となっている．このように輸送活動量も道路輸送のみが大幅に増加しており，トンキロベースの輸送分担率も道路のみが 65.9% から 79.3% に増加した．鉄道は 7.6% から 3.8% に半減し，海運も 26.4% から 16.9% に大幅な減少となった（表 5-9）．

表 5-8　輸送手段別の貨物輸送分担率（トンベース）

	道路	鉄道	海運	航空	合計
2001	87.8%	3.0%	9.2%	0.0%	100.0%
2011	90.9%	2.2%	6.9%	0.0%	100.0%
2021	92.9%	1.3%	5.8%	0.0%	100.0%

（出所）国家交通データベース「国土交通統計国内編」（2018，2022）を基に筆者作成．

(3) 営業用と自家用の貨物自動車輸送

　以上のように韓国では地理的特性や都市に密集している人口分布などの理由もあり，道路輸送が最も多いが，このなかには荷主による自家運送も含まれている．そこでここでは，貨物自動車運送事業（以下，営業用）の特徴をより明らかにするために，自家用貨物自動車運送（以下，自家用）と比較する．

　まず，道路輸送量における営業用と自家用の分担率を見よう（表5-10）．「国土交通統計年報」のデータによると，2011年時点で道路輸送の半分を超える57%が自家用であり，営業用は43%であった．それ以降，自家用も営業用も輸送量は増加傾向にあったが，営業用の増加率が高かった．その結果として，2015年から営業用が自家用を上回り，2021年時点で道路運送量に占める営業用の分担率は54%となっている．

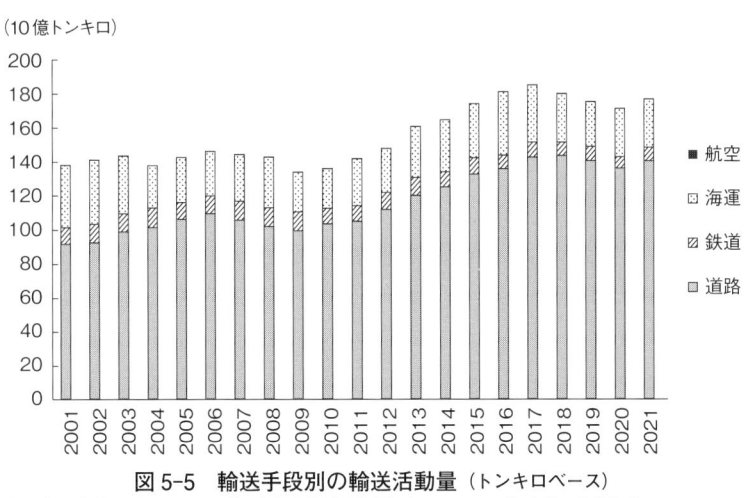

図 5-5　輸送手段別の輸送活動量（トンキロベース）

（出所）国家交通データベース「国土交通統計国内編」（2018, 2022）を基に筆者作成.

表 5-9　輸送手段別の貨物輸送分担率（トンキロベース）

	道路	鉄道	海運	航空	合計
2001	65.9%	7.6%	26.4%	0.1%	100.0%
2011	73.7%	7.0%	19.2%	0.1%	100.0%
2021	79.3%	3.8%	16.9%	0.0%	100.0%

（出所）国家交通データベース「国土交通統計国内編」（2018, 2022）を基に筆者作成.

表 5-10　貨物自動車運送における自家用と営業用の分担率 (左：トンベース，右：トンキロベース)

年	自家用	営業用	年	自家用	営業用
2011	56.8%	43.2%	2011	30.3%	69.7%
2012	52.9%	47.1%	2012	30.3%	69.7%
2013	53.4%	46.6%	2013	30.3%	69.7%
2014	56.7%	43.3%	2014	30.3%	69.7%
2015	49.3%	50.7%	2015	30.3%	69.7%
2016	49.3%	50.7%	2016	30.3%	69.7%
2017	45.5%	54.5%	2017	23.9%	76.1%
2018	45.5%	54.5%	2018	23.9%	76.1%
2019	45.5%	54.5%	2019	23.9%	76.1%
2020	45.5%	54.5%	2020	23.9%	76.1%
2021	45.5%	54.5%	2021	23.9%	76.1%

(出所) 国土交通部「国土交通統計年報 2023」(2024) を基に筆者作成.

　一方，トンキロベースでは，2011 年に営業用の分担率が 70% であった．営業用の輸送活動量は，2019 年と 2020 年を除き，増加してきており，2021 年には 2011 年より 34% 増加している．その結果，70% であった営業用の分担率はさらに増加し，2017 年には 76% となり，2021 年まで維持されている．

　このように，韓国では自家用の貨物自動車運送がトンベースでまだ約半分を占めているが，自家用は主に短距離で使われ，長距離になると営業用が使われることが分かる．実際に，2011 年から 2021 年までの単純平均運送距離[5]は，自家用が約 42km であり，営業用は約 3 倍となる 110km である．

　そして「全国貨物通行実態調査」[6]によると，一日当たりの積載トン数は，自家用が 1.6 トンあり，営業用は 12 トンである．通行距離は自家用が 99.4km であり，営業用が 225.1km である．また，自家用は，通行距離の 59% が積載通行であり，41% が空車通行である．営業用は，通行距離の 68% が積載通行であり，営業用が自家用より運行効率が高いことが分かる．

　また，自家用の約半数が 50km 未満を通行しており，長距離になるにつれ，通行するケースが少なくなる．一方，営業用の場合は，自家用に比べて，短距離から長距離に広く分布している．長距離になるほど営業用の分布が多くなっている (表 5-11).

　この調査から，荷主は自らの貨物の短距離輸送をしているが，貨物運送を業

表 5-11　貨物自動車運送における自家用と営業用の比較

a) 一日当たりの積載トン数　（トン／日）

	積載トン数
自家用	1.6
営業用	12.0

b) 一日当たりの通行距離　　　　　　　　　　　（km／日）

	総通行距離	積載通行距離	空車通行距離
自家用	99.4	58.2	41.2
営業用	225.1	152.7	72.3

c) 一日当たりの通行距離別の通行分布　　　　　　　　　　　　　　　　　　　　　（%）

	50km 未満	~100km 未満	~200km 未満	~300km 未満	~500km 未満	500km 以上
自家用	50.7	17.4	17.1	7.2	5.1	2.5
営業用	20.8	13.6	21.0	15.1	18.0	11.5

（出所）国土交通部，韓国交通研究院『全国貨物通行実態調査』（2017）を基に筆者作成.

としている事業者は多くの貨物を遠くまで輸送していることが分かる．なお，このような傾向は過去の調査結果でも同じであった．

（4）韓国の貨物運送事業の特徴

　以上，韓国の貨物運送事業において貨物自動車運送事業が 99.8% を占めるが，運送事業の売上高に占める割合は約 4 割であることが分かった．また輸送分担率は，日本と同様に，道路輸送が最も高いことが分かった．

　そして，韓国の道路輸送に，自家用輸送が約半分を占めていることが特徴の一つである．営業用が自家用より輸送効率が高いことを考慮すると，輸送の自営転換を進める必要がある．全日本トラック協会［2022］によると，2020 年度の日本の貨物運送量は約 41 億トンであり，その 90% 以上が貨物自動車によりおこなわれた．このうち，営業用の分担率がトンベースでは 67.2% を占め，トンキロベースでは 87.6% を占めている．また，稼働効率は，営業用が自家用の約 10 倍であると述べている．この結果について，全日本トラック協会は "環境負荷の低減，消費エネルギーの削減，トラック積載率向上の観点からも自家用から営業用への転換が進んでいる" と述べている．韓国も今後，自営転換が

求められよう.

5・3　韓国の貨物自動車運送事業の分析

(1) 貨物自動車運送事業の変遷

1) 持込制による貨物自動車運送事業

　ここからは，韓国の貨物運送事業者のほとんどを占めている貨物自動車運送業についてより詳細に分析する．全国貨物自動車運送事業組合連合会［1977］によると，韓国で貨物自動車運送業が始まったのは，韓国が日本の植民地であった 1926 年頃とされる．当時は 1 道に 1 社に統合された形式であったが，実際は，「持込制」による運送事業であった．

　持込制は，1 台の貨物自動車を購入した車のオーナーが，運送事業者の名義で車両を登録しておきながら，車オーナーは運送事業者の従業員ではなく個人事業者として運送事業を行う形態の慣習的な制度である．実際の車オーナーを"持込車オーナー[7]"といい，運送免許を意味する車両のナンバーを運送事業者から借りる形式で運送事業を行う．

　持込車オーナーは，一人の個人事業者であるため，営業上の限界があり，荷主と直接運送契約を結ぶことは容易ではない．そのため，運送事業者からの下請けの形で運送事業を行うことが一般的である．そして，持込車オーナーは，一種の管理手数料の名目として持込料を運送事業者に払う［李 2015］.

　この持込制は，後述するように，韓国の貨物自動車運送事業における特徴でもあり，いくつかの痼疾的な問題を生み出している．そのために，韓国政府は持込制から脱却する政策を施行してきたが，現在も持込制は課題のまま残されている.

2)「自動車運輸事業法」の制定と免許制

　上記のように，韓国における自動車運送事業は 1920 年代の後半に持込制による運送事業から始まったものの，1960 年までは，ほとんどの貨物輸送が鉄道によりおこなわれていた．なお，当時の自動車による貨物輸送は，韓国戦争の後，米軍からの払下げ車両を利用した短距離輸送であった.

　1960 年代に入り，韓国の道路インフラの整備やモータリゼーションに伴い，貨物自動車運送が拡大した．関連法律も，1961 年 12 月 30 日に，植民地時代

の「朝鮮自動車交通事業令」に代わる「自動車運輸事業法」が制定された［Woo and Kim 2005］.

韓国で初めて自動車運送事業を規定した「自動車運輸事業法」は，旅客運送事業と貨物運送事業の両方に関する法律であり，その第 3 条にて自動車運送事業の種類を以下のように，8 つに定めていた.

① バス旅客自動車運送事業
② 貸切旅客自動車運送事業[8]
③ タクシー旅客自動車運送事業
④ 乗合旅客自動車運送事業
⑤ 路線貨物自動車運送事業
⑥ 区域貨物自動車運送事業
⑦ 特殊自動車運送事業
⑧ 葬儀自動車運送事業

このうち，貨物運送に関する路線貨物自動車運送事業は，“路線を定めて定期的に運行する自動車により貨物を運送する事業” と定義されており，区域貨物自動車運送事業は “一定な事業区域内で路線を定めず貨物を運送する自動車運送事業であり，第 7 号および第 8 号の以外の者” と定義されている. なお，第 7 号と第 8 号は，特殊自動車運送事業と葬儀自動車運送事業である. また，特殊自動車運送事業も “貨物積荷用自動車，特殊重量自動車また特殊たる装置を設備した自動車による旅客または貨物を運搬する事業” と定義されており，貨物運送事業の一つとなっている.

韓国の政府は，古くから続いてきた持込制による運送事業から脱却し，貨物運送事業の企業化とそれによる直営化を目指した. つまり，規模のある企業が貨物自動車運送業を営み，持込制ではなく企業が直営の車両を所有し，貨物運送をおこなうように政策を施した. そのため，貨物自動車運送事業は免許制にした（同法第 4 条）. また，免許の基準も，資本金の規模や所有車両の台数そして車庫施設など，当時としては厳しい条件が設けられていた. たとえば，「自動車運輸事業法施行規則（1965 年 9 月）」にて，免許の基準台数を路線貨物自動車運送業は 20 台とし，区域貨物自動車運送業は 10 台とした.

3)「自動車運輸事業法」の改定による免許制と登録制

　1981 年 12 月 31 日に「自動車運輸事業法」を改定し（1982 年 4 月 1 日施行），自動車運送事業の種類を改めた．そして 1982 年 5 月 20 日に制定された「自動車運輸事業法施行令」で，自動車運送事業の業種が以下のように 5 つに細分された（第 2 条）．

　　① 路線旅客自動車運送事業
　　② 区域旅客自動車運送事業
　　③ 路線貨物自動車運送事業
　　④ 区域貨物自動車運送事業
　　⑤ 特殊自動車運送事業

　このうち，区域貨物自動車運送事業は，さらに一般区域貨物自動車運送事業と用達貨物自動車運送事業に細分された．前者は積載量 1 トン超過の自動車を用いる場合であり，後者は 1 トン以下の自動車を用いる場合である．

　韓国では経済成長とともない，1980 年代の後半から，自動車運送事業に対する規制緩和の議論が活発におこなわれ，1986 年 12 月 31 日に同法が改定された（1987 年 7 月 1 日施行）．改定法の第 4 条（免許制）に但し書きが加わり，"但し，大統領令が定める自動車運送事業を経営しようとする者は事業計画を提出し，交通部令が定める所により交通部長官が行う登録を受けなければならない"とした．すなわち，既存の免許制のほかに登録制が追加された．

　そして，自動車運送事業の種類を変更し，登録制が可能な業種を定めた．変更された業種は，区域貨物自動車運送事業と特殊自動車運送事業である．前者には全国貨物自動車運送事業が追加され，その業種が登録対象の一つとなった．この事業は"全国を事業区域にし，積載量 1 トン超過の自動車を利用して貨物を運送する事業"である．そして，特殊自動車運送事業は，冷蔵・冷凍車運送事業，タンクローリー運送事業，車両および重機運送事業，葬儀自動車運送事業，オーガークレーン運送事業，現金および貴金属運送事業，レッカー車運送事業に細分され，葬儀自動車運送事業を除いて登録制にした．

　そして 1990 年代に入り，同法および施行令を改定し，自動車運送事業の種類を単純化した．1990 年 4 月から施行された同法（1989 年 12 月改定）では，改定理由として"自動車運送事業の細部種類を大統領令が定めるようにして同業

種の専門化を図り，（後略）”と述べている．改定法の第 3 条第 1 項にて，自動
車運送事業を旅客自動車運送事業と貨物自動車運送事業に二分し，第 2 項にて
“第 1 項の自動車運送事業は大統領令が定める所で細分する”とした．そし
て，1991 年 1 月 29 日に改定および施行された施行令では，貨物自動車運送事
業を以下のように 5 つの業種に細分した．

①　路線貨物自動車運送事業
②　全国貨物自動車運送事業
③　一般区域貨物自動車運送事業
④　用達貨物自動車運送事業
⑤　特殊貨物自動車運送事業

　1993 年 2 月 24 日には施行令を改定し，一般区域貨物自動車運送事業を一般
貨物自動車運送事業，コンテナ運送事業，そしてダンプトラック運送事業に細
分した上で，コンテナ運送事業とダンプトラック運送事業は登録制にした．そ
の時の基準台数は両事業とも 10 台であり，最低資本金は 2 億ウォンであった
（1993 年 10 月 30 日改定の「自動車運輸事業法施行規則」）．
　一方，1993 年 8 月からは貨物自動車運送事業の事業区域制限が廃止された．
その結果，一般区域貨物自動車運送事業や用達貨物自動車運送事業，そして特
殊貨物自動車運送事業も全国運送が可能になった．特に，1 トン以上の貨物自
動車で全国における運送が可能になったことで，一般区域貨物自動車運送事業
と全国貨物自動車運送事業は競争関係になった．前者は免許制であるが貨物自
動車 1 台で申請が可能であった一方，後者は登録制であるが登録基準（最低台
数 100 台と資本金 10 億ウォン）によって規制された．
　その後，1993 年 10 月に全国貨物自動車運送事業の登録基準が貨物自動車 50
台と資本金 5 億ウォンに緩和されたものの，相変わらず参入は容易ではなかっ
た．また，事業区域の制限が廃止されたことで，1994 年 8 月 3 日改定（1995 年
2 月 4 日施行）からは，自動車運送周旋業者からも全国貨物と一般区域貨物を混
載して周旋することが可能となり，運送効率の向上を図った．

4）「貨物自動車運輸事業法」の制定と登録制
　1997 年 8 月 30 日，韓国の貨物自動車運送事業において大きな変化をもたら

す「貨物自動車運輸事業法」が新規制定された．既存の「自動車運輸事業法」は「旅客自動車運輸事業法」に全部改定され，現在に至っている．

「貨物自動車運輸事業法」を制定された理由として“貨物自動車運輸事業の経営改善を図るために，現在，旅客を主として運営されている自動車運輸事業法から貨物運輸分野を分離するとともに，貨物自動車運送事業を免許制から登録制に転換するなど（後略）”と述べられている．

貨物自動車運輸事業法は1998年1月1日から施行されたが，上記のようにすべて登録制に転換した（第3条）．また，同法施行令（1998年2月17日制定施行）の第3条にて，貨物自動車運送事業の業種を一般貨物自動車運送事業，個別貨物自動車運送事業，用達貨物自動車運送事業の3つに単純化した．そして，それぞれの事業について以下のように定義している．

① 一般貨物自動車運送事業：一定台数以上の貨物自動車を使用して貨物を運送する事業
② 個別貨物自動車運送事業：貨物自動車1台を使用して貨物を運送する事業
③ 用達貨物自動車運送事業：小型貨物自動車を使用して貨物を運送する事業

ここで，一般貨物自動車運送事業の登録台数は，25台以上であった．しかし，その後，「行政規制基本法」による「規制整備計画」に従い，1999年10月5日に施行規則が改定され，2000年1月1日から，一般貨物自動車運送事業の登録基準台数が5台へと大幅に縮小された．政府は“登録基準を緩和させ，貨物自動車運送事業への新規参入を促進することで，競争による物流費用の低減および貨物運送サービスの改善を図る”と述べている．

前述のように，韓国政府は貨物自動車運送事業に持込制から脱却すること，つまり企業化して直営化することを継続して図ってきた．しかし，免許制であった1980年代までも，企業化に反対した持込車オーナーの反発が社会問題となり，政府は持込車オーナーに免許を付与するまでに至った．その結果，1980年代の後半に貨物運送事業数と免許車両台数が大幅に増加した［交通開発研究院2000］．また，自由競争による輸送効率の改善を目指していた規制緩和が，実際には車両1台で運送事業を行う零細な個別貨物自動車運送事業者と用

達貨物自動車運送事業が急増する結果をもたらした.

5)「貨物自動車運輸事業法」の改定による許可制

　以上のように，韓国政府の意向とは逆に，持込制は続いており，1台による一人事業者が急増した．その結果，ダンピングや過当競争が課題となった．特に，2003年には，持込車オーナーが運送拒否のストライキを起こし，'物流大乱'と呼ばれるほど大きな問題となった [Lim 2018].

　そこで，政府は2004年に貨物自動車運送事業と運送周旋事業を登録制から許可制に転換した．2004年1月に「貨物自動車事業法」を改定（2004年4月施行）したが，その理由において"（前略）登録制を許可制に転換し，貨物自動車運送事業者または運輸従事者の集団的な運送拒否行為による貨物運送網の麻痺など国家経済の危機状況に備え，また貨物運送サービスの質と貨物自動車運送事業の正常でない取引関係を改善するために業務開始命令制度・貨物運送従事者資格制度・貨物自動車運送加盟事業制度などを導入するとともに（後略）"と述べている．ここで貨物自動車運送事業の正常でない取引関係とは，持込制と多段階貨物周旋構造による関係である．つまり，荷主が大手運送事業者と契約するが，これが1次契約となり，2次契約が大手運送事業者から中小運送事業者に下請けする形におこなわれる．しかし実際に貨物を運送するのは，持込制による個人事業者すなわち持込車オーナーである．このように貨物運送が3ないし4段階になり，持込車オーナーが得られる運賃は少なくなる．この多段階取引関係を改善し，零細な事業者を支援するために，貨物自動車運送加盟事業を導入した（第24条）.

　政府は，過当競争を防ぎ，零細な個人事業者のための制度を導入しながらも，韓国の貨物自動車運送事業は2005年から，事実上，完全競争となった．施行規則を改定し，一般貨物自動車運送事業の許可基準台数を1台に縮小したのである．これですべての貨物自動車運送事業の許可基準台数は1台になった．

　そして，2011年6月15日の改定（2011年12月16日施行）によって，運送事業者は車両を現物出資した人などにその経営の一部を委託することを可能とし，その際，委・受託契約を締結し，車両の所有者と契約期間を明示するようにした（第40条の新設）．長年の課題とされていた持込制を認め，法制化した処置である.

　さらに，近年，韓国は貨物自動車運輸事業法を改定（2018年4月17日改定，2019年7月1日施行）し，貨物自動車運送事業が以下のように2つに単純化された．

　　① 一般貨物自動車運送事業
　　② 個人貨物自動車運送事業

　同法の第3条にて，一般貨物自動車運送事業を "20台以上の範囲で大統領令が定める台数以上の貨物自動車を使用して貨物を運送する事業" と定義し，個人貨物自動車運送事業を "貨物自動車1台を使用して貨物を運送する事業として大統領令が定める事業" と定義している．

　この分類による経過処置として，既存の個別貨物自動車運送事業と用達貨物自動車運送事業，すなわち貨物自動車1台を運行していた事業は個人貨物自動車運送事業の許可を受けたことにし，2台以上の場合は一般貨物自動車運送事業の許可を受けたことにした[9]．

　一方，一般貨物自動車運送事業の許可基準台数は20台以上にした．ただし，一般貨物自動車運送事業は5トン以上の車両を使用する制限があったが，改定後はトン数制限が廃止された．なお，資本金と資産評価額の許可基準も廃止された．もう一つ特筆できることとして，第11条に "貨物車オーナー" が新設されたことが挙げられる．これは "貨物を直接運送する者である" とし，"第3条により個人貨物運送事業者の許可を得た者と，第40条により経営の一部の委託を受けた人" であると示している．つまり，個人貨物運送事業者とともに既存の持込車オーナーも "貨物車オーナー" として法的地位が与えられた．

　以上のような韓国の貨物自動車運送事業の分類と参入規制を要約したのが**表5-12**である．

（2）貨物自動車運送事業の動向

1）貨物自動車運送事業の分布

　上記で，韓国の貨物自動車運送事業の変遷を明かにした．ここでは，再び，前掲の「運輸業調査」の「物流産業統計」データを用いて，2018年から2022年までの貨物自動車運送事業の実績の動向を分析する．「物流産業統計」にお

表 5-12　貨物自動車運送事業の変遷

法令	自動車運輸事業法	同左および施行令	同左	同左	貨物自動車運輸事業法および施行令	貨物自動車運輸事業法	同左
制定・改定日	1961 年12 月 30 日制定	1981 年12 月 31 日改定1982 年5 月 20 日制定	1986 年12 月 31 日改定1987 年7 月 24 日改定	1989 年12 月 30 日改定1991 年1 月 29 日改定	1997 年8 月 30 日制定1998 年2 月 17 日制定	2004 年1 月 20 日改定	2018 年4 月 17 日改定
事業分類	1. ハス旅客自動車運送事業 2. 貸切旅客自動車運送事業 3. タクシー旅客自動車運送事業 4. 乗合旅客自動車運送事業 5. 路線貨物自動車運送事業 6. 区域貨物自動車運送事業 7. 特殊自動車運送事業 8. 葬儀自動車運送事業	1. 路線旅客自動車運送事業 ・市内バス ・高速バス ・市外バス 2. 区域旅客自動車運送事業 ・貸切バス ・タクシー 3. 路線貨物自動車運送事業 4. 区域貨物自動車運送事業 ・一般区域 ・用達 5. 特殊自動車運送事業 ・特殊 ・葬儀	1. 路線旅客自動車運送事業 ・市内バス ・高速バス ・市外バス 2. 区域旅客自動車運送事業 ・貸切バス ・タクシー 3. 路線貨物自動車運送事業 4. 区域貨物自動車運送事業 ・全国 ・一般区域 ・用達 5. 特殊自動車運送事業 ・冷蔵・冷凍車 ・タンクローリー ・車両および重機 ・葬儀 ・オーガークレーン ・現金および貴金属 ・レッカー車	1. 旅客自動車運送事業 ・市内バス ・市外バス ・貸切バス ・特殊旅客自動車 ・一般タクシー ・個人タクシー 2. 貨物自動車運送事業 ・路線 ・全国 ・一般区域 ・用達 ・特殊	1. 一般貨物自動車運送事業 2. 個別貨物自動車運送事業 3. 用達貨物自動車運送事業	同左	1. 一般貨物自動車運送事業 2. 個人貨物自動車運送事業
参入規制	免許制	免許制	免許制と登録制	免許制と登録制	登録制	許可制	許可制

（出所）制定・改定法令を基に筆者作成.

いて，貨物自動車運送事業を一般貨物自動車運送業（以下，一般運送業），用達貨物自動車運送業（以下，用達運送業），個別貨物自動車運送事業（以下，個別運送業）に分類している．一般運送業は5トン以上の大型貨物自動車を利用する事業であり，用達運送業は1トン以下を1台以上利用する事業である．個別運送業は，1トン超過5トン未満の1台を利用して事業をおこなう．

表5-13は，各事業の企業数と車両台数を示している．2022年末時点で一般運送業は6956社であり，2018年に比べて3%増加している．ただし，前述したように，物流産業統計では2人以上の一般運送業のみを対象としていることに注意が必要である．一般運送業の企業数は2018年以降，2021年を除いて大きな変化はない．組織形態別に見ると，約40%が個人企業であり，約60%が会社法人である．2022年の会社法人数は2018年比の15%減少となっており，割合は73%から60%に減少した．その反面，個人企業が2018年より52%増加しており，割合は27%から40%へ増加した．車両台数を企業数で除して算出した単純平均値では，一般運送業における個人企業は平均2.8台を用いて事業を営んでおり，会社法人は25.8台を用いて運送している．このように，個人企業と会社法人が運行する車両台数の差が大きい．

表5-13　貨物自動車運送事業の組織形態別企業数の推移と車両台数

事業	組織形態	2018	2019	2020	2021	2022	2022 車両（台）
一般 貨物自動車 運送事業	計	6,758	6,740	6,761	6,200	6,956	116,390
	個人企業	1,814	1,595	2,325	1,356	2,759	7,822
	会社法人	4,936	5,145	4,422	4,830	4,192	108,065
	その他	8	0	14	13	5	503
用達 貨物自動車 運送事業	計	110,122	116,145	150,631	162,978	182,189	192,401
	個人企業	109,753	115,790	150,201	162,517	181,781	182,222
	会社法人	365	351	425	455	400	10,146
	その他	4	4	5	6	8	33
個別 貨物自動車 運送事業	計	75,832	77,903	77,505	86,867	98,151	98,151
	個人企業	75,832	77,903	77,505	86,867	98,151	98,151
	会社法人	0	0	0	0	0	0
	その他	0	0	0	0	0	0

（注）　一般貨物自動車運送事業は2人以上を対象としている．
（出所）統計庁「運輸業調査——物流産業統計——」（各年版）を基に筆者作成．

　用達運送業は 18 万社を超えており，一人企業の一般運送業を含めても（約 11 万 5000 社），用達運送業が貨物自動車運送事業において最も多い．さらに，用達運送業は 2018 年の 11 万社より 65% 以上も増加している．組織形態別にみると，その 99.8% が 1 台の車両で運営している個人企業である．一方，会社法人は，企業数でみると全体の 0.2% にすぎないが，平均 25 台の車両で運営している．

　個別運送業は，2022 年時点で企業数が 2018 年より 29% 増加した 9 万 8000 社であり，そのすべてが個人企業である．車両台数も同じであり，上記した事業の定義のように，個別運送業は一人の車オーナーが 1 台の貨物自動車をもって貨物運送事業を行っている．

　このように韓国の貨物自動車運送事業において，一般運送業には多少の会社法人があるが，ほとんどが 1 台車両の個人企業であり，長年にわたり指摘されてきた零細性が明らかである．

　貨物自動車運送事業の零細性は，売上高からも確認できる．売上高規模別の企業の分布を見ると（**表 5-14**），一般運送業は 5000 万ウォン未満から 100 億ウォン以上まで分布している．このうち，最も多く分布している売上高規模は，2018 年から 2022 年までを通して，1 億ウォン以上 5 億ウォン未満の事業と，その 10 倍になる 10 億ウォン以上 50 億ウォン未満である．さらに，10% を超える企業が 50 億ウォン以上の売上高を上げている．

　一方，用達運送業は，全期間において，90% 以上の企業が 5000 万ウォン未満の売上高となっている．その割合は減っており，その次の 5000 万ウォン以上 1 億ウォン未満が増加しているものの，いずれにしても，ほとんどの企業の売上高は 1 億ウォン未満である．個別運送業も同様であり，5000 万ウォン未満の売上高を上げている企業が 42% である．そして，5000 万ウォン以上 1 億ウォン未満の売上高を上げている企業も約 45% を占める．すなわち約 9 割の個別運送業の売上高は 1 億ウォン未満である．売上高が 1 億ウォン以上 5 億ウォン未満である企業の割合も増加してきたが，それでも 2022 年に約 1 割ほどである．要するに，用達運送業と個別運送業において，1 億ウォン未満の売上をあげている事業者は約 9 割であり，零細な事業であることが再確認できる．

表 5-14　貨物自動車運送事業の売上高規模別の企業分布

事業	売上高規模別	2018	2019	2020	2021	2022
一般貨物自動車運送事業	計	100.0%	100.0%	100.0%	100.0%	100.0%
	5千万 W 未満	3.5%	4.8%	7.1%	2.2%	7.8%
	5千万 W〜1億 W	9.9%	8.5%	9.6%	9.4%	10.1%
	1億 W〜5億 W	24.8%	18.9%	30.1%	27.5%	34.3%
	5億 W〜10億 W	13.3%	12.2%	13.6%	14.2%	13.4%
	10億 W〜50億 W	36.1%	43.3%	30.4%	35.1%	23.1%
	50億 W〜100億 W	7.7%	9.3%	5.9%	6.0%	6.6%
	100億 W 以上	4.7%	3.0%	3.4%	5.5%	4.7%
用達貨物自動車運送事業	計	100.0%	100.0%	100.0%	100.0%	100.0%
	5千万 W 未満	97.5%	96.8%	98.2%	93.9%	91.2%
	5千万 W〜1億 W	2.1%	2.8%	1.4%	5.7%	8.3%
	1億 W〜5億 W	0.1%	0.1%	0.2%	0.2%	0.3%
	5億 W〜10億 W	0.1%	0.1%	0.1%	0.1%	0.0%
	10億 W〜50億 W	0.2%	0.2%	0.1%	0.1%	0.1%
	50億 W〜100億 W	0.1%	0.0%	0.0%	0.0%	0.0%
	100億 W 以上	0.0%	0.0%	0.0%	0.0%	0.0%
個別貨物自動車運送事業	計	100.0%	100.0%	100.0%	100.0%	100.0%
	5千万 W 未満	48.8%	58.7%	53.0%	46.5%	42.0%
	5千万 W〜1億 W	49.0%	36.4%	42.5%	45.4%	46.5%
	1億 W〜5億 W	2.2%	4.9%	4.5%	8.1%	11.5%
	5億 W〜10億 W	0.0%	0.0%	0.0%	0.0%	0.0%
	10億 W〜50億 W	0.0%	0.0%	0.0%	0.0%	0.0%
	50億 W〜100億 W	0.0%	0.0%	0.0%	0.0%	0.0%
	100億 W 以上	0.0%	0.0%	0.0%	0.0%	0.0%

（注）W は韓国通貨のウォンを意味する.
（注）一般貨物自動車運送事業は 2 人以上を対象としている.
（出所）統計庁「運輸業調査——物流産業統計——」（各年版）を基に筆者作成.

2）貨物自動車運送事業の取引構造

　国土交通部と韓国交通研究院の「全国貨物通行実態調査 2017」によると，韓国における営業用貨物自動車の 88.8% が個人の所有であり，11.2% が会社法人の所有である．そして，本章でも確認したように，一部の会社法人の一般貨物自動車運送事業を除き，ほとんどの貨物自動車運送事業者は一人の車オー

ナーが個人事業として営んでいる.

　このことから，運送事業の取引は，個人の事業者が自分の貨物自動車 1 台を持ち込み，貨物運送周旋事業者または一般貨物自動車運送事業との下請け契約による運送をおこなう多段階構造になっている.

　韓国は長年にわたり指摘されてきていた多段階の取引構造を改善するために，2011 年 6 月に「貨物自動車運送事業法」とその施行規則を改定し（2013 年 1 月施行），運送事業者の一括委託を禁止する，いわゆる「直接運送制」を導入した.荷主と運送契約を締結した運送事業者（1 次運送事業者）は，契約貨物の 50% 以上を所属車両で直接運送しなければならない.また，運送事業者または周旋事業者から委託を受けた運送事業者（2 次運送事業者）は，その全部を直接運送しなければならない.

　しかし，持込車両は運送事業者の車両とみなしており，1 年以上の委託契約した場合も直接運送としてみなす.さらに，政府認証の情報システムを通じて委託する場合も直接運送とみなす.そのため，直接運送の形式となっているが，運送事業者と持込車オーナーの間では依然として下請取引がおこなわれている［李 2015］.

　韓国交通研究院は，一般運送業，用達運送業，個別運送業の車オーナーを対象に，運送取引の構造や運送実績などを調査した「貨物運送市場動向」を報告している（表 5-15）.2022 年の調査によると，一般運送業（車オーナー 3344 名の標本調査）において，コンテナやタンクローリーまたカーゴトラックなど，車

表 5-15　貨物自動車運送事業の取引段階と運行実績　（2022 年調査値）

		一般 貨物自動車運送事業	用達 貨物自動車運送事業	個別 貨物自動車運送事業
持込車オーナーの割合		87.0%	1.0%	8.3%
取引段階	2 段階以下	87.5%	82.8%	70.6%
	3 段階取引	12.2%	17.2%	29.4%
平均年齢		56.4 歳	66.2 歳	61.4 歳
運行	月平均	22.0 日	22.1 日	22.8 日
	日平均	2.2 回	1.7 回	1.6 回
	日平均	390.1km	200.5km	300.0km
月平均収入額		341 万ウォン	151 万ウォン	259 万ウォン

（出所）韓国交通研究院『貨物運送市場動向』（2023）を基に筆者作成.

種によって多少は異なるものの，一般運送業の車オーナーの 87% が持込車オーナーである．つまり，一般運送業者は，少数の会社法人の運送事業者に，個人事業者となる車オーナーが自分の車両を持ち込み，運送事業者や周旋事業者から仕事を請け負う．運送取引の 87.5% が 2 段階（荷主→運輸会社→車オーナー）以下であり，3 段階（荷主→運輸会社→運輸会社→車オーナー）は 12.2% となっている．3 段階の割合が 2020 年（20.1%）から 2021 年（16.0%）に続き，減少してきており，2 段階は順に 78.3% と 83.1% そして 87.5% に増加してきた．取引段階が縮小したと言える．ただ，これらはコンテナ運送における取引段階の大幅な縮小による影響である．特にトラクターによるコンテナターミナルへの運送が 2020 年には 3 段階が 49.0% であったが，2021 年には 19.7% に縮小し，さらに 2022 年には 0.5% にまで縮小し，ほとんどの取引が 2 段階以下になった．この影響で一般運送業の全体の取引段階が引き上がったが，カーゴトラックに限って見ると，2022 年にも 2 段階以下が 74.0% であり，3 段階が 25.6% である．特に 8 トン未満のトラックは 3 段階が 37.1% であり，他の車種に比べて，まだ多段階構造にある．一般運送業の車オーナーは，運送貨物量の 58% を所属運送会社から，22% は周旋事業者から請け負っている．カーゴトラックの車オーナーに限ってみると，周旋事業者から請け負う貨物が 36% と最も多いが，情報システムを利用して貨物を確保する割合も 30% であり，他の車両に比べて多い．ドライバーの平均年齢は 56.4 歳であり，1 カ月で平均 22.0 日間運行しており，1 日当たり 2.2 回運行している．そして 1 日平均運行距離は約 390km である．1 カ月の売上高から支出額を差し引いた収入額は 341 万ウォンであり，前年より 9.8% 減少した．

　用達運送業（車オーナー 495 名の標本調査）は，1 トン以下の貨物自動車を用いて運送しているが，持込車オーナーはわずか 1% である．つまり，用達運送業においては，基本的に車オーナーの自らが運送事業者になっている．取引段階はあまり変動がなく，約 83% が 2 段階以下である．運送貨物の約 50% は周旋事業者から，22% の貨物は情報システムから確保している．用達運送業のドライバーの平均年齢は 66.2 歳であり，一般運送業や個別運送業に比べて高い．しかも，70 歳以上が 2020 年の 15% から 2021 年の 22% へ増加し，さらに 2022 年には 36% まで増加しており，高齢化が進んでいる．運行実績は過去 3 年間大きな変化はなく，1 カ月で平均 22.1 日間運行しており，1 日当たり 1.7 回運行している．そして 1 日平均運行距離は約 200km である．収入額は前年

比 2.7% 増加した 151 万ウォンとなった.

　個別運送業 (車オーナーの 756 名の標本調査) は, 持込車オーナーの割合が 8.3% であるが, 車両によって差がある. 1 トン超過 3 トン未満の車オーナーの 4.1% が持込車オーナーであり, 3 トン以上 5 トン未満の場合は 9.6% である. 取引段階は 2 段階以下が 70.6%, 3 段階が 29.4% である. 1 トン超過 3 トン未満の場合, 3 段階が過去 3 年間増加傾向にあり, 2022 年に 26.2% となっている. 3 トン以上 5 トン未満の場合は, 3 年間減少傾向にあったものの, 2022 年に 30.3% であり, 個別運送業も多段階構造にあると言える. そして運送貨物の 49% は周旋事業者から, 35% は情報システムから受け持つ. ドライバーの平均年齢は 61.4 歳であり, 前年より 2.7 歳高くなった. 個別運送業の運行実績も過去 3 年間大きな変化はなく, 1 カ月で平均 22.8 日間運行しており, 1 日当たり 1.6 回運行している. そして 1 日平均運行距離は約 300km である. 収入額は前年より 7.0% 増加した 259 万ウォンである.

(3)　貨物自動車運送事業の特徴

　上記で確認したように, 韓国の貨物自動車運送事業は古くから持込制による特殊な形態で始まり, 現在も大多数が零細な 1 台車両の一人事業者である.

　このような零細な個人事業が貨物自動車運送事業のほとんどを占めていることは, 長年にわたり課題とされてきた. 輸送サービスの向上による競争ではなく, 無理な価格競争が激しくなる結果, 物流大乱が起こるのも珍しくない. また, 貨物自動車運送事業における低い効率性の課題につながっている. Han [2010] は, 一般貨物自動車運送業に比べて, 用達貨物自動車運送業と個別貨物自動車運送事業の生産効率性が低いと指摘している. Han and Lee [2011] も, これらの 1 台車両の一人事業者のエネルギー効率性が低いため, 貨物自動車運送事業におけるエネルギー効率性を向上させるためにも, 持込制や多段階構造をなくす必要があると指摘している. なお, 持込車オーナーを含む一人事業者にとっては, 多段階取引構造による低収入も課題である. 低収入であるため, 持続可能な投資と, それによる効率性の向上が期待できない.

　このような課題から, 韓国の政府も, 貨物自動車運送事業の大規模企業化と多段階構造の改善を目指してきた. しかし, 今も実現していない. 今後は, 貨物自動車運送事業における生産性やエネルギー効率性の向上のためにも, より有効な政策が必要であろう.

注

1）たとえば，2019 年 7 月から貨物自動車運送事業の許可基準が 2 分類（一般貨物自動車運送事業と個人貨物自動車運送事業）に変更されたものの，本章で用いる「運輸業調査」は既存の 3 分類（一般・用達・個別）のままで行われている．2024 年に韓国標準産業分類の改編が完了されると，改定基準の 2 分類に基づいて調査が行われる予定である．

2）事業者数が 1988 年には約 8 万社であるが，1989 年には 12 万社を超える．

3）2024 年 3 月時点の為替レートで約 560 万円である．

4）ソウルとその近くにある都市を言う．たとえば，仁川市，水原市，光明市など，電車でアクセスでき，自動車で約 1 時間の距離にある都市がほとんどである．

5）各年のトンキロベースの運送量をトンベースの運送量で除して得られた数値の単純値．

6）「物流政策基本法」の第 7 条（物流現況調査）などに基づいて，約 5 年ごとに『全国貨物通行実態調査』を行っている．1998 年に始め，2001 年，2005 年，2011 年，2017 年，2022 年に実地した．ただし，最後の調査はまだ公開されていない（2024 年 4 月現在）．調査方法は標本調査であり，アンケート調査から自家用と営業用の一日当たり実績が集計されている．

7）韓国では"持込車主"と記している．"車主"は車両の所有者を意味しており，法令用語としても用いられる．

8）韓国の条文には"専賃"と記している．貸切を意味する．

9）国土交通部政策 Q & A ウェブサイト（https://www.molit.go.kr/USR/policyTarget/m_24066/dtl.jsp?idx=999）．

第 **III** 部

今後の韓国物流

　　第III部では，韓国における今後の物流について考える．前述したように韓国では物流を重要な産業として位置づけており，特に国際物流のハブ施設への投資を拡大し続けてきた．一方，国内においては生活物流と呼ばれる宅配産業が急成長しており，物流施設を増設している．また，物流人材の育成も政策として取り組み，産学官が連携して今後の物流人材を育てている．さらには，今後の物流の労働環境を改善するために，新しい革新技術を駆使した物流システムを構築している．よって，宅配産業を中心に韓国の今後の物流について概観し（第6章），物流教育について述べる（第7章）．最後に，今後の韓国物流における課題を分析したうえで，新しい物流システムの動向を概観する（第8章）．

今後の物流の展望

　一般的に，経済が成長するにつれて荷動き量や物流活動も増加する．韓国の経済は今後も成長していくと予想されており（1章参照），韓国における物流の役割もますます増加するであろう．今後の韓国における物流は，特にラストマイルにかかわる物流が増加すると考える．よって，本章では韓国の宅配事業に着目して，その法制化過程と動向そして課題について明らかにする（6・1）．そして，今後の物流の増加を見据えた物流施設への投資の動向を分析する（6・2）．また，今後の物流に関する政府の考え方となる「2030年の物流未来像」について述べる（6・3）．

6・1　ラストマイルの生活物流

(1)　韓国における宅配サービス事業の法制化過程

1)　小貨物一貫輸送事業としての法制化

　3章で述べたように，韓国では宅配サービス事業（以降，宅配事業）を規定した最初の法律である「生活物流サービス産業発展法」を2021年に制定した．しかし，同法が制定される以前は小貨物一貫輸送事業として取り扱われており，その最初の法的根拠となるのが1989年12月30日に改定（1990年4月1日施行）された「自動車運輸事業法」である．この改定法にて，小貨物一貫輸送に関する条文が新設され（第16条の2），"貨物自動車運送事業者として，小貨物を送荷主から委託を受けて受荷主に一貫して運送しようとする者は，交通部令の定める施設および装備を揃えて交通部長官の許可を受けなければならない"と規定されたのである．

　そして1991年1月には同法施行令が改定され，小貨物一貫輸送ができる事業者として路線貨物自動車運送事業者，一般区域貨物自動車運送事業者，用達貨物自動車運送事業者が明記された．さらに同年9月には同法施行規則が改定されたが，そこで小貨物の定義に関する条項が新設され，"法第16条の2にて交通部令が定める小貨物とは，一個当たり30kg以下の貨物である"と限定し

た（第24条の2）．また，小貨物一貫輸送施設の基準も新設され（第24条の3），路線貨物自動車運送事業者の場合は，4以上の事業区域において営業所を設置することの他に，その付帯施設，貨物取扱所，情報ネットワークなどの施設の基準が設けられた．また，路線車両として5トン以上のバンタイプの貨物自動車を30台以上，集荷と配達車両として3トン以下の30台以上を確保することなどの詳細な基準が示された．一般区域貨物自動車運送事業者と用達貨物自動車運送事業者の場合は，営業所が1カ所以上，15台以上の車両などが基準として示された．そして，翌年の1992年3月には小貨物一貫輸送の約款を認可し，運送人の権利と義務を規定した．

2）小貨物一貫輸送事業における規制緩和

　1990年代の初頭に，宅配事業の法的根拠と事業者の範囲，そして約款までそろったが，1990年代後半における規制緩和や法令の再編成にともない，韓国の宅配事業は大きく変化することになった．

　1997年5月に「企業活動規制緩和特別措置法」が公表され，企業活動に関する規制が一律的に緩和された．その影響で運送事業においても，許可制の廃止，料金の自由化，運送約款の申告制への転換など，規制緩和がおこなわれた．そして，1997年8月30日には従来の「自動車運輸事業法」から「貨物自動車運輸事業法」が分離・制定されたが，この法では宅配事業（小貨物運送業）に関する規定が削除された．そして貨物自動車運送事業が登録制に転換し，運賃や料金も自由化された．この規制緩和によって，貨物自動車運送事業者は一定基準をそろえて登録することで，宅配事業を営むことができるようになった．

　この規制緩和について，李［2003］は，"宅配サービスの重要性が低下したからでなく，むしろ貨物輸送需要の変化による宅配サービスが一般化することによって，宅配サービスに別途の規定が運送産業に関する不要な規制を加えると判断したからである"と述べている．

3）貨物運送事業の規制の例外となる宅配事業

　その後，2004年の改定「貨物自動車運輸事業法」により，運送事業が再び許可制に変わったが，宅配事業に関する規定はないままであり，実際は国土交通部の告示「貨物自動車運輸事業の供給基準」と「貨物の集荷・配送関連の貨

物自動車運送事業の供給基準および許可要領」によって管理されていた．2007年の告示「貨物自動車運輸事業の供給基準」には，"貨物自動車運送事業の新規供給（許可）を原則的に禁止する"と示し，特殊作業車両や掃除用車両や石油類輸送用車両など一部を例外としていた．

　そして 2012 年には，従来と同じく"貨物自動車運送事業の新規供給（許可）を原則的に禁止する"と示しながら，その例外のひとつとして"小貨物の集・配送（宅配等）に所要される最大積載量 1.5 トン未満の車両は貨物の運送需要および車両の供給状況などを総合的に考慮して許可することができる．その場合，許可対象，台数，条件，時期，方法および手続きなどは国土海洋部長官が別途定めて告示する"と示している．そして同年 12 月に告示「貨物の集荷・配送関連の貨物自動車運送事業の供給基準および許可要領」が発表された．同告示にて"貨物の集荷・分類・配送する形態の運送事業に関連した許可の手続き，許可後の管理などの供給基準の細部内容と，貨物の集荷・配送のみを担当するために許可を申請する者の追加提出書類，そして貨物自動車運送事業者が貨物を集荷・分類・配送する形態の運送事業を経営するための基準などを定めることを目的とする"と明記されている（第 1 条）．

　このように，貨物自動車運送事業の新規許可は原則禁止とするが，宅配事業の場合は，別途の許可基準を設けて国土交通部長官が許可することにしていた．その許可基準は，施設基準として，5 以上の市・道に 30 以上の営業所（貨物の集荷・分類・配送する形態の運送事業を経営するための施設に限る），3 以上の貨物分類施設（面積 3000m² 以上の 1 カ所を含む），営業所以外の貨物取扱所，貨物運送情報ネットワークを設置することがある．そして装備（車両）基準は，1.5 トン未満のバンタイプの貨物自動車を 100 台以上確保することであるが，他の貨物自動車運送事業の車両を 1 年以上利用する契約を結び，その車両が貨物の集荷・分類・配送する形態としての運送事業のみに利用される場合は必要台数とみなしている．上記の"貨物の集荷・分類・配送する形態としての運送事業"が宅配事業であり，2018 年 4 月の告示からは「宅配用貨物自動車運送事業の許可要領」と変わった．そして，国土交通部長官は宅配用貨物自動車の許可のために，毎年，許可施行計画を公告することにした（第 5 条）．

4）生活物流サービス産業発展法の制定

　韓国は，電子商取引の急激な増加によるラストマイルの物流需要に対応する

ために，2021年1月に「生活物流サービス産業発展法」を制定した（同年7月施行）．宅配サービス事業に関する法律を制定している国は，世界でも例が少ない．

同法は宅配サービス事業を“貨物自動車運輸事業法の第3条第1項により許可を得た貨物自動車運送事業のための貨物自動車を利用して，集荷と分類などの過程を経て貨物を配送する事業である”と定義している（第2条第3項）．そして，“宅配”の定義は，2001年7月に承認された標準約款にて“小型・少量の運送物を顧客の住宅，事務室または他の場所にて受託して，受荷人の住宅，事務室または他の場所まで運送して引き渡すことである”としている．

同法により，宅配事業が登録制に法制化されたが，事実上，既存の告示による許可制として管理されている．なぜならば，宅配事業を営むためには，貨物自動車運輸事業法に従い，貨物自動車運送事業の許可を得たうえで，施設や装備および営業所など大統領令（同法の施行令）が定める基準を満たし，国土交通部長官に宅配事業の登録をしなければならない（第5条）ためである．現在も，「貨物自動車運輸事業の供給基準」や「宅配用貨物自動車運送事業の許可要領」があり，前者の最新の告示（2023年12月28日）において，従来と同様に“貨物自動車運送事業の新規許可を原則禁止とする”と明記しながら，“生活物流サービス産業発展法により宅配事業に使用される貨物自動車として，最大積載量1.5トン未満の貨物自動車[1]の場合，具体的な許可基準などは国土交通部長官が別途定める”と示している（第3条）．そして，後者の最新の告示（2022年7月8日）においてもその目的は変わっておらず，“貨物を集荷・分類・配送する形態の運送事業に関連した許可の手続き，（中略）などを定めることを目的とする”と明記している．なお，「生活物流サービス産業発展法」の施行令における宅配事業の登録基準も，同法の制定前と比べて大きな変化はなく，標準契約書に基づく委託契約書が新に追加されただけである（表6-1）．この追加基準は，貨物の分類作業と費用負担をめぐる宅配事業者と宅配ドライバーの間の意見の衝突を防ぐためである［So and Kwon 2022］．

(2) 韓国における宅配産業の形成と成長

1) 宅配産業の形成

韓国で宅配事業が法制化されたのは1990年代に入ってからであるが，韓国における宅配サービスの始まりは，1962年のMr.Michang[2]であると言われる．これは，CJ大韓通運の前身である韓国米穀倉庫が提供した，個人の小貨物の

表 6-1　韓国における宅配事業の登録基準

区分	登録基準
営業所	5 以上の特別市・広域市・特別自治市・道・特別自治道に 30 カ所以上の営業所または直営店を備えること
施設	ア．面積が 3000m^2 以上の貨物分類施設 1 カ所以上を含み，3 カ所以上の貨物分類施設を備えること イ．宅配事業者が貨物取扱所を営業所または直営店の数以上に設置すること
装備等	ア．主な事務所と営業所，直営店，貨物分類施設および貨物取扱所を連携する貨物運送情報ネットワークを設置すること イ．営業所または直営店に配置され貨物を配送する貨物自動車として次のいずれかに該当する貨物自動車を 100 台以上確保すること 　1）「貨物自動車運輸事業法」の第 3 条第 1 項により宅配運送用として許可を得た貨物自動車 　2）他の貨物自動車運送事業者が「貨物自動車運輸事業法」の第 3 条第 1 項により許可を得た貨物自動車として宅配サービス事業者，営業所，または宅配サービス従事者が 1 年以上宅配運送のみ使用する貨物自動車 ウ．貨物の集荷，配送など生活物流サービスの業務委託に使用するために法第 32 条による標準契約書に基づいて作成した委託契約書を取っておくこと

（出所）生活物流サービス産業発展法施行令 2024 年 4 月時点．

　ドア・ツー・アド輸送である．宅配ドライバーの元祖となる Mr.Michang は，ミチャンマンとも呼ばれ，ユニフォームと帽子を着用して，個人が依頼した小貨物を運送した．1962 年に開催された産業博覧会にて，個人が購買した商品などを必要な場所までリアカーなどを用いて運ぶことでその名が広がった．博覧会にて配布された Mr.Michang のパンフレットには "小運送業務の一部として戸口から戸口までの宅扱業務" と記されており，今の宅配サービスの定義と酷似していることが分かる．

　しかし，韓国において宅配サービスが本格的に始まったのは，1990 年代に入ってからである．1980 年代までは小貨物として取り扱われており，その輸送は，路線トラック，鉄道，郵便，そして高速バスへの託送によって行われていた［Song 2011］.

　現在のような宅配事業を開始した企業は，韓進である．同社は，終戦のすぐ，1945 年 11 月に韓進商社として設立され，陸海空の全輸送サービスを提供する物流会社となった．韓進は，1991 年 12 月に韓国で初めて小貨物一貫輸送事業の許可を得て，1992 年 1 月に PaBalMa というサービス名で宅配事業を開始し，6 月には韓進宅配にサービス名を変更し，現在に続いている．韓進が宅

配サービスを開始した翌年の 1993 年には，前記の Michang の後身である大韓通運が，さらに翌年の 1994 年には現代グループの物流会社である現代物流が宅配事業に新規参入した．

このように 1990 年代前半に，大手物流企業が宅配事業へ参入し，韓国における宅配事業が本格化された．その後，1990 年代後半には，多くの企業が宅配事業に参入した．前述したように，1997 年の規制緩和によって，一定の基準を満たして登録することで宅配事業を営むことができるようになったためである．大手メーカーの物流子会社が宅配事業に参入し，郵便局も 1999 年から宅配事業を開始した．さらには，韓国通貨危機により倒産やリストラを余儀なくされた企業も多く，2000 年代に入ってから宅配事業に参入する中小企業が増加した．

その後は，M & A などが多くあり，韓国の宅配市場の変化があった．たとえば，第一製糖が母体となる CJ グローブの物流会社として，CJ GLS が 1997 年に設立された．同社はアジアや北米に法人を設立し，2006 年にはサムソン HTH を買収するほど成長したが，2013 年 4 月に大韓通運と合併し，両社は現在の CJ 大韓通運に変わった．また，2007 年に韓進が SEDEX を買収し，2016 年にはロッテグローバルロジスが現代ロジスティクスを買収した．

以上のように，韓国において本格的な宅配サービスが始まったのは 1990 年代の初期であり，2000 年代には多くの企業が参入したものの，M & A などにより，近年は約 20 社が宅配事業者として営業している．2024 年 2 月 8 日，国土交通部の公告（第 2024-169 号）にて宅配事業者のリストが発表されたが，これによると，現在 19 社が宅配事業をおこなっている．

2）宅配産業の成長

統計庁の「運輸業調査」では 2000 年から宅配事業のデータを集計している（表 6-2）．この調査によると，2000 年に宅配サービスを提供していた企業は 6 社であり，その後，2006 年には 31 社まで大幅に増加したが，2012 年以降は 20 社前後を推移してきた．2020 年から 2022 年までは 24 社であった．従事者数も増加し，2000 年には約 4000 人であったが，2018 年には 10 倍以上に増加し，さらに 2022 年（約 8 万人）には 2000 年に比べて 20 倍以上に増加している．近年，従事者数が急増した理由は，コロナの影響によるラストマイル物流の需要が大幅に増加したためである．

表6-2　2000年以降の宅配事業者などの推移

	企業数 （社）	従事者数 （人）	売上高 （十億ウォン）
2000	6	4,062	231
2001	10	4,858	275
2002	22	6,010	439
2003	15	7,023	481
2004	24	20,060	1,107
2005	27	21,200	1,264
2006	31	19,437	1,353
2007	29	29,258	1,657
2008	24	26,648	1,853
2009	27	21,380	2,103
2011	28	31,492	3,030
2012	21	28,743	3,355
2013	21	30,910	3,565
2014	21	33,071	3,976
2015	20	34,248	4,242
2016	20	35,708	4,589
2017	21	38,408	4,798
2018	22	41,376	5,436
2019	22	45,306	6,256
2020	24	54,120	8,585
2021	24	67,617	9,777
2022	24	80,095	11,185

（注）　2010年の調査は未実施.
（出所）統計庁「運輸業調査」各年版.

　宅配事業者の売上高も2000年以降，毎年，増加し続けてきた. 2000年の売上高は2310億ウォンであったが，2009年には2兆ウォンを超えており，10年間，年平均で32%も増加した. その後2019年までの10年間の年平均増加率は13%に落ちたものの，売上高は6兆ウォンを超えるほどに成長した. さらに2020年にはコロナの影響で前年より37%の増加となり，売上高も8兆5000億ウォンを超えている. 2021年と2022年は，それぞれ前年比14%増加となり，コロナ以前の10年間の平均成長率の程度に戻った. 韓国の宅配産業

の売上高は，2022年時点で，11兆ウォンを超えている．

　以上のように，韓国の宅配産業において，その企業数や従事者数そして売上高が大幅に増加してきたが，生産性も増加してきた．企業当たり平均売上高（売上高を企業数で除した値）は，2000年に385億ウォンであった．その後の2年間は，新規参入した企業が多く，企業当たり平均売上高は275億ウォンと200億ウォンに減少した．しかし，その後は2006年と2017年を除き，企業当たり平均売上高は前年を超えている．特に2015年には企業当たり平均売上高が2000億ウォンを超え，さらに2020年には3500億ウォンを超えた．2022年には4660億ウォンに上っている．

　同様に従事者当たり売上高を分析した結果，2000年の5700万ウォンから増加し，2020年には1億5800万ウォンと，従事者の生産性は20年間で約3倍に増加した．しかし，それをピークとして，従事者当たり売上高は2021年に1億4460万ウォンとなり，2022年には1億3964万ウォンに微減した．これは，近年における大幅な従事者数の増加による結果である．

　韓国の宅配産業の市場シェアは，メジャー3社と呼ばれる大手事業者の3社が大半を占めている．取扱数で最も高いシェアを占めるのはCJ大韓通運であり，約半分を占めている．その次が韓進とロッテグローバルロジスであり，シェアはそれぞれ約12%ないし15%である．売上高の規模で見ても，CJ大韓通運が，韓進やロッテグローバルロジスの3倍ほど大きい．2022年における各社の売上の実績を見ると[7]，CJ大韓通運の連結売上高は約12兆ウォンである．そのうち30%が宅配事業であり，宅配事業の売上高は約3兆6494億ウォンである．韓進は，約2兆8500億ウォンの連結売上高のうち，約45%が宅配事業からの売上高であり，その金額は約1兆2787億ウォンである．またロッテグローバルロジスの連結売上高は約4兆ウォンであるが，宅配事業は約34%であり，その売上高は1兆3554億ウォンである．

(3) 韓国における宅配市場の成長

　韓国統合物流協会（KiLA）は，2012年から宅配市場に関するデータを公開しているが，その以前は公式的にデータを集計・発表する行政機関や業界団体はなかった．よって，ここでは韓国の宅配市場の動向について，2012年以前は既存研究や物流新聞社の「物流産業総覧2011」のデータを用いて，そして2012年以降はKiLAのデータ[8]に基づいて分析する．

　韓国で宅配サービスが開始された 1992 年の宅配取扱量は約 500 万個であったが，宅配事業の大手 3 社がそろった 1994 年には 4200 万個に増加した．さらに，1995 年には韓国においてテレビショッピングが始まり，宅配取扱量が 8800 万個と，前年より倍増した．

　韓国で宅配サービスが開始されてから 10 年後の 2002 年には，取扱量が約 3 億 5000 万個になり，10 年間で 68 倍の増加となった．その後も宅配市場は拡大し，2008 年には取扱量が 10 億個を超えるほどに成長した．そして 2016 年には 20 億個を超えた．さらに 2020 年はコロナの影響もあり，33 億個を超えるようになった．そして 2022 年（推定値）には 42 億個を超えている（**図 6-1**）．

　以上のように，韓国において宅配サービスが開始された 1992 年から 30 年間，取扱量は 500 万個から 42 億個以上にまで大幅に成長した．2023 年には 45 億個を超える見込みである．一人が年間で利用する宅配個数に換算すると，年間 80 個以上であり，世界で最も多い数である ［Ma 2023］．一人当たり宅配利用個数は，2000 年には年間 2.4 個であったが，流通構造の変化，すなわち電子商取引の爆発的な増加により，5 年後には 11.1 個に増加し，さらに 2010 年には 25 個に増加した．特に，コロナの影響による電子商取引のさらなる増加によ

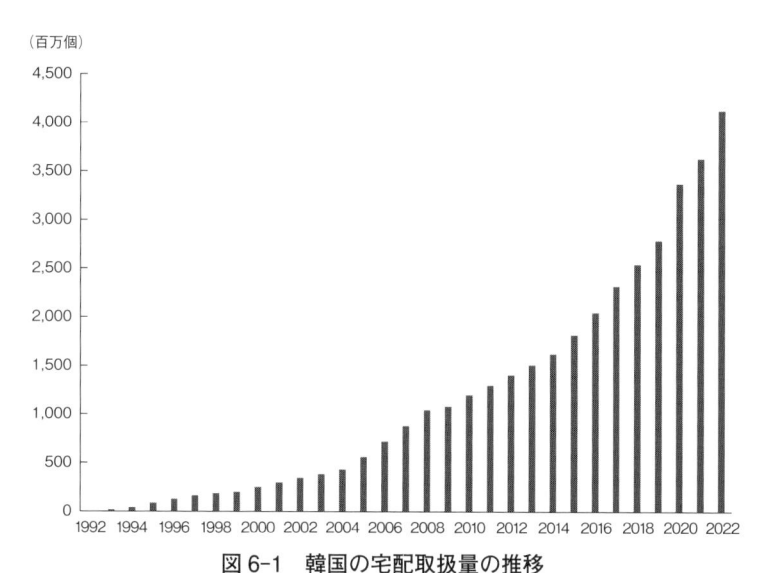

図 6-1　韓国の宅配取扱量の推移
（出所）物流新聞社「物流産業総覧」（2011），国家物流統合情報センター「生活物流統計」（2024）を基に筆者作成．

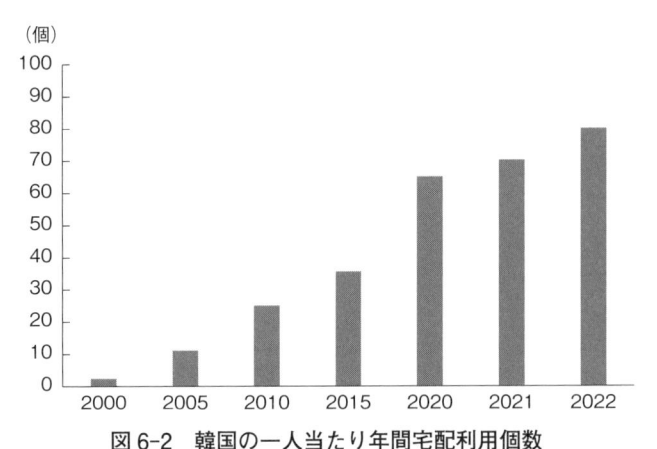

図6-2　韓国の一人当たり年間宅配利用個数
（出所）国家物流統合情報センター「生活物流統計」（2024）を基に筆者作成.

り，2020年には一人当たり宅配利用個数が65.1個に跳ね上がり，翌年にも70.3個に増加した．そして2022年時点で，世界一となる80.2個を記録している（図6-2）.

（4）宅配産業における新しい競争
1）競争の背景

　上記で確認できたように，韓国における宅配産業は急成長を遂げてきたが，その主因の一つに電子商取引の拡大が挙げられる．1990年代後半に，個人にパーソナルコンピューター（PC）やインターネットが普及され，またテレビショッピングも開始された．さらに2000年代からはスマートフォンなどを用いた電子商取引が拡大された．このような電子商取引の拡大によって，CJ大韓通運や韓進など，既存の宅配事業者は売上を伸ばしてきた．これは，当然のことながら，電子商取引のラストマイル物流を宅配事業者が担ってきたためである．現在，大手宅配事業者の3社が市場シェアの3分の2ほどを占めているが，その最上位を占めるのがCJ大韓通運であり，約半分を占めている.

　しかし，近年，電子商取引のさらなる拡大により，電子商取引事業者が物流産業に参入する例があり，物流施設における物流活動やラストマイル物流を自社でおこなう電子商取引事業者もある．これが既存の宅配事業者に大きな影響を与えており，特にラストマイルをめぐり新しい競争が激化している．そのうち，既存の宅配産業に大きな影響を与えた企業がある．クーパン（Coupang）

という会社である．

　クーパンは，米国の Coupang,Inc. の完全子会社として 2010 年に設立された
電子商取引事業者である．当時，韓国には既に多数の電子商取引事業者が存在
していたが，クーパンは米国の Amazon をベンチマークしながら，韓国の電
子商取引事業における第 1 位まで急成長してきた．さらに，同社は 2018 年に
Coupang Logistics Service 社（以下，CLS）を設立し，2021 年には CLS が宅配
事業者として国の認定を受けている．

　クーパンは電子商取引から得る膨大は貨物量を基盤として，自社による配送
サービスだけでなく，CLS による宅配サービスを展開している．この戦略は，
同業他社はもとより，CJ 大韓通運をはじめ，多くの宅配事業者にとって威嚇
となっている．以降では，CJ 大韓通運とクーパンについて，宅配や配送すな
わちラストマイルの観点から述べる．

2)　宅配事業の 1 位の CJ 大韓通運

　CJ 大韓通運（https://www.cjlogistics.com）は，1930 年に「朝鮮米穀倉庫株式会
社」として始まった．同社は，当時，朝鮮の米の生産量が日本の米市場におけ
る価格に大きな影響を与える状況で，朝鮮から日本に移出される米の量を調節
するために大規模の保管施設が必要であったため，倉庫を備え，米をはじめ他
の貨物を取り扱う企業として設立された．そして，戦後の 1950 年には，韓国
米穀倉庫株式会社に改名し，1962 年に韓国運輸と合併した．同年 5 月には鉄
道小運送業の免許を取得し，前記の Mr.Michang という小貨物のドア・ツー・
ドア運送サービスを提供した．

　米殻倉庫は 1963 年に大韓通運に社名を変更し，1968 年に民営化されてから
は，日本や米国に支店や現地法人を設立し，事業も多角化してきた．

　宅配事業は「大韓通運特送」というサービス名で，1993 年 4 月から開始し
た（同時は小貨物一貫輸送業である）．そして，2013 年，大手メーカーの CJ グロー
ブの物流会社であった CJ GLS と合併し，現在の社名である CJ 大韓通運に変
わった．現在，同社の最大株主は CJ 第一製糖であるが，CJ グローブは食品製
造業，外食産業，バイオ産業，流通産業，エンターテインメントやメディア産
業，そして物流産業まで，多様な産業に携わっている[9]．

　CJ 大韓通運は，宅配事業，3PL 事業，港湾運送事業，利用運送事業，電子
商取引の物流事業（以下，フルフィルメント事業）などをおこなっている．宅配事

業のために，14 のハブセンターと 276 のサブセンターとなる 290 のネットワークを構築している．一日で最大 923 万個を取り扱っており，年間では約 16 億個を取り扱う．そして，6000 台の輸送車両と 2 万 3000 台の宅配車両を運行している．このような投資を続けながら，韓国の宅配事業における 1 位の座を維持していた．ただし，近年，同社の市場シェアは減少傾向にある．2020 年には 50.1% であったが，2021 年には 48.3% となり，2022 年には 45.7% に，さらに 2023 年には 44.6% に減少した．

　宅配事業はハブ・アンド・スポークシステムにより運営される．ハブとなる物流センターでは効率の向上のために自動化を進めているが，特に，規模の経済を考慮して大型装置を導入する傾向にある．これが，宅配産業を装置産業またはインフラ産業と呼ばれる理由である．CJ 大韓通運は，2018 年に京畿道の南東部にある廣州市に‘メガハブターミナル’をオープンした．この施設の規模は，世界で 3 位，アジアで 1 位となる．延べ面積が 30 万 km^2 であり，サッカー場 40 面ほどの広さである．また，11 トン以上の大型貨物自動車の 850 台が同時に接車可能である．コンベアの長さは 43km であり，フールマラソンコースの距離と等しい．そして，5 方面から認識可能なバーコードスキャナとソーターなどの自動化設備を導入しており，1 日（12時間基準）で 172 万個を処理することが可能である．このターミナルではフルフィルメント事業もおこなっている．なお，同センターは，韓国で 2021 年に導入された「スマート物流センターの認証制度」（**6・2** 参照）によって，最高となる 1 級を取得している．

　CJ 大韓通運は，2023 年から，宅配サービスと配送サービスを‘O-NE’[10] というサービス名に統合して運営している．多くの電子商取引事業者が配送サービスに名前を付けて，配送サービスを差別化戦略として用いることで売上を伸ばしてきている．たとえば，後述するように，クーパンは‘ロケット配送’というブランド名で配送の迅速性を強調しており，新世界グループの電子商取引事業（SSG.COM やネットスーパーなど）でも‘SSG 配送’[11] という名前で迅速性と利便性を強調している．CJ 大韓通運も，宅配や配送を消費者に親しませ，増加する電子商取引の市場シェアを獲得するために，2 年間の検討の末，ブランド名を導入したのである．そして，2024 年 7 月からは，電子商取引事業者の G マーケットの配送も CJ 大韓通運が担当することになっている．

　以上のように，宅配産業の最上位となる CJ 大韓通運は，既存の宅配事業に加え，増加する電子商取引の需要に対応するために配送サービスを含むフル

フィルメント事業を拡大している．同社の近年の売上高や利益は増加している．売上高は，2020年の約7兆ウォンから2021年には11%増加して約7兆7000億ウォンとなった．さらに翌年の2022年には6%の増加となり，約8兆2000億ウォンに上ったが，2023年には1%減少して約8兆1000億ウォンになっている．2020年から2023年まで，売上高が17%増加している．また，営業利益も増加傾向にあり，2020年の2187億ウォンから2023年には3306億ウォンと，3年間で51%増加している．さらに当期純利益は大幅に増加しており，955億ウォンから2086億ウォンへ118%増加している（**表6-3**）．

3）電子商取引事業の1位のクーパン

クーパン（https://www.coupang.com）は，電子商取引事業者として2010年7月に設立された．2023年時点で，同業界において売上高基準で1位となっている．アイディアウェアの「WISEAPP/RETAIL/GOODS」[12]によると，2023年時点で，個人のスマートフォンにクーパンのアプリケーションを設置した人数は3113万人であり，その95%が実際に利用している．同業他社の平均（上位10社のうち，クーパンを除く9社）が39%であり，電子商取引事業におけるクーパンの圧倒的な地位がうかがえる．

同社は，2014年から自社による'ロケット配送'サービスを開始し，翌年は決済サービスのCoupang Payを自社で開発した．2018年にはAmazon Primeのような，有料のメンバーシップ制度を導入した．2019年には生鮮食品を早朝に配送する'ロケット・フレッシュ配送'に加え，一般商品の'早朝配送'や当日配送も開始した．2020年は動画配信サービスであるCoupang Play事業と，クーパンのプラットフォームを利用する販売者向けにフルフィルメントサービスを始めた．そして，2021年には米国のニューヨーク証券取引所（NYSE）に上場し，2022年には台湾に進出してロケット配送サービスを

表6-3　CJ大韓通運の売上高と利益
（単位：億ウォン）

	2020	2021	2022	2023
売上高	69,361	77,286	82,146	80,984
営業利益	2,187	2,576	2,627	3,306
当期純利益	955	937	2,005	2,086

（出所）CJ大韓通運のウェブサイト情報（個別財務諸表）を基に筆者作成．

開始した．また 2024 年には，2008 年にイギリスで創業したファッション電子商取引事業者の Farfetch を買収するなど勢力を拡大している．

　クーパンは，電子商取引事業者であるが，創業当時から自家物流に膨大な投資をおこない，電子商取引事業者だけでなく物流事業者からも注目を浴びた．同社は，自社の仕入商品を保管する物流センターを設立しただけでなく，配送も自社でおこなうために，クーパンマンと呼ばれるドライバーを雇用し，配送車両も会社が供給していた．配送ドライバーまで雇用する電子商取引事業者はクーパンが唯一である［Eom 2022］．同業種では，一般的に，宅配事業者を利用して配送をしている．物流の専門性を確保するためだけではない．低廉な宅配の契約単価を考えると，自社でドライバーや車両を供給するより，宅配事業者を利用した方が有利であるためである．しかし，クーパンは自社で物流をおこなっており，配送サービスを提供している．

　ロケット配送とは，クーパンが注文を受けた商品を，翌日に配送するサービスである．同社も，設立当時は，他の電子商取引事業者と同様に，商品の配送を宅配事業者にアウトソーシングしていた．しかし，配送に関する電子商取引の利用者の不満が多かったため，クーパンは顧客満足のための一つの戦略として配送を自社でおこなうことにし，2014 年 3 月 24 日から配送サービスを開始した．クーパンの社員による翌日配送が利用者に迅速性と安心感を与えた結果，電子商取引の利用者の多くがクーパンを利用することになった．ロケット配送サービスは，大邱市と大田市そして蔚山市にて始まったが，2 カ月後からはソウルを含む首都圏の一部の都市に拡大し，翌年からは全国に拡大した．サービスの開始時の年間配送件数は 2300 万個であったが，4 年後の 2018 年 9 月には累積で 10 億個を上回った．ロケット配送の対象商品も，乳児用の一部の商品から始まったが，今は約 500 万品目に拡大している．同社のロケット配送が電子商取引における競争力を向上させる結果となり，電子商取引産業における圧倒的な 1 位になった．

　2018 年には'ロケット・フレッシュ配送'を開始した．これは，午前 0 時までに注文した生鮮食品を当日の午前 7 時までに配送するサービスである．夜明け配送と呼ばれ，利用者が寝る前に注文した商品を朝起きて受け取ることができる．さらに，2020 年 4 月からは'ロケット・フレッシュ当日配送'を開始したが，これは午前 10 時までの注文品を当日の午後 6 時までに配送するサービスである．出勤しながら注文した商品を帰宅して受け取る．これらの迅

速な配送サービスが同社の顧客サービスを向上させ，売上増につながった．

　同社は迅速な配送サービスのために，ハブセンターを増やすとともに，自動化や機械化にも投資を続けてきた．一方，同社の迅速な配送を可能にしたもう一つの外部要因がある．韓国における宅配や配送は，一般的に非対面のいわゆる‘置き配’である．日本のように伝票に受取印をもらうなどの伝票処理をおこなう例は少ない．そのために，玄関前などに商品を置くことで配送が終了する[13]．この‘置き配’が，迅速なロケット配送を可能にした大きな要因であると考えられる．

　電子商取引事業に比較的に遅く参入したクーパンであるが，物流を差別化し，売上高も業界の第1位となった．しかしながら，物流への膨大な投資は，長い間，営業損失という結果をもたらした．売上高は2013年において478億ウォンであったが，ロケット配送を開始した2014年には前年比の7倍以上に増加し，3485億ウォンとなった．さらに翌年も3倍以上に増加し，売上高が1兆ウォンを超えた．その後も毎年，前年の倍以上に増加しており，2020年には，コロナによる電子商取引の増加にともない，クーパンの売上高が約14兆ウォンまで大幅に増加した．それ以降も，同社の売上高は前年を大きく上回り，2023年には30兆ウォンを超えている．このように，同社の売上高は2013年から2023年までの10年間で，約640倍となる大幅な増加となったが，利益にはつながらなかった．2022年まで，営業利益も当期純利益もマイナスであった．その主な理由は，物流への投資である．有形資産額は，2013年には93億ウォンであったが，翌年には6倍も増加して591億ウォンとなった．その後も増加し，2021年には1兆ウォンを超え，さらに2023年には2兆ウォンを超えている（**表6-4**）．

　同社は，ロケット配送を開始して以来，物流施設や配送ネットワークの構築に7兆ウォン以上の投資をおこなっている．2022年時点で，30地域に約100の物流センターを設けており，その規模は合計で約390万m^{2}である．現在，国民の70％がクーパンの配送センターから10km以内，いわゆる‘ロケット配送圏’に居住している．同社は，島嶼山間地域までロケット配送サービスを提供するために，2024年から3年間，3兆ウォンを投資し，2027年には韓国の全土をロケット配送圏にする計画である[14]．

　物流への投資を拡大したクーパンは，物流を差別化した結果として，競争に勝ち，電子商取引業界の最上位に上った．物流に対するクーパンの投資とその

表6-4　クーパンの売上高と利益　　　　（単位：億ウォン）

	売上高	営業利益	当期純利益	有形資産
2013	478	▲ 2	▲ 13	93
2014	3,485	▲ 1,215	▲ 1,194	591
2015	11,338	▲ 5,470	▲ 5,261	1,665
2016	19,159	▲ 5,652	▲ 5,617	3,603
2017	26,814	▲ 6,228	▲ 6,573	3,494
2018	43,477	▲ 11,383	▲ 11,507	3,975
2019	71,407	▲ 7,488	▲ 7,511	5,630
2020	139,258	▲ 5,493	▲ 6,047	9,663
2021	203,635	▲ 11,710	▲ 16,241	13,661
2022	257,685	▲ 366	▲ 1,292	18,339
2023	306,640	8,232	18,848	20,885

（出所）電子公示システム（https://dart.fss.or.kr）上のクーパン監査報告書，各年（翌年に修正が
あった場合，最新数値を利用）を基に筆者作成.

　結果は，同業他社だけでなく，宅配事業者にも影響を与えた．CJ 大韓通運，
韓進，ロッテグローバルロジスなどの宅配事業者も，フルフィルメントサービ
スを新しいビジネスとして開始した．さらに，目指すサービスのレベルは，
クーパンの物流サービスが基準となる．韓国において，電子商取引の増加とと
もない，ライスマイル物流をめぐる競争が，宅配事業の同業種のみならず，異
業種も含めてさらに激しくなっている．
　一方，クーパンの子会社である CLS の市場シェアも急増している．宅配サー
ビスを開始した 2021 年には 12.7% であったが，2022 年には 24.1% と，2 倍増
となった.[15] サービスを開始してから 2 年間で宅配産業の 2 位になっている．
CLS は，すでに韓進とロッテグローバルロジスのシェアを上回っており，1 位
の CJ 大韓通運（シェアは 33.6% に下落）も威嚇するほど勢力を拡大している．

（5）宅配産業における課題
1）産業構造による課題
　本章で確認したように，韓国における宅配産業は国民一人の年間利用件数で
世界一になるほど大きく拡大してきた．その過程で，法制度が新設され，事業
者も膨大な投資をおこなってきた．しかし，課題も残されている．

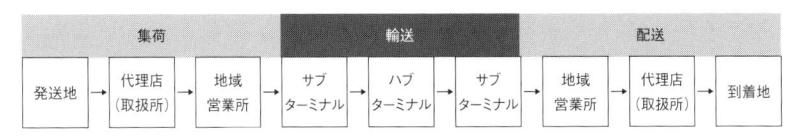

図6-3　宅配サービスの流れ

（出所）筆者作成.

　まず，宅配産業の構造による課題がある．宅配サービスの流れを一般化すると，図6-3のように示すことができる．宅配ドライバーによって集荷された荷物は，代理店（または宅配取扱所）を経由し，地域営業所に搬入される．そして，地域ターミナル（サブターミナル）に横持ちされ，ハブターミナルまで別のドライバーにより輸送される（幹線輸送）．そこで仕分けされてから，到着地域のサブターミナルに幹線輸送され，地域営業所や代理店を経て，宅配ドライバーにより配送される．

　韓国の宅配産業の初期，CJ大韓通運や韓進は直営の営業形態をとっており，宅配ドライバーも直接雇用していた．その後，宅配産業が大きくなるにつれ，請負契約関係に変わった．宅配事業者と宅配ドライバーが契約する場合もあったが，宅配事業者の直営支店が宅配ドライバーと契約する場合が増加してきた．さらに，後で参入した現代宅配が委託営業の形態をとり，原価を下げることで市場シェアを伸ばしていたことから，他の宅配事業者も直営支店を減らし，委託契約による代理店の体制に転換した．そして宅配ドライバーは代理店と請負契約を締結している（図6-4）．

　この委託体制を利用して，既存の中小貨物自動車運送事業者や周旋事業者などが，宅配事業者の代理店として宅配産業に参加した．委託体制によって取扱量を増加させることは可能となったが，零細な代理店にとっては短期的な収益を最大目標としているため，宅配サービスの質の向上や差別化を進める上で，妨害要因となるおそれがある［Cho 2007］.

　以上のように，宅配産業においても貨物自動車運送事業と同様に，多数の委託契約によって多段階構造となっている．当然のことながら，当事者が増えることで，利害関係も複雑になる．ここで最も大きな課題になっているのが，宅配ドライバーである．宅配産業の初期には賃金労働者であった宅配ドライバーが，今は個人事業者となっている．しかし，個人事業者でありながら，労働者でもある．韓国ではこのような労働者が，特に貨物自動車運送事業に多く存在しており，'特殊形態勤労従事者' と呼ばれている．その定義は"雇用契約を

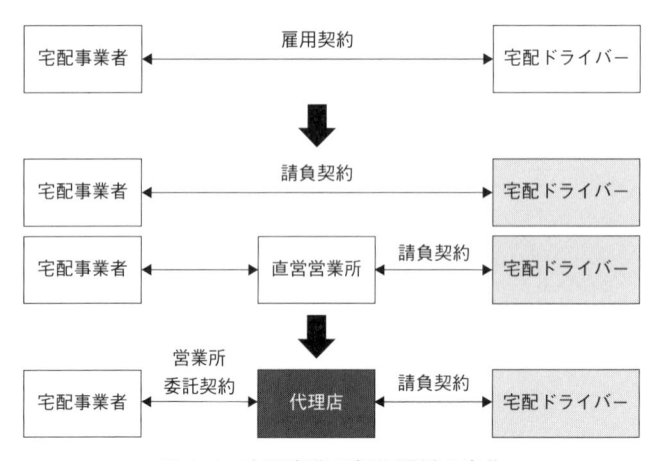

図 6-4　宅配事業の契約関係の変化

（出所）国家人権委員会『民間部門非正規職人権状況実態調査——特殊形態勤労従事
者を中心として——』（2015），p.270 を基に筆者作成．

締結せず労務サービスを提供する労働者として，独立事業者の形であるが，実質的には特定の事業者または多数の事業者に経済的に従属され，直間接的な業務の指示と監督の下で職務を遂行する労働者"であり，2003 年の労使政委員会から公式的に使用されている．

　代理店と宅配ドライバーの間の契約は，業務量（配送するボックスの個数）による契約ではなく，配送区域で契約を結ぶため，一日で割当られた業務量はその日に終えないといけない．また，当日に配送できない場合は，罰金のような手数料が賦課され，再契約にも不利になる．そのため，ドライバーの過重な負担となる[16]．

　ドライバーの労働問題について，Cho and Baek［2021］は，宅配ドライバーの労働が長くなっていることを指摘している．ドライバーの 92% が週 6 日勤務しており（2017 年），一年の中でピーク時の平均労働時間が 13 時間以上である（2018 年）．さらに，新型コロナが流行していた時は，1 週間平均労働時間が 73 時間を超えていた（2020 年）．また，宅配ドライバーは自分で業務量や業務時間を調整することが不可能であるため，過重な業務をよぎなくされていると指摘している．

　実際，韓国では宅配ドライバーの過労と，それによる疾病および死亡が多発している．ドライバーは法律上では労働者ではないため，勤労基準法の適用外

となっている．なお，この問題に対して宅配事業者は，代理店と宅配ドライバーとの問題であり，宅配事業者の責任ではないと言う．

　宅配ドライバーの過労と，それによる過労死が社会的な課題となっているなか，2017 年に宅配労働組合の設立が認められた．雇用労働部は，宅配ドライバーが法律上では個人事業者であるが，業務内容に関して宅配事業者や代理店の監督下にあり，指定された区域で指定された業務をおこなっていることを考慮し，「労働組合法」にて定める労働者に該当すると判断した．そして国家人権委員会も，特殊形態勤労従事者にも労働 3 権を保障し，労働環境を改善することを求めた．宅配労働組合の設立によって，宅配ドライバーは代理店や宅配事業者と団体交渉が可能となった．しかしながら，コロナによる業務量の増加に伴い，2021 年にもまた宅配ドライバーの過労死が報じられた．

　多発する宅配労働者の過労死が社会的な課題となり，宅配労働者の保護のために，政府や宅配労働組合そして荷主団体が‘社会的合意機構’を組織した．この機構が発表した「宅配ドライバー過労防止対策の社会的合意機構の合意文（2021 年 6 月 22 日）」の 7 つの項目の一つとして，宅配ドライバーを保護するために，ボックス当たり 170 ウォンの原価を引き上げる必要がある，と示している．この合意によって，宅配事業者は宅配運賃を平均 6% 引き上げた．また，ドライバーを仕分け作業から排除することを合意した．しかしながら，翌年 1 月に国土交通部が発表した「宅配者改訂合意の履行状況 1 次現場点検の結果」によると，点検した施設（25 カ所）のうち，ドライバーが仕分け作業から完全に排除された施設は 7 カ所（28%）のみであった．一部の作業だけ排除された施設は 12 カ所（48%）であり，6 カ所（24%）は相変わらずドライバーが仕分け作業をおこなっている．

　一方，韓国の宅配産業における複雑な構造は，代理店においても課題である．代理店は宅配事業者と宅配ドライバーの間に存在しているため，宅配事業者との葛藤もあれば，宅配ドライバーとの葛藤もある．代理店は宅配ドライバーを管理しながら，宅配事業者のネットワークとして機能している．しかし，ほとんどの代理店は零細な企業であり，業務能力や専門性を備えた代理店が少ない．代理店の店主が宅配ドライバーを兼業する場合も多い．

　代理店に対する宅配事業者からの要求も多くなっており，管理業務が増えているが，2 年ごとの再契約のために業務負担に耐えているのが現状である．特に，宅配労働組合の発足後，上下からの葛藤がさらに大きくなっている．[17]　宅配

事業者が委託手数料を一括して代理店に支払い，代理店はその手数料を宅配ドライバーと分ける．分け方は代理店が決める．後述するように，韓国の宅配運賃は下落してきたため，代理店も宅配ドライバーも低い収益を得ていながらも，再契約のために，過重な業務を負担している．

　韓国は，宅配産業の従事者を保護し，宅配産業を育成するために「生活物流サービス産業発展法」を制定したが，今も複雑な産業構造で責任を押し合っており，代理店や宅配ドライバーの過酷な労働が続いている．

2）競争激化による課題

　もう一つの課題は，競争の激化による課題である．宅配市場において，大手企業同士の競争，中小企業同士の競争，そして大手企業と中小企業の競争など，競争が激しくなり，宅配運賃を引き下げる結果となった．Ma et al. [2016] は，韓国の宅配事業者は市場シェアの獲得のために“低単価・高物量”の経営戦略を施した結果，宅配運賃が下落し，さらに運賃の下落により中小宅配事業者の経営が圧迫されていると述べている．また，Song [2011] も，1997 年の規制緩和による中小事業者の参入が競争を激化し，宅配運賃が下落したと述べている．

　韓国における宅配運賃の推移を見てみる（図6-5）．1995 年には 4042 ウォンであった．その後，1997 年の 4734 ウォンをピークに減少に転じ，1999 年には 3882 ウォンとなった．2005 年には 2967 ウォンとなり，2016 年にはピーク時の半分を切る 2318 ウォンまで下落した．2020 年には 2221 ウォンとなり，最低を記録した．韓国における物価が継続して上昇してきたことを考えると，宅配事業者への影響はより大きかったと考えられる[18]．2021 年には，前述したように，‘社会的合意’の履行により，前年より 6.5% 増加した 2366 ウォンとなったが，2022 年には再び減少に転じて 2351 ウォンとなっている．

　以上のように，韓国の宅配産業は競争が激化しているなか，価格戦略を固執していたため，宅配運賃が下落してきた．Cho [2007] は“低価格営業は宅配事業者の収益性を悪化させており，委託営業店の離脱を加速化させ，これがさらにサービスの悪化をまねく悪循環を形成する”と指摘している．

3）法制化に関する課題

　宅配事業の法制化に関する課題もある．「生活物流サービス産業発展法」の

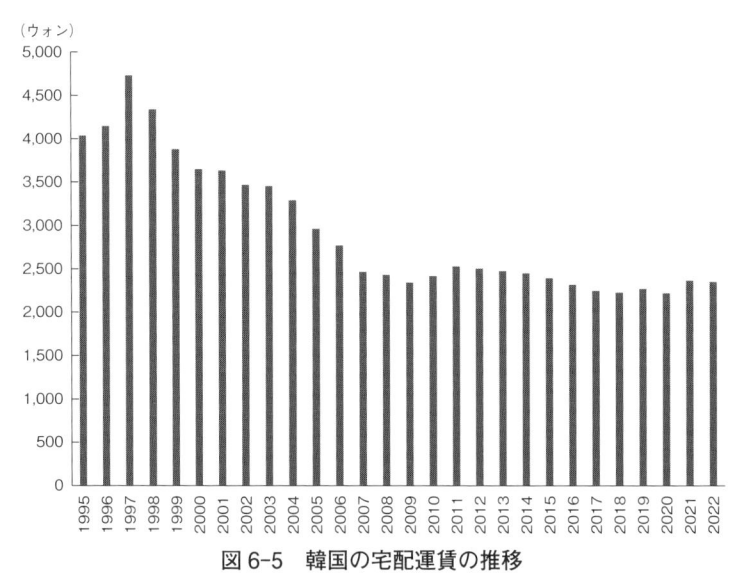

図 6-5　韓国の宅配運賃の推移

（注）　2022 年のデータは 11 月までの月平均.
（出所）2009 年までは Song［2011］から再引用, 2010 年と 2011 年の値は複数の報道資料,
　　　　2012 年からは国家物流統合情報センター.

制定により, 宅配事業は登録制となった. 増加するラストマイル物流に対応す
るのがその目的の一つである. しかし, 実際としては, 貨物自動車の許可を得
ることが前提となっており, 実質的に許可制のままである. また, 前述のよう
な宅配産業の構造からすると, 宅配ドライバーが個人事業者として車両を用意
しなければならないが, 増車規制が課題となっている.

　韓国の貨物自動車運輸事業は, 5 章で確認したように, 2004 年に許可制に転
換する以前は, 免許制と登録制であり, 持込制を利用した個人事業者が増加し
続けてきた. 特に, 1997 年に登録制に規制が緩和されてから, 1999 年まで増
加した車両台数は 70% を超えていた. 同期間の貨物量の増加率は約 10% で
あった. そのため, 貨物自動車運送市場の需給バランスは崩れ, 運賃が下落
し, 運送事業者の経営は苦しくなった. そこで, 2003 年には貨物自動車関連
の組合が争議行為を起こした. '物流大乱' とも言われるほど, 深刻な状況で
あった. 貨物自動車による輸送のサボタージュやストライキなどが深刻とな
り, 国内の産業だけでなく国際貿易にも大きな影響を与えた. 政府は, その対
策の一つとして, 2004 年以降, 営業用の貨物自動車の増車を基本的に禁止す

ることにした．当初，問題となっていた車両は7トン以上の中型と大型の車両であったが，小型の宅配車両にも一括して適用した規制となっていた．

宅配取扱量が増加するにもかかわらず，増車規制により，需要に対応できるほどの迅速な増車ができず，自家用の貨物車両を利用するなど，不適切な方法で車両を利用して宅配サービスに従事する例があった．また，車両やナンバープレートの売買や賃貸など違法行為がおこなわれる例もあった．このように，[19]増車規制の副作用として，不適合かつ陰性的な方法で宅配事業がおこなわれただけでなく，宅配サービスの品質低下も指摘された．

この問題を解決するために，韓国の政府は，2013年に宅配事業に用いる車両の増車を認め，いわゆる‘配ナンバー’を新設した．既存の営業用貨物自動車のナンバープレートと区別するために，ナンバープレートに‘配’が明記されており，宅配サービスのみに利用することができる．しかし，宅配車両を用いて，既存の用達貨物自動車運送事業者または個別貨物自動車運送事業者の営業をおこなう違法な事例が増えた．また，他の貨物自動車運送事業には増車が規制されているままであるため，宅配車両や‘配ナンバー’のナンバープレートを売り，再び‘配ナンバー’を取得する例もあった．また，既存の貨物自動[20]車運送事産業との葛藤も大きくなった．

国土交通部は，持込車オーナーなどを含む貨物自動車運送業界と50回以上の議論を繰り返し，2016年8月31日に「貨物運送市場の発展方案」を発表した．その背景には“7大有望サービス業の一つである物流産業の育成のために市場発展に障害となる規制を革新する”と述べられており，その重要な内容の一つが1.5トン未満の小型貨物車の需給調整制度を廃止し，新規許可を許容す[21]ることである．そして，宅配車両の業務内容を定期的に確認すること，宅配事業者が所有する車両の譲渡を制限すること，自家用の車両による有償の運送と違法な増車を根絶すること，などが含まれている．

そして，2018年の国土交通部の告示「宅配用貨物自動車運送事業の許可要領」からは，国の認定を受けた宅配事業者と専属の運送契約を締結し，宅配事業のみをおこなうために，個人貨物自動車運送事業の許可を得ようとする者には，宅配用貨物自動車の増車を許可することにした．つまり，認定宅配事業者と契約した個人事業者（宅配ドライバー）は，‘配ナンバー’の車両を取得することが可能になった．なお，管理業務は韓国統合物流協会（KiLA）を通じておこなわれる．

　以上のように，宅配産業の法制化過程において，事業の登録と車両の許可が錯綜しており，貨物自動車運送事業との葛藤も生じている．そのため，政府の政策や制度に対する不信感があるのも否めない．今後，国内の電子商取引だけでなく海外の電子商取引が増加し，また，海外の宅配事業者の韓国進出も増加すると予想されている．なお，ラストマイル物流をめぐる競争は，今後もさらに激しくなると考えられる．電子商取引の配送サービスのほかに，本章では対象外としていたものの，いわゆるバイク便やフードデリバリーサービスなど，さらにはドローンや自律走行車両など新しい媒体も加わる．このように変化している環境において，韓国の宅配産業がより成長していくためには，産業の位置づけや範囲をより明確にし，より信頼できる政策や制度を推進していく必要があろう．

6・2　物流施設への投資

(1) 増加する大型物流施設

　韓国における物流施設への投資は，政府の主導によって，まず，港湾や空港のような国際物流施設から始まった．そして，その背後地を中心に，流通団地や物流団地などが造成された．物流団地とは，「物流施設の開発および運営に関する法律（物流施設法）」の第 2 条第 6 項により“物流団地施設と支援施設を集団的に設置・育成するために，国や国土交通部長官などが指定・開発する一団の土地および施設である”と定義されており，都市先端物流団地と一般物流団地がある．

　国家物流総合情報センターによると，2023 年時点で物流団地として指定された物流施設は 25 カ所であり，その総面積は約 1090 万 m^2 である．投資金額は約 4 兆 7000 億ウォンであり，施設の分譲率は平均で 93% である．5 年前の 2018 年と比べると，新しい 7 施設に 6500 億ウォンが投資され，面積は 15% 増加した．その他に，現在建設中にある物流団地が 18 カ所であり，予定通りに建設が完了されると，2027 年には 43 カ所の物流団地が整備されることとなる．その面積は約 1685 万 m^2 となり，現在より 54% 以上の増加となる．さらには，需要の検証が終わっている候補地が 12 カ所あり，368 万 m^2 の物流施設が計画中にある．すべての施設が整備されると，韓国の指定物流団地は総面積が約 2053 万 m^2 と，現在から倍増となる（表 6-5）．

表6-5　韓国における指定物流団地

	指定物流団地	総面積（m²）	総事業費（億ウォン）	備考
2018	運営中（18カ所）	9,522,663	40,944	
2023	運営中（25カ所）	10,918,923	47,425	平均分譲率93%
	建設中（18カ所）	5,927,156	21,737	最長2027年まで
	需要検証通過済み（12カ所）	3,678,943	14,444	

（出所）国土交通統計NURI「物流施設現況」（2024），国家物流統合情報センター（2024）を基に筆者作成.

　また，内陸物流基地として区分される物流施設が全国に8カ所ある．内陸物流基地とは，低コストかつ高効率の物流システムを構築するために，政府と民間が全国の5大圏域に造成した大規模の物流施設である．貨物の集荷と配送，保管，通関まで，国内外の物流業務を一貫しておこなえる複合貨物ターミナル（Integrated Freight Terminal）とインランドコンテナデポ（Inland Container Depot）がある．2023年時点で，その総面積は419万m²であり，2016年の393万m²から約7%増加した．

　「物流施設法」の基準に沿って設立された物流センターなどの倉庫の総面積は2038万m²以上である．そのうち，冷蔵倉庫の面積が総面積の約10%となる215万m²である[22]．同法による倉庫業は，床面積が合計で1000m²以上の保管施設，または全体の保管場所の面積が合計で4500m²以上であるため，実際はもっと多くの物流センターがある．

　一方，延べ面積1万6500m²以上の大型物流センターのみを対象とした不動産投資の研究調査[23]によると，2022年には前年比70%増加となる395万m²の物流センターが，さらに2023年には724万m²の物流センターが新規に供給された．2023年末時点で，対象となる大型物流センターの総面積は3567万m²であるが，その77%が首都圏に集中している．国際物流施設へ近接していること，交通インフラが整えていること，労働力の供給が比較的に容易であることが理由である．2022年には首都圏における物流センターの認可件数が148件であり，過去最高を記録している．特に近年は，ラストマイル物流にかかわる大型物流センターが新規設立されている．

　釜山圏においては，1980年代から，釜山港の背後地に，低温物流センターを中心として造成された．その後，輸出入に関する物流センターと，製造業や流通業の広域物流センターが新規に供給された．近年は，内陸にも物流セン

ターが設立されており，大都市の周辺にも大型物流センターが設立されている．2025 年には釜山圏で最大級となる約 35万m^2 の大型物流センターが運営を開始する予定である．

　IMF（International Monetary Fund, 国際通貨基金）によると，今後の韓国の経済成長率は 2% の前後であり（1 章参照），物流量も増加すると予測される．さらに，韓国における電子商取引の市場成長率は約 10% であり，ラストマイル物流は今後も増加すると予測できる．ラストマイルにおけるスピード競争が激化しているなかで，迅速な配送サービスを実現するためには，多くの物流センターが必要であろう．

(2)　スマート物流センター認証制度

　上記のように韓国では大型物流センターが増加傾向にあるが，その反面，老朽化が進んでいる物流センターも多く，効率化の問題のみならず安全面や環境面での課題も指摘されていた．また，電子商取引が拡大しており，物流サービスの高度化と効率化が一層求められている．そのため，先端技術を導入し，効率性はもちろん安全性と環境性の高い物流センターを整備する必要性を認識していた．とはいえ，そのためには多額の投資が必要であり，企業にとって負担となる．

　そこで，韓国の政府は政策課題として，物流企業の自発的な投資による先端物流センターを推進することを示し，2020 年 4 月に物流施設法を改定し，支援事業を法制化した．同法に，スマート物流センターの認証を定める条項を新設し（第 21 条の 4 と 5），関連法令などを改定した．そして 2021 年から「スマート物流センターの認証制度」が開始された．スマート物流センターは，同法の第 2 条第 5 項の 4 に "先端物流施設および設備，運営システムなどを導入して，低コスト・高効率・安全性・環境性などで優秀な性能を発揮できる物流倉庫として，国土交通部長官の認証を得た物流倉庫である" と定義されている．

　スマート物流センター認証は，審査の得点数により，最高の 1 等級から最低の 5 等級に分類される．評価点数と評価基準は**表 6-6** に示される．物流センターでの物流活動のデータを収集し，情報化が可能なインフラを構築していると 5 等級になり，それをリアルタイムで管理できる場合は 4 等級になる．また，データを活用した管理と統制が可能であると 3 等級になり，最適化システムが構築され，ハードウェアと連動した自動化が進むと 2 等級になる．そして

表 6-6　スマート物流センターの認証等級

等級	評価点数（1000 点満点）	評価基準
1 等級	950 超過	自律化
2 等級	850 超過 950 以下	最適化と自動化
3 等級	750 超過 850 以下	管理と統制
4 等級	650 超過 750 以下	リアルタイムのモニタリング
5 等級	550 超過 650 以下	データ管理基盤の構築

（出所）韓国交通研究院「スマート物流センター認証関連評価点数表」（2018）と報道資料などを基に筆者作成.

　1 等級は，スマート物流センターが目指す姿であり，AI（人口知能）などによる自律化が実現できた物流センターを指す.

　スマート物流センターの認証のための審査は，3 段階に分かれており，国土交通部長官により指定された認証機関（韓国交通研究院）による基本調査の次に，5 名の認証審査団による書類審査と現場実地調査がおこなわれ，最後に 7 名の認証審議委員会が審議する. 審査の基準には，機能部分（60%）と基盤部分（40%）がある. 前者では，物流センターの自動化を入出庫や保管またピッキングなど物流活動の過程別に評価し，後者では，物流センターの構造や管理そして情報システムのレベルを評価する. なお，長時間の労働に依存している宅配施設の場合は，仕分けや荷役の自動化のレベルを重点的に評価する. 労働環境の改善を誘導するためである（表 6-7）.

　スマート物流センターの認証を取得した企業には，認証書と認証マークが交付される. 認証マークは，その企業が製作または使用する包装や容器などに利用することが可能である. 認証は 3 年間有効であり，認証機関は 3 年ごとに定期点検を実施し，認証基準を維持していると判断する場合は，3 年以内の範囲で期限を延長できる. また，認証機関により随時点検がおこなわれる場合もあるため，認証を取得した者であっても常に基準を維持する必要がある. 基準を満たしていない場合，または点検を拒否する場合など，業務停止や認証取消などの処分を受けることになる.

　そして，認証を取得した企業は，経済的な支援を受けることも可能である. すなわち，施設資金と運営資金を低金利で調達することができる. ここで施設資金とは，物流センターの建築・改築・購入などに必要な資金と，物流センターの高度化のための装備やシステムなどの導入に必要な資金である. 施設資

表6-7　スマート物流センター（一般施設[注]）の評価項目と配点

評価部門	評価項目	細部項目	配点
機能部門 600	1．荷役と入庫 100	入庫予定情報の確認	25
		荷役作業	20
		検数・検品・分類	20
		商品情報の認識と登録	20
		入庫処理	15
	2．運搬と荷捌 100	作業情報の提供	30
		荷捌場移動	30
		作業経路管理	20
		荷捌場識別と作業	20
	3．保管と在庫管理 100	在庫調査実施と方法	30
		在庫補充情報の生成と指示	25
		在庫位置の調整	15
		保管場所のモニタリングと管理	15
		在庫管理（FIFO）と品質管理	15
	4．ピッキングと仕分け 100	作業情報の生成と指示	20
		作業情報の確認方法	10
		作業経路のリアルタイム管理	10
		ピッキング場所の確認と作業方法	20
		仕分け情報の生成と指示	20
		仕分け作業	20
	5．検品・検数と包装 100	包装場所への情報提供と移動	20
		包装材と包装物品の管理	15
		検品/検数とエラー管理（認識と処理）	25
		包装作業	20
		配送情報表示（ラベル）と付着	20
	6．荷役と出庫 100	発注先別の分類	30
		入庫車両情報の認識	20
		積み込み管理と作業	20
		出庫情報の送信	30
基盤部門 400	1．構造的性能 100	ドックと床の性能	20
		内部構造	20
		配置と同線管理	10
		作業環境管理（空調、温湿度）	20
		災害と安全管理（放火、耐震、消防避難施設、事故管理）	30
	2．成果管理 100	費用削減	30
		生産性向上	30
		品質管理	20
		環境管理	20
	3．情報システム 200	倉庫管理システム（WMS）	150
		倉庫制御システム（WCS,MCS）	50
		評価総点　1000	

（注）　宅配施設は，機能部門で4項目（荷役と入荷，運搬と荷捌，仕分け，荷役と出庫）が各150点であり，基盤部門ではWMSの代わりに宅配運営管理システムを評価する.
（出所）国土交通部告示第2021-236号「スマート物流センター認証要領」の別表.

金は，物流センターの規模によって，最大 1500 億ウォンまで融資が可能であり，運営資金は最大 100 億ウォンまで可能である．そして，認証等級と企業の規模によって，利子の最大 2% ポイントまで政府の支援を受けることも可能である（利差補填融資）．認証等級が上位であるほど，企業の規模が小さいほど支援率が高い．たとえば，1 等級の中小企業は 2% ポイントの支援を受けるが，5 等級の大手企業は 0.5% ポイントの支援を受けることが可能である．政府は，このために予算（毎年，約 100 億ウォン）を編成している．

　この制度の導入後，最初に 1 等級の認証を取得した物流センターは，CJ 大韓通運の‘メガハブ’である（2021 年 7 月）．そして，中小企業のパストの‘龍引 1 センター’が予備認証の 1 等級を取得した．パストのセンターは，フルフィルメントサービスを提供するセンターであり，ロボットピッキングが可能な自動倉庫システムや高速仕分けと包装が可能な物流設備と技術を自社で開発したことで，1 等級の認証を取得している．

　また，2023 年 3 月に，ロッテの‘中部圏メガハブターミナル’が 1 等級の認証を取得したが，同センターではビッグデータや AI を基盤とする最先端システムを導入した結果，1 日の取扱量が 55% 増加し，物流コストが 15.6% 減少した．

　国土交通部の 2024 年 5 月 28 日付きの報道によると，その時点で，45 のスマート物流センターが認証を取得しており，9318 億ウォンの融資がおこなわれている．

　以上のように，韓国では今後も増加する物流に対応するために，物流施設の量的拡大のみならず，質的向上も政策として進めている．しかしながら，スマート物流センターの認証基準は，日本など先進国の物流センターにおける一般的な機能である．この制度は，高度化された物流センターの不足を認識したうえで，その遅れを取り戻し，AI などの新技術を利用して一層のレベルアップを目指したことである．

(3) 増加する小型物流施設

1) マイクロ・フルフィルメント・センター

　上記のように，韓国では政府と民間により物流施設が増加している．これらの施設は「物流施設法」にて定められている大型施設であり，ほとんどが郊外に立地している．一方，近年は，増加する電子商取引にともない，都心部にお

いて小規模の物流施設も増加している．ポストコロナ時代に電子商取引のスピード競争がさらに激化したことで，迅速性がさらに重視されている現状を反映した結果である．小規模の物流施設の中でもマイクロ・フルフィルメント・センター（Micro Fulfillment Center 以下，MFC）やダーク・ストア（Dark Store）と呼ばれる狭小施設が増加している．

　迅速性を要するクイック・コマースにおいて，MFC のネットワークが極めて重要であるが，新しい研究分野であり，まだ多くの研究は報告されていない[Yang et al. 2024]．そのため，MFC の統一した定義はなく，一般的には，保管，ピッキング，包装，配送の一連の物流をおこなう，都心にある超小型物流センターを指す．そして，リードタイムが，最短で数分から最長で数時間となるため，自動化が重要な要素となる．ただし，ビジネスモデルによっては，自動化が重要でない場合もある[Michel 2020]．また，ダーク・ストアは，一般的に，電子商取引事業においてラストマイルの配送拠点として機能する店舗であり，注文に応じてピッキングや包装そして配送をおこなう．小売業の実店舗（ストア）と異なることで，ダーク・ストアと呼ばれる．ただし，オンライン注文を処理するために，既存の実店舗（ストア）を近隣の配送拠点として利用する場合があり，ダーク・ストアを MFC の一種類として捉える場合もある[Jun 2024]．

　韓国では，2011 年に設立された‘優雅な兄弟達’が，自社の電子商取引事業である‘B マート’の迅速な配送サービスのために MFC を利用したことが最初である．同社は，会社を設立する前の 2010 年に，‘配達の民族’というアプリを製作し，食品をレストランなどでピックアップして二輪車（バイク）で配達するビジネスを開始した．‘B マート’は 2018 年に‘配民マーケット’として始まり，2019 年にサービス名を変更した．

　同社は，2021 年に電子商取引のプラットフォームの‘配民ストア’を開設し，販売者に物流サービスを提供している．食品の配達サービスとして始まった同社が，電子商取引事業までにビジネスを拡大した背景には，食品の配達のように電子商取引事業も即時配送を可能にするビジネスモデルの構想があった．同社は，電子商取引事業も当日配送を実現したとはいえ，リードタイムは数時間になることを認識し，リードタイムを 30 分ないし 40 分にするビジネスモデルを構築した．

　同社のビジネスモデルの基盤となるのが MFC である．同社は，自社直販の

生鮮食品や日用雑貨など約 8000 種類の商品を MFC に保管し，注文に応じて，すぐにピッキングと包装をおこない，バイクで配送している．配送圏は MFC から約 3km である．

　同社は，MFC を基盤としたバイク配送をビジネスモデルとして展開しているため，ソウルと首都圏のように居住密集地域で営業をおこなってきたが，現在は釜山，大邱，蔚山，太田，天安など地方都市にも進出している．なお，同社の MFC は約 70 カ所である．B マートの売上高は，2020 年に約 2187 億ウォンであったが，翌年には約 4222 億ウォンに倍層した．2022 年にも約 5123 億ウォンに増加し，さらに 2023 年には 6880 億ウォンと大幅に増加した[25]．

　韓国ではその他にも，GS リテール，ロッテ，クーパンなど，即時配送のために MFC を利用する企業が増えている．

2）異業種の施設を共有する物流施設

　共有経済（Sharing Economy）の時代であると言われる今日，韓国でも共同配送だけでなく，施設またはスペースを共有して，即時配送に挑む動向も増加している．たとえば，クーパンは，製油会社である現代オイルバンクと 2019 年 10 月に「ガソリンスタンド基盤の物流拠点構築のための MOU」を締結した．コロナ禍中，人流が制限された反面，電子商取引によるラストマイル物流が増加したため，ガソリンスタンドをクーパンの‘ロケット配送’のための MFC として利用する構想である．現代オイルバンクは，遊休空間をクーパンに貸して利益を得て，クーパンは即時配送を利用して売上の増加を図る Win-Win 戦略である．

　また，2021 年 8 月には CJ 大韓通運も SK エネルギーと協約を結び，都心部にある SK エネルギーのガソリンスタンドを，CJ 大韓通運の電気自動車の充電が可能な MFC として利用することにした．2022 年 12 月には，電子商取引事業の Naver も SK エネルギーと「都心物流サービスの共同開発と未来技術協力」の協約を締結した．Naver のマーケットプレイスに出店した中小販売事業者の商品をライブコマースで販売し，事前にガソリンスタンドの MFC に入庫していた当該商品をライブ放送の開始から即時配送するビジネスモデルを構想中にある．

　一方，同じくエネルギー会社である GS カルテックスは，2023 年 11 月に独自の MFC を整備し，本格的に物流事業に参入した．2022 年 9 月にソウル市

と業務協約を結び，国土交通部の「デジタル物流サービスの実証事業」に選定され，11 月にガソリンスタンドの敷地に，オートストア・システムを導入した MFC を着工した．現在は，6 台のロボットにより，一日に 3600 箱が自動処理されているが，今後はドローンによる配送も実施する計画である．同社は，2021 年から共有型倉庫のコンセプトとして，IKEA など多数の企業と連携し，自社のガソリンスタンドをピックアップポイントとして共有していた．また，宅配事業者の Mesh Korea の MFC として協約を結び，2023 年から無人の MFC を運営している．

　以上のように，韓国では，都心に多数の施設を保有しているエネルギー事業者と，電子商取引事業または物流事業者が空間を共有する動きが拡大している．ガソリンスタンドに宅配ボックスを設置するだけでなく，MFC を整備する例も増加している．

　今後の韓国の物流において，共有経済は重要なキーワードになると考える．その一例として，ソウルメトロを運営するソウル交通公社は，地下鉄を利用した宅配サービスをおこなっており，2021 年から「国家研究開発事業」として地下鉄を利用した「都市物流の開発事業」を進めている．2025 年後半には，一部の車両基地内に大型物流センターを設置し，また宅配専用の地下鉄を試験的に運営する計画にある．

　今後も生活物流の需要は増加すると予想されており，クイック・コマースや即時配送のために，共有経済を利用した MFC などの都心型物流施設が増加すると考えられる．ただし，MFC の運営により，周辺の中小商人の商圏が侵害されるおそれがあるとの批判もある．同様の理由で，韓国の大規模小売店の営業時間を規制した例がある．大規模小売店により周辺の中小商人の商圏が侵害されていることから，2012 年に「流通産業発展法」などを改定し，月に 2 日を休日にすることを義務化し，夜 0 時から午前 10 時までは営業や配送業務を禁止する規制を導入した[26]．この経験からすると，MFC の運営が中小商人の商圏を侵害すると判断される場合は，今後の都心型の MFC の存立にも影響を与えるであろう．

6・3　物流基本計画からみる 2030 年の物流未来像

(1) 2030 年の物流未来像の背景となる外部環境の変化

　韓国では，トップダウン式の意思決定が行われる場合が多い．韓国の企業活動においても，政府の政策や推進事業に対応する形で，企業の戦略や事業内容を決定する．そのため，今後の物流を考える際には，政府の考え方を理解することが重要である．

　韓国の最新の「物流基本計画（2021 〜 2030）」では，今後の社会の変化に対応するための近未来の物流像を示している．以降では，韓国の政府が示す「2030 年の物流未来像」について述べる．

　まず，韓国の政府は「2030 年の物流未来像」の構想における根拠を示すために，PEST 分析を行った．PEST 分析とは，外部のマクロ環境を政治（Politics），経済（Economy），社会（Society），技術（Technology）の 4 つの視点で分析するツールである．韓国の政府は，**表 6-8** のように，政策与件の変化，経済構造の変化，社会構造の変化，技術の発展，の 4 つの視点別にトレンドと具体的な内容を示している．

　政府は，政策与件の変化と経済構造の変化から，政府の役割の重要性を強調している．つまり，国際化が深化しており，経済活動だけでなく，情報やリスクも国際化しているため，それを管理する政府の役割を強調している．そして，経済が国際化されるなか，保護政策を施している国もある．また，環境対策を講じる必要性が世界で認識されている一方で，世界の政情が混乱している現況を考慮して，政府の役割がますます重要であると示している．

　また，社会構造の変化と技術の発展から，今までとは異なる新しい社会が到来すると見ている．韓国は少子高齢化が最も深刻な国であり，一人暮らしの世帯が増加している．また，人口の多くが都市に住んでおり，地域間の不均衡だけでなく，都心における住居問題や環境問題など，多くの不の経済が生じている．このことから，今までの産業構造や企業活動のあり方では，持続可能な成長が困難であると指摘している．一方で，新しい技術により，今までにない産業や雇用を創出することが可能であると考え，新しい技術を駆使した新しい社会が到来すると示している．

表 6-8　韓国の「2030 年の物流未来像」の構想における変化

視点	トレンド	主要な内容
P 政策与件の 変化	デジタル経済の イニシアティブ競争	・デジタル標準化におけるイニシアティブ確保の競争激化 ・サイバー戦争の危険性
	エネルギー自立型社会への転換	・環境にやさしい政策への要求の増加 ・資源不足
	政府の役割の拡大	・少数のプラットフォーム企業の独占 ・新旧市場のコンフリクト調整の役割が必要
	政策の核心価値の変化	・従事者と消費者の保護への要求の増加 ・社会セイフティーと福祉政策への要求の増加
E 経済構造の 変化	サービス中心経済への再編	・付加価値と雇用創出効果が高いサービス産業の割合が増加 ・デジタル技術を活用した全産業のサービス化
	デジタル経済圏の出現	・すべての経済活動がデジタル空間にて進行
	共有経済への転換	・所有ではない共有の概念への転換
	世界経済の構造変化	・世界経済の主導権が米国から中国やインドなどに拡大 ・自国中心の保護貿易基調
S 社会構造の 変化	人口構造の変化	・高齢化および生産可能人口の減少 ・単独世帯の増加
	都市集中化	・人口の都市集中の継続 ・都市問題の解決のためのスマートシティー化
	ライフ価値の変化	・ライフクオリティの向上への要求の増加
	雇用形態の変化	・技術発展による産業構造と雇用形態の変化
T 技術の 発展	スーパーネットワークの時代	・全データがリアルタイムでネットワーク化する時代 ・次世代の通信網の出現
	スマート社会への転換	・AI とビッグデータの融合による産業のスーパーインテリ化
	データシステムの変化	・IoT から IoB（行動のインターネット）への進化 ・My data 時代の到来

（出所）「物流基本計画（2021 ～ 2030）」pp.21-30 を基に筆者作成.

(2) 2030 年の物流未来像

　韓国の政府は，上記の PEST 分析により今後の社会を展望し，今後の社会における 6 つの物流像を描いた「2030 年の物流未来像」を提示している．以下にその内容を概略する．

　第 1 に，尖端スマート技術を基盤とした物流システムの構築と DX 物流である．既存の物流には人手による作業が多いが，今後はスマート物流を実現することである．スマート物流は，IoT（Internet of Things: モノのインターネット）や IoB（Internet of Behaviors：行動のインターネット）[27] そして AI などによる需要予測，自動化と無人化によるシームレスな物流，そしてデジタルツイン（Digital Twin）[28] や次世代の通信網を利用したボーダーレスな遠隔管理を可能にすることを目指している．これが実現すると，たとえば，消費者の家にある冷蔵庫の中の在庫が自動で管理され，消費者の消費パターンを考慮した自動発注がおこなわれる．その後，物流センターではロボットによるピッキングや包装の作業がおこなわれ，配送も自律走行車と配送ロボットによりおこなわれる．要するに，受発注活動や物流活動を含む，ロジスティクスの完全自動化と無人化を目指している．

　第 2 に，絶えない物流サービスのための共有インフラとネットワークの構築である．都市計画の段階から物流施設の機能や立地を考慮し，スマート物流センターを整備し，共同で利用することを目指している．これが実現できると，物流コストの削減が可能になり，また，都市内の課題の解決につながると期待している．

　第 3 に，人間中心の雇用を創出する物流である．既存の物流産業は 3K 産業として認識されており，短期雇用や委託雇用など，コスト削減のための雇用形態が多かった．今後は，ロボットや自動化などと結合し，安全な労働環境を提供する物流に転換することを目指す．これが実現すると，物流産業において女性や高齢者を含む，雇用のダイバーシティが推進できると期待している．

　第 4 に，持続可能な物流産業である．既存の化石燃料を利用している物流から，カーボンニュートラルを実現した安全な物流への転換を目指している．また，セキュリティーの強化と防災システムなどの構築により，安全・安心の物流を実現することを目指している．これによって，環境と人にやさしい物流が可能となると期待している．

　第 5 に，未来対応型の物流産業である．保守的かつ排他的であった既存の物

流から，新しいビジネスや新しいアイデアが活躍できる物流への転換を目指している．特にピラミッド構造の多い物流産業であるが，今後は共栄できる物流産業を実現するとともに，貨物運送市場の先進化を目指している．

第 6 に，グローバル経済の変化に対応する戦略的な海外市場への進出である．今までは，グローバル・サプライチェーンにおいて柔軟な対応が難しかったが，今後は国際物流インフラとネットワークを拡大し，柔軟かつレジリエンス力の高いグローバル・サプライチェーンマネジメントを目指している．これによって，世界における一流の物流企業として成長し，韓国が東北アジアにおける物流ハブとしての地位を高めると期待している．

韓国の政府は，以上のように，今後の物流像を示しているが，抽象的な概念が多い．しかしながら，前述したように，政府の考え方を理解することは，企業の戦略の策定に役立つ．政府が示した上記の物流像を目指して，既存の政策や制度が変更され，また，新しい政策や制度が立案される可能性がある．その方向性や実現可能性については検討が必要であるが，それについては今後の研究課題としておきたい．

注

1）貨物自動車の種類が，バンタイプ，トップを装着した一般型および特殊用途型の貨物自動車に拡大された．また，6 年以上の宅配従事者の場合，2.5 トン以下の貨物自動車まで対象とした．

2）Michang は，当時の会社名の「米穀倉庫」の略語である「米倉」の韓国語読みである．

3）高速バスを利用した書類や小貨物の託送が違法であると解釈され，その後，取り締まりが強化され高速バスの託送はなくなった（物流新聞 2018. 6.1. 記事「配送速度の変遷史と企業の変化」）（https://www.klnews.co.kr/news/articleView.html?idxno=117675,2024 年 7 月 8 日閲覧）．

4）韓国の最大の海運会社であった韓進海運は，2016 年 8 月に日本の会社更生法にあたる法定管理を申請し，2017 年 2 月に破産している．

5）擺撥馬（朝鮮後期に緊急軍事情報や公文書を伝えるために使われた馬）の韓国語読みである．

6）運輸業調査における宅配事業者の売上高であり，宅配サービス業の他の業務から発生した売上高も入っている可能性がある．

7）物流新聞 2023.5.10 記事「2022 年主要物流企業の事業別実績分析」のデータに基づいている（https://www.klnews.co.kr/news/articleView.html?idxno=308079, 2024 年 7 月 15 日

閲覧）．CJ大韓通運の連結売上高は，宅配事業（約30%）の以外に，CJグループ関連事業（約24%），グローバル事業（約46%），建設事業（約6%）の売上高である．ロッテグローバルロジスの場合は，宅配事業（約34%），SCM事業（約31%），グローバル事業（約35%）の合計である．韓進の場合は，宅配事業（約45%），グローバル事業（約16%），陸運事業（約15%），荷役事業（約14%），車両事業（約10%），海運事業（約1%）の合計である．

8）KiLAのデータは国家物流統合情報センターにて物流統計として公開されている．

9）日本ではbibigoという食品のブランドで有名である．

10）オネと読み，韓国語で‘来るよ’という意味．

11）SSGは，日本語の‘さっと，すっと’を意味する韓国語の音．

12）アプリケーションと小売業の消費者行動の分析内容を販売するオンライン事業者（一部無料）（https://www.wiseapp.co.kr/insight/detail/402, 2024年7月22日閲覧）．

13）宅配事業は標準約款（第13条）では，日本と同様に，受取確認をおこなうことになっており，不在の場合は書面（不在中訪問表）を通知するようになっている．ただ，通常は配送者と荷受人が携帯電話などのメッセージを利用して，玄関前などに置くように習慣化されている．多くの場合は配送者が携帯電話で配送後の写真またはメッセージを荷受人に送り，配送完了を通知する．

14）クーパン・ニュースルーム 2022.8.1.記事.
https://news.coupang.com/archives/18754, 2024.3.27.記事. https://news.coupang.com/archives/37563 （2024年7月22日閲覧）．

15）新東亜 2024.1.25.記事「クーパン，宅配業界1位CJ大韓通運を猛追撃」．https://shindonga.donga.com/economy/article/all/13/4693771/1 （2024年7月22日閲覧）．

16）YTNニュース　2020.10.22.記事「‘本社→代理店→宅配ドライバー’下請負構造...“責任はドライバーに”」（https://www.ytn.co.kr/_ln/0103_202010220548004512, （2024年7月22日閲覧）．

17）2021年8月には代理店の店主がこの葛藤によって自殺した事件が報道され，大きな話題となった．この経緯などは京郷新聞の2021年9月14日の記事「宅配ドライバーと代理店の葛藤に隠れた‘本当の甲’の宅配会社」に詳しい（オンライン版はhttps://www.khan.co.kr/national/labor/article/202109140600031）．

18）物流新聞 2011.8.22.記事「グラフから見た宅配業界の実態と宅配単価の正常化の必要性」で2000年と2010年の販売価格が比較されている．これによると，白菜は150ウォンから1200ウォンに，牛肉は10900ウォンから37500ウォンに，バス料金は500ウォンから1000ウォンに増加している（https://www.klnews.co.kr/news/articleView.html?idxno=101977, 2024年7月20日閲覧）．

19）物流新聞 2016.3.25.記事「政府，1トン営業用ナンバープレート体系転換検討か」による

と，1トン貨物自動車のナンバープレートを他の事業者から買う場合，車両の価格の他に，プレミアム（営業権利金）という名目で払う金額が 2800 万ウォンであった．2～3 年前の 1200 万ウォンから急増している（https://www.klnews.co.kr/news/articleView.html?idxno=113236, 2024 年 7 月 25 日閲覧）.

20）KBS 2016.6.5.『取材ファイル K』映像（https://news.kbs.co.kr/news/pc/view/view. do?ncd=3290718, 2024 年 7 月 25 日閲覧）.

21）この方案にて，用達・個別・一般の 3 区分であった運送事業を個人・一般の 2 区分に改編することが示され，2018 年に「貨物自動車運輸事業法」が改定された（改定法の詳細は 5 章参照）.

22）そのほかに，化学物質管理法，食品衛生法，関税法など，他の法による倉庫の総面積が 7686 万 m^2 である.

23）CUSHMAN&WAKEFIELD 2023, "Korea Logistics Market Report", Savills 2024 "Korea Logistics Market Outlook".

24）予備認証は，まだ完工されていない物流センターを対象としている．建築許可を取得し，設備などの設計が終わった段階で申込みが可能である．物流センターの建設が完了し，使用承認を受けてから 1 年以内に本認証の審査を受けて確定する．パストは 2023 年 3 月に本認証を取得した.

25）韓国経済 2023.8.7. 記事「優雅な兄弟達，B マートおいて……コンビニ配達拡大する理由」https://www.hankyung.com/article/202308070893i（2024 年 10 月 27 日閲覧）. 毎日経済 2024.3.29. 記事「生必品売り配達直接したら……配達の民族，営業益 65％ アップ」https://www.mk.co.kr/news/business/10977589（2024 年 10 月 27 日閲覧）.

26）2024 年に入り，この規制を緩和する議論がおこなわれている.

27）IoB は，IoT から派生した造語であり，人間の行動や習慣のデータをインターネット上で収集・分析する技術である．アメリカの IT コンサルティング企業であるガートナー社によってトレンドワードに選出され，最近注目されている.

28）日本の情報通信白書（令和 5 年版）では，デジタルツイン（Digital Twin）を "現実世界から集めたデータを基にデジタルな仮想空間上に双子（ツイン）を構築し，様々なシミュレーションを行う技術である" と定義している.

第 7 章

産官学による物流教育

　韓国における物流需要は，国際物流や国内物流を問わず増加すると予測されている．しかし，物流供給面では，労働力の高齢化だけでなく，人材不足が懸念されている．そのため，産官学の連携で物流人材を育成する努力をしてきている．本章では，物流供給の視点から物流教育についてその現状と課題を明らかにする．ただし，船員養成については 4 章で述べているので，本章では船員教育は対象外とし，学校における物流教育（7・1）と，その他の民間による物流教育（7・2）について説明する．そして，韓国の物流教育の課題を考察する（7・3）．日本の総合物流施策大綱においても，物流人材の育成が推進課題としてあげられている．しかし，日本には総合的なカリキュラムを提供する物流学科等がごく少数の大学に限られる［国土交通省 2023］．本章で述べる韓国の物流教育は今後の日本における物流教育にも大いに参考になろう．

7・1　学校による物流教育

(1) 物流教育を専門とする高校

1) 韓国の教育制度

　韓国の教育制度は，日本と類似している．初等教育が 6 年間であり，学齢は 6 歳である．そして，前期の中等教育として 3 年間の中学校を卒業すると，後期の中等教育として 3 年間の高等学校（以下，高校）に進学することができる．高等教育である大学に進学するためには，高校を卒業するか，検定試験に合格し，高校卒と同等の学歴を持つ必要がある．

　韓国の高校は，教育課程の運営と学校の自律性によって，一般高校，特殊目的高校，特性化高校，自立型高校に区分されるが，高校の区分にかかわらず，卒業すると同等の学歴となる．ここで，特殊目的高校は「初中等教育法施行令」の第 90 条第 1 項により，特殊分野の専門的な教育を目的とする高校と定義されており，科学（同項第 5 号），外国語（同項第 6 号），芸術や体育（同項第 7 号）の分野の専門的な教育を提供する高校である．そして，2008 年から導入さ

れた職業教育制度により，同項第 10 号が新設され，産業需要マッチング型高校が加わった．これは"産業界の需要に直接連携されたマッチング型の教育課程を提供する高校"と定義されているが，一般には「マイスター高校」と呼ばれている．マイスターは，職人を意味するドイツ語の Meister であり，専門知識と技術を兼備する将来のマイスターを育てることが職業教育制度の目的である．教育の内容に産業需要が反映され，国や産業からの奨学金が学生に支給される．4 章で述べた釜山海事高校と仁川海事高校も，特殊目的高校であり，マイスター高校として指定されている．

　一方，特性化高校は，特定分野の人材養成のために，実習と体験教育を専門的に実施する高校であり（同施行令第 91 条），工業高校や商業高校を含め，専門分野への就職に必要な教育を提供する．上記のマイスター高校とともに，特定産業の就職に必要な専門知識や技術を教える高校である．韓国教育部の「学校統計[1]」によると，2024 年時点でマイスター高校は 53 校あり，学生数は 1 万4000 人以上である．特性化高校は 465 校あり，14 万 7000 人以上の学生が在籍している．

2) 韓国における物流専門の高校

　韓国では，船員を養成する海事高校の他に，物流を専門として教育する高校がある．特性化高校として永宗国際物流高校（仁川市所在）と京畿物流高校（平澤市所在）があり，マイスター高校として韓国港湾物流高校（光陽市所在）がある．また，釜山市は 2026 年に釜山港湾物流高校を開校する計画にある．以下に 3 校の物流高校について概要を述べる．

　まず，永宗国際物流高校（Yeung Jong International Logistics High School）は，仁川国際空港と仁川港に近接していることもあり，国際物流分野に特化した特性化高校である．1971 年に永宗商業高校として設立され，1996 年には航空分野の情報教育を提供する仁川航空情報産業高校に改名したが，2002 年に永宗情報高校に改名した．その後，2005 年に現在の永宗国際物流高校に改め，国際物流科を設けた．

　2020 年には教育部の「職業系高校のリストラクチャリング事業（2021 年度事業）」に選ばれ，2021 年に国際関税科を新設した．2023 年まで 6 億 5000 万ウォンの支援を受け，教育内容の開発と教育環境の改善を実施した．また，同じく2020 年に国土交通部の「物流専門人材養成事業」の対象校に選定され，2024

年まで合計 2 億 5000 万ウォンの支援を受け，フォークリフト資格取得の支援，国内外の物流産業の見学，奨学金の支給などに利用している．

国際物流科と国際関税科は各 2 クラスあり，各クラスの入学定員は 20 人（合計 80 人）である．同校によると，2023 年の就職率は希望者比 89.6%（卒業生比 67.2%）と，全国の最上位である．なお，80% 以上が物流や関税分野に就職している．

次に，京畿物流高校（Gyeonggi Logistics High School）は，1955 年に安中商業高校として設立されたが，1956 年に開校してすぐに安日商業高校に改名した．そして 1976 年には安日女子総合高校に変更したが，2006 年には平澤安日物流高校に再編成され，2010 年には現在の京畿物流高校に改名した．

同校には，国際物流科と国際経営科がある．入学定員は各 75 人（合計 150 人）であったが，2024 年から融合ソフトウェア科（25 人）が新設され，国際経営科の定員が減らされた（50 人）．国際物流科の定員は 75 名（3 クラス，各 25 人）を維持している．

国際物流や国際経営に特化している高校であり，専門教育のほかに英語や中国語の教育も充実している．また，物流企業への就職のために，フォークリフト教育の施設も完備しており，資格取得を支援している．しかし，卒業生の多くは進学している．2023 年度の卒業生（149 名）の約 60% の 88 名が進学し，17% の 26 名のみ就職している．2022 年度も卒業生の 62% が進学し，22% の 33 名が就職している．就職率は低いものの，就職先としては，物流企業や関税関連企業が多く見られており，少なからず物流産業へつながっている．

最後に，韓国港湾物流高校（Korea Port Logistics High School）は，光陽港がある光陽市の津上面に位置しており，1948 年に津上学院として認可され，1953 年に光陽東高校として設立された．その後，津上農業高校（1954 年），津上実業高校（1969 年），津上総合高校（1973 年）に続いて再編成された．そして 2006 年 3 月に港湾物流科の 2 クラスを新設し，同年 8 月には特性化高校として指定を受け，港湾情報システム科の 3 クラスを新設した．それを受け，2007 年には校名を現在の韓国港湾物流高校に改名した．さらに 2009 年にはマイスター高校として指定され，学制を物流装備技術科と物流システム運営科に改編した．

同校は，毎年約 100 人の入学生を受け入れて，港湾物流に特化された教育を提供してきたが，近年は定員が 90 人となっている．同校もマイスター高校であるため，学費などが免除される．

　卒業後の就職率は高く，2012年の71%（66人）から増加し続け，2016年には93%（91人）まで増加した．その後は減少に転じ，2019年には80%になっている．それ以降の就職率は公開されていないが，コロナの影響もあり，就職人数は2020年（68人），2021年（69人），2022年（55人），2023年（52人）と減少傾向にあった．ただ，同校の平均就職率は80%を超えており，そのほとんどが物流産業に就職している．物流分野のマイスター高校として大きく貢献している．

(2) 大学における物流専攻

1) 物流教育政策による物流学科の新設

　韓国では1990年代後半から，物流の重要性に対する認識が向上し，国家物流費の低減や企業の物流システムのさらなる改善が強く求められるようになった．そのため，ハード面で物流インフラを拡充しつつ，ソフト面では物流システムを運営・管理する物流専門家を養成することを推進した．そこで1995年末に「貨物流通促進法」を改定し（1996年6月施行），物流技術の振興のための研究機関および団体を育成することと，研究課題や研究者を指定し支援することなどが法律によって新設された（同法第48条の9ないし12）．また，後述する「物流管理士制度」も導入された（同条の13）．

　物流人材の育成のために，2000年代に入ってからは，物流専門家の育成が政策として施行された．特に，2006年に発表された「2次国家物流基本計画 (2006-2020)」には，推進計画の一つとして "物流専門人材の育成のための制度的支援の強化" が挙げられており，その具体的な事業の一つとして "物流専門人材の養成機関の育成および支援" が取り組まれている．すなわち，物流人材を養成するために，大学や大学院などの物流教育機関を先に育成する政策である．

　国の物流人材育成の政策の影響で，既存の学科名に物流を入れて再編成する大学が多くあった．たとえば，太田大学，培材大学，漢陽大学，東義大学，韓国交通大学，韓国海洋大学，西京大学などでは，既存の貿易学科，流通学科，経営学科，交通工学科，システム工学科などの学科を，国際物流学科，貿易物流学科，流通物流学科，航空物流学部，交通物流工学科，物流システム工学科などに学科名を変更している．

　そして，物流関連学科を新設する大学も多くなった．たとえば，仁荷大学，

仁川大学，中央大学，聖潔大学，世翰大学，君山大学，順天大学など多くの大学が物流関連学科を新設した．学科名も，上記の学科名の他に，亜太物流学部，東北亜国際通商物流学部，スマート物流学科，グローバル物流学部，情報物流学科，経営物流学科，物流ビジネス学科など多様である．2024年時点で，物流学科などを設けている大学は30校以上ある．

2）物流学の教育科目の例

このように，韓国では文系や理系を問わず物流を専門とする学科が多く，学ぶ科目も極めて多様である．ここでは，理系と文系にわけてランダム方式で2大学を例にとり，専門科目を紹介する．まず，理系として西京大学（https://www.skuniv.ac.kr）の物流システム工学科（Department of Logistics System Engineering）を例にとる．同大学は，1947年に「韓国大学」として設立されており，1992年に現在の大学名に変更されている．同学科は1990年に産業工学科として新設されて，2014年には産業経営システム工学科に再編成された．その後，2019年には物流システム工学科に学科名を変更し，2020年から定員40名が入学している．同学科の教育目標は，"SCMの理論的かつ実務的な知識を涵養し，グローバルSCMの中で，複雑で多様な物流の課題を解決するとともにそのシステムを設計する物流専門家を養成すること"としている．そして，専門科目数は，現在，37科目である（同学科のカリキュラム）．専門コア科目として，統計学，OR，SCM，線形計画法があり，その他に，物流管理論，貨物運送論，保管荷役論など物流機能に関する理論科目がある．さらに，物流英語，物流サービス品質実務，物流マーケティング実務，ビッグデータコンピューティング実務，物流コンサルティング実務，フォーワーディング実務など，理論と実習を融合した科目も多い（表7-1）．

次に，文系として仁荷大学（https://www.inha.ac.kr）の亜太物流学部の専門科目を見てみる．同大学は，1952年，韓国戦争中に，当時の大統領とハワイへ移住した韓国人団体が，当時の韓国の技術レベルを向上させるために大学を設立することを決め，1954年に工科大学として開校した．そして1968年には，大韓航空や韓進海運（2016年に破産）を持つ韓進グループが学校法人を引き受け，総合大学として現在に至る．同大学の亜太物流学部（Asia Pacific School of Logistics）は2004年3月に新設されており，その目標は"実用的知識と国際感覚を持つグローバル物流専門経営人を育成する"ことである．

表7-1　西京大学の物流システム工学科の専門科目

専門コア科目	理論科目	理論と実習の融合科目	
統計学基礎 線形計画法 OR SCM	物流システム工学入門 物流管理論 貨物運送論 保管荷役論 国際物流論	経済性分析 創意工学設計 物流統計 物流標準化システム グローバル ERP 需要予測と在庫管理 生産物流 物流意思決定 物流原価工学 物流会計 キャップストーンデザイン 1, 2 物流配置と立地 Python プログラミング	物流データ分析 SCM 設計シミュレーション 流通網設計 物流英語 電子貿易実務 電子商取引実務 物流マーケティング実務 ビッグデータコンピューティング 実務 物流コンサルティング実務 フォワーディング実務 物流サービス品質実務 物流システム分析と設計 物流自動化と ICT

（出所）西京大学の物流システム工学科カリキュラムマップを参考に筆者作成（https://ls.skuniv.ac.kr/ls_curriculum_table_board，2024 年 6 月 10 日閲覧）.

　特に，同学部は，前述の韓国政府の "物流専門人材の養成機関の育成および支援事業" における物流特性化大学として選定され，学部設立の前年の 2003 年から 2008 年までの 5 年間，国の支援を受けた．募集定員は 2025 年度入試基準で 36 名である．同大学は学部制であり，物流学部になっているが，サプライチェーンマネジメントの分野と，国際物流と産業の分野に細分されている．同学部で提供する科目は，物流理論から先端技術に加え，外国語まであり，合計 72 科目である（**表7-2**）.

　仁荷大学は 2004 年 3 月に亜太物流学部を設立し，同年 9 月には大学院においても物流学科を設立して運営していた．その後，2006 年 9 月には物流専門大学院を設けることになった．韓国で初めての物流専門大学院である．韓国における物流専門大学院の設立も，上記の "物流専門人材の養成機関の育成および支援事業" の一環であった．つまり，政府の政策である「東北アジア経済中心地化戦略」と「企業の物流革新を先導するグローバル物流専門家の養成」の推進課題の一つとして，物流修士と物流博士を養成することがあった．そこで建設交通部（当時）は，2005 年 9 月，全国の大学に物流専門大学院を設立・運営する事業を公募した．審査の結果，仁荷大学が選定され，2006 年 3 月に教育人的資源部から認可を得て，同年 9 月から物流専門大学院を運営することとなった．国から 5 年間にわたり 100 億ウォン（毎年 20 億ウォン）の支援を受け

表 7-2　仁荷大学の亜太物流学部の専門科目

専門コア科目		SCM	国際物流と産業	
物流管理論	調達物流	製造物流	国際通商の理解	海上運送論
物流システム分析	流通物流	物流サービス運営	航空運送論	航空物流論
国際物流論	物流会計	貨物運送論	物流計量分析	物流法の理解
物流経済論	物流意思決定論	SCM	物流産業論	物流政策論
ビジネス英語 1，2	グローバルソーシング	SC 計画と運営	グローバル物流論	グローバル物流市場分析
海外物流研修 1，2	電子商取引と物流	CJ 物流ビジネス 1	グローバル経済と物流	国際物流の実務
	CJ 物流ビジネス 2	グローバル SC 戦略と事例	国際運送法	海運サービス経営
	物流ネットワーク分析	鉄道物流と産業	航空サービス経営	港湾経営論
	物流情報システム	保管荷役論	空港経営論	国際運送保険論
	物流シミュレーション	物流パッケージング	船舶金融論	グローバル物流と E トレード
	物流新技術と革新方法論	物流 AI プログラミング	中国物流市場分析	地域物流市場分析
	物流施設計画と運営	CJ 物流コンサルティング方法論と事例	物流法規	物流投資分析
	物流技術経営	物流保安と安全	陸上運送市場分析	海運産業経済論
	物流コンサルティング	物流ビジネスモデリング	航空産業経済論	物流需要分析
	就業力量強化セミナー		国際複合運送	国際フォワーディング
			グローバル物流革新セミナー	物流計量分析論
			需要予測	物流産業政策事例分析
			資源とエネルギー物流	

（出所）仁荷大学の亜太物流学部カリキュラムを参考に著者作成（https://apsl.inha.ac.kr/logistics/4456/subview.do，2024 年 6 月 10 日閲覧）.

ることになり，物流に関する産学から注目が寄せられた．この支援金から，修士課程の 75 名（MBA 課程を含む）と博士課程の 5 名の全員が奨学金を受けながら，国内外の講師からの講義を受けた．課程を修了すると，物流学修士（Master of Science in Supply Chain Logistics と Master of Science in Global Supply Chain Logistics）と物流学博士（Doctor of Philosophy in Supply Chain Logistics Management）の学位が授与される．

　仁荷大学は，学部や大学院のみならず，国際物流に関係する非学位教育課程として，韓国貿易協会とともに「グローバル物流ビジネス最高経営者課程（GLMP）」も運営している．この課程は，同大学の物流専門教育と貿易協会のグローバルネットワークおよび国際ビジネスの経験を連携し，グローバル物流システムの高度化を目的として開設された．また，2020 年から 2024 年まで，政府や韓国統合物流協会と連携した「グローバル物流人材養成事業」も運営している．グローバル物流人材の育成という国の政策を実施するための，産学官連携による教育事業である．

7・2　官民による物流教育

(1)　韓国統合物流協会による物流教育

　物流産業に関する団体も物流の教育をおこなっている．代表的な団体が韓国統合物流協会（Korea Integrated Logistics Association：以下 KiLA）である．KiLA は物流政策基本法の第 55 条に基づいて，国土交通部長官の認可を得て 2009 年に設立された特殊法人である．従来の韓国物流協会，韓国物流倉庫業協会，認証総合物流企業協議会，コンテナ運送 CY 事業者協議会，宅配事業者協議会が統合した形で設立された．KiLA の設立目的は，"物流産業の競争力強化と会員企業の物流先進化および権益伸長のための，物流関連調査，研究，政策提案，政府の業務代行および物流専門人材の養成と普及，物流革新の活動などに寄与すること"である．2014 年 3 月 31 日には国土交通部の指定を受け，「国家物流統合情報センター」も運営している．なお，後述する物流管理士の資格証明書の管理事業も担当している．

　KiLA の組織は，上記の目的に沿った事業をおこなうため，会員支援部門と物流事業部門に分かれている．前者は経営支援チーム，会員サービスチーム，生活物流支援チームの 3 つに細分され，後者は人力開発チームと協力事業チー

ムの 2 つに細分されている．主要事業としては，物流部門における唯一の政府褒賞制度である韓国物流大賞を国土交通部と共同主管・主催しており（会員サービスチーム），宅配車両の許可管理や宅配事業者の支援事業もおこなっている（生活物流支援チーム）．また，次のような物流教育事業もおこなっている（人力開発チーム）．

物流教育事業として，まず，「物流専門家教育事業」がある．そのなかでも代表的な教育課程が，2005 年，KiLA の前身の韓国物流協会の当時から実施している物流専門コンサルタント課程（Advanced Logistics Expert Course）である．物流産業団体がおこなう最初の専門教育課程であり，物流専門人材を養成することを目的としている．物流需要に応えるために，会員企業に教育需要を調査して教育内容に反映するなど，物流関連団体ならではの物流教育となっている．この課程を修了すると，物流コンサルティング業務に活用可能な物流指導士の資格証が付与される．年に 2 回募集しており，2023 年まで，物流企業のみならず製造業や流通業など237 企業や機関が参加し，約 900 人が修了している．16 週間の教育課程であり，週ごとに異なる内容の座学と国内外の物流現場研修で構成されている．2024 年 3 月から始まる 38 期の教育内容には，E コマースとフルフィルメント，DX 時代のプロジェクトマネジメント，物流 ESG 経営などが含まれており，理論や実務そして事例などを教育する．費用は KiLA 会員企業が 270 万ウォン，非会員企業が 320 万ウォンである[3]．

そして，国費による「国家人的資源開発コンソーシアム事業」の一環となる「物流戦略分野の人材養成事業」をおこなっている．国家人的資源開発コンソーシアム事業とは，雇用保険法施行令の第 52 条に基づき，雇用労働部と韓国産業人力公団が実施する教育事業である．在職中の個人の職務能力の強化を通じて，個人と企業の競争力を向上するように国が支援している．KiLA は 2011 年にコンソーシアム事業の運営機関として指定され，物流戦略分野の人材養成事業をおこなっている．物流企業だけでなく，業種を問わず，物流に関する教育課程を受けることが可能である．企業がコンソーシアム事業への参加を申請するだけで，その企業の従事者（雇用保険加入者）は教育を受けられる．中小企業の従事者であれば教育費の 100% の支援を受け，大手企業であれば 80% の支援を受ける．教育課程はほとんどが 2 日ないし 3 日（16 時間ないし 22 時間）の短期であるが，多くの課程が設定されている．たとえば，2024 年には，グローバル・ロジスティクス拠点の構築戦略，ラストマイルと都心型物流

の成功戦略，自律走行技術と活用，物流ビッグデータの構築と分析，物流センターのレイアウト設計など25課程が実施される．

　また，国費による別の教育事業として，特に若年層の物流産業への就職を促す「就業連携無料物流教育課程」がある．近年は，スマート物流事務者養成課程があり，大学卒業予定者など未就業者を対象とした事業である．80時間の教育を修了すると，関連する企業に連携する．国費支援であるため，教育費は無償であり，手当も支給される．

　最後に「物流・流通におけるAI能力強化の支援事業」がある．科学技術情報通信部の所管で，KiLAが主管する教育であり，その目的は"AIと物流産業を融合して物流デジタル革新（DX）をリードする専門人材を育成すること"である．教育課程は，リーダー課程，中間管理者課程，AI融合専門家課程など，職級別に設けられている．各課程は年間3回募集しており，教育課程によって異なるが，概ね6日間（48時間）の教育を実施する．

　以上のように，KiLAは産業需要を反映した多様な物流教育を自ら実施しているほか，物流専門人材の養成事業の一環として，物流関連の高校と大学を支援するなど，産学連携の教育事業にも取り組んでいる．たとえば，2010年11月に，契約学科の設置および運営に関して，仁川大学の東北亜物流大学院とMOUを締結し，2022年5月には，KiLA会員企業の人材育成のために，仁荷大学と産学MOUを締結した．

(2) 物流資格の物流管理士

　前述したように，韓国では1995年に「貨物流通促進法」が改定され，1997年に物流管理士（Certified Professional Logistician）の資格制度が導入されることになった．改定法の第2条にて物流管理士を"物流管理に関する専門知識を有する者として第48条の13による資格を収得した者"と定義しており，第48条の13には"物流管理士になりたい者は国土交通部が実施する試験に合格しなければならない"と示されている．なお，第48条の14において，物流管理士の職務範囲を"物流事業に関連して専門知識を要する事項について，計画・調査・研究・診断と評価，およびこれに関する相談・諮問など物流管理の必要な職務"と記している．

　物流管理士の資格制度は国土交通部が管轄しているが，資格試験の施行機関は韓国産業人力公団であり，毎年1回実施されている．試験に合格した者に

は，KiLAが資格証を発給する．試験を受ける対象には制限がなく，年齢や性別や学歴に問わず，誰にでも受験できる．試験科目は「物流政策基本法施行令」の第37条にて定められており，物流管理論，貨物運送論，国際物流論，保管荷役論，物流関連法の5科目である．このとき，同条第3項により，物流管理論，貨物運送論，国際物流論，保管荷役論が開講されている大学院にて，当該科目の単位を取得した修士以上の学位を得た人は当該科目の試験を免除する．なお，物流関連法は，物流政策基本法，物流施設の開発および運営に関する法律，貨物自動車運輸事業法，港湾運送事業法，流通産業発展法，鉄道事業法，農水産物流通および価格安定に関する法律を対象としている．

　この資格制度の有効性を堤高するために，物流管理士を採用する企業にもメリットを与えている．「物流政策基本法」の第54条において，"国土交通部の長官または市・道知事は，物流管理士を採用している物流関連事業者に対して他の事業者に優先して行政的・財政的支援を与えることができる"と定められている．このように，企業側からしても物流管理士を採用するメリットがあるため，物流管理士の資格を有する人の採用につながる．そのため，求職者にとっても物流管理士の資格が有利に働くことになる仕組みである．実際に受験者数が増加傾向にあり，韓国産業人力公団のデータ[4]によると，2019年の5495名から2023年の6816名へ大幅に増加している．合格率は，2019年には約27%であったが，2023年には約48%となった．このように，年によって偏差はあるが，最近5年間の平均合格率は約42%である．

　そして，韓国の雇用労働部が管轄する「明日の学びカード制度」があり，この制度を利用して物流管理士の試験に必要な教育を受けると，受講料が支援される．同制度は，日本の厚生労働省のジョブ・カード制度と同様であり，個人のキャリア形成のための生涯学習を支援する制度である．求職や転職または在職中の自己啓発を目標として，雇用労働部が認定する教育を受ける人に，5年間で300万ウォン（最大500万ウォン）まで支援する[5]．受講する科目や受講者の経済状況によって自己負担がない場合もあるが，一般的な自己負担は受講料の15%から55%となる．

　以上，韓国における物流人材の育成について明らかにした．高校や大学における物流教育は10代の学生が物流を知ることになり，長期的な視点からも物流人材の確保に肯定的な効果をもたらすであろう．また，社会人への物流教育も物流関連団体がおこなっており，より高度な物流教育につながっている．そ

のほかにも，物流管理士や生涯学習支援制度によって，誰にでも物流教育が受けられる．このような韓国の物流教育は，産学官の連携により進められていることが大きな特徴である．

7・3　物流教育の課題

(1) 物流産業の課題との乖離

　以上のように，韓国では，物流人材の育成に関する政策により，産官学連携の物流教育がおこなわれている．しかしながら，本書でも明らかにしたように，韓国の物流産業にはまだ零細な中小企業が多く，特に自動車運送事業においては労働力の確保が深刻な課題となっている．学校の物流教育は，物流産業における人材を育成し，物流産業に供給することを目的としているが，中小物流企業の課題に向いた教育ではない．

　要するに，物流産業において言われ続けている労働力確保の課題と，そのための物流教育が必ずしも密接に関係しているとは言えない．つまり，今の物流教育により，貨物自動車運送事業の雇用問題が解決するとは期待できない．貨物自動車の輸送分担率が90％以上であり，その産業の重要性は言うまでもない．もし，貨物自動車運送事業の労働力確保の課題を解決するための教育をするのであれば，IT を利用した輸送の効率化に関する教育，輸送の無人化に関する技術教育，完全無人化の後に必要な代替産業に関する教育などが必要であるかもしれない．

(2) 教育対象と教育内容の拡大の必要性

　学校の物流教育が物流産業の人材確保に与えた効果に関する研究やデータは見当たらないが，現在も，人材確保のために個別の物流企業が教育機関と直接連携する例が多数報告されている[6]．たとえば，LOGISALL は亀尾大学の特殊建設機械科とフォークリフト・エンジニアリング教育を，延世大学とはパッケージング技術教育を通じて，人材確保を狙っている．また，電子商取引の大手企業であり，物流企業も有しているクーパンは，全州大学の物流貿易学科にて就業連携型プログラムとして「クーパン物流の理解」の科目を開講し，同社の職員による授業もおこなっている．TAEWOOGLOGIS は人材確保のために，前述した永宗国際物流高校，京畿物流高校，韓国港湾物流高校を含む5つ

の高校と MOU を締結した．同社の職員による講義，実習，奨学金の支給など
から，優秀な人材を確保する目的である．

　物流企業が人材確保のために個別に学校と連携することは，物流専門の高校
や大学の卒業者が物流産業へ就業する比率が低い，もしくはその卒業者が十分
ではないためであると解釈できる．物流人材の供給のために必要な物流教育の
適切な規模とその効果に関する分析が求められる．

　そして，現在の学校教育では物流産業に関する内容がほとんどであるが，製
造業や流通業などの荷主産業に関する物流教育も必要であろう．物流は商流の
派生需要であり，物流企業の顧客は荷主企業である．また，韓国では荷主企業
による自家物流の割合が高い．そのため，荷主産業に関する内容も物流教育に
必要であろう．

　さらには，幅広い分野を対象として，物流の重要性に関する教育や物流産業
のイメージ改善に関する教育も必要であろう．このことは物流高校や大学の維
持拡大にもつながり，継続的な物流教育が可能となる．その結果として，韓国
の物流人材が増加するであろう．

注

1 ）ハイファイブ（https://www.hifive.go.kr/, 2024 年 6 月 3 日閲覧）．

2 ）同法は 2007 年全面改訂により 2008 年 2 月から「物流政策基本法」に変わっている．な
　お，同時の物流関連の政府組織は建設交通部であった．現在は国土交通部へと改名してい
　る．

3 ）海外研修費は参加者に限り別途かかる．

4 ）https://www.q-net.or.kr/crf005.do?id=crf00503&gSite=L&gId=61　（2024 年 6 月 17 日
　閲覧）．

5 ）75 歳以上，公務員，私学年金対象者，在学生，高額収入者などは，支援の対象外である．

6 ）KOREA LOGISTICS NEWS 2022.6.15「'人材を確保せよ'学校に行った物流企業」
　（https://www.klnews.co.kr/news/articleView.html?idxno=304817, 2024 年 9 月 24 日閲覧）．

第**8**章

韓国物流における今後の課題

　本章では，韓国物流における今後の課題について述べる．今まで確認してきたように，韓国では，まず，政府主導で物流インフラを整備し，物流産業を育成してきた．そして国家戦略として物流を位置づけてから，官と民の協力で物流のハードウェアとソフトウェアを構築してきた．さらに，産学官の連携による物流教育をおこなってきた．これらの努力もあり，韓国物流は1970年代以降の約50年間大きく成長してきた．

　しかしながら，まだ残されている課題も多い．長い間指摘され続けている物流企業の零細性や物流産業の多段階構造は，改善されているとはいえ，まだ改善の余地がある．そして，韓国ではまだ自家物流も多く，物流の効率性にかかわる課題もある．さらには，韓国の少子高齢化は世界一と言われるほど深刻化しており，新たな課題も考慮する必要がある．よって，本章では従来から継続して指摘されている課題をまとめ（8・1），少子高齢社会となった韓国の物流における新しい課題について考察する（8・2）．

8・1　韓国物流における継続的課題

(1) 物流産業における構造的問題

1) 零細性

　韓国の物流の発展過程を次のように示すことができる．1970年代の以前は，物流に対する認識がほとんどない時代である．政治，経済，社会が混沌としており，流通構造もまだなかった状態である．「経済開発5ヵ年計画」により，道路や港湾施設の本格的な整備が始まるものの，まだ貧弱であった．韓国の高度経済成長とともに，物流が本格的に始まった1970年代が韓国物流の発芽期となる．1980年代は韓国物流の開花期であり，物流機能をおこなう施設の法制度が整備され，物流の近代化が始まる時期である．1990年代は韓国物流の跳躍期であり，物流情報技術への投資が活発におこなわれ，また国際物流の重要性が認識された時期である [Beak et al. 2013]．

　当然のことながら，物流の課題は物流の発展過程によって変わる．1970 年代には，自動車貨物輸送に関連する課題が指摘されており，1980 年代には，ハードウェアの整備に比べて遅れている物流機能の合理化に関する課題が指摘されていた．そして，1990 年代には，戦略的な物流の不足が課題として指摘されている．

　このように物流発展の過程とともに主な物流課題が変化してきたものの，韓国物流における根本的な課題として長く続いている課題がある．産業における零細性である．特に自動車貨物運送事業や内航海運事業は，今も零細な企業がほとんどである．そのため，産業構造がピラミッド構造となり，多段階構造による非効率性や非合理性が続いている．

　物流産業におけるピラミッド構造による課題は，日本においてもしばしば指摘される課題であるが，韓国では自動車貨物運送事業における持込制が別の課題をもたらしている．前述したように，持込制による車オーナーは，法的には個人事業者でありながら，実際は労働者として働いている．そのため，一方では，事業者としての持込車オーナーに，大規模企業のような物流戦略の立案や物流への投資を期待することが難しい．他方では，労働者としての持込車オーナーが，他の労働者のような保護を受けることが難しい．

　零細性や産業構造は，非効率性や非合理性による物流品質の低下につながるおそれがある．さらには産業内の葛藤を引き起こしており，安定的な物流サービスを妨げる‘物流大乱（ストライキ）’を経験している．

2) 労働環境と安全性

　もう一つ，韓国物流産業において継続して指摘されている課題は，劣悪な労働環境と，それにともなう安全性の問題である．物流サービスを提供する労働者は，物流機能によって，多岐にわたっている．物流コンサルティングやフォワーダーなど一部を除き，物流現場で働く労働者の労働環境は，長い間課題となっている．そのため，3 章でも述べたように，2021 年に制定された「生活物流サービス産業発展法」では労働環境を改善することを定めている．

　近年の物流現場における労働環境について，クーパンの生鮮食品センターで非正規労働者（パートタイム）として働く人にインタビュー調査をおこなった（2024 年 6 月）．当センターは 24 時間 3 交代で運営されている．当センターでの業務はかなり細分化されており，決められた位置で，決められた業務をおこな

う．そのため，経験のない人であっても，約30分間の教育の後，すぐに業務を開始することができる．インタビュイーは，普段，17時から翌日の02時まで働いているが，休憩時間は食事時間の1時間のみである[1]．労働者にとって最も大変なことを聞く質問に対して，センター内の環境であると回答した．冷凍倉庫のみ防寒服があり，他の施設で働く労働者は，高温または低温に耐えないといけない．また，給与面においても"物流センターで働くだけでは，家族を養えることが難しい．そのため，ほとんどの労働者は女性である"と話された．男性の場合は，センター内で包装材やアイスパックなどを配給するなど，体力を要する業務に配置される．労働環境に比べて低い収入であるため，短期間で辞める人も多いという．ただし，短期間のアルバイトとして，需要も高いと述べられた．

　近年，物流センターの労働者や配送ドライバーの死亡に関するニュースが多く報道されている．高温多湿な物流センターでの長時間の労働による事故死や，配送時間に間に合わせるための過労による事故死などが多い．

　また，物流センターの火災事故も多々起きている．国土交通部が消防庁などと作成した「物流倉庫火災安全管理マニュアル (2021)」によると，2010年以降，毎年1000件以上の物流倉庫での火災が発生しており (建築時の火災も含む)，数十人の人的被害や数百億ウォンの経済的被害を出している．同マニュアルにて，2016年から2020年までの火災事故のデータが報告されている (表8-1)．この5年間，7227件の火災があり，55人が死亡し，203人が負傷した．特に2020年には大規模の火災が相次いだ．4月に工事現場で火事があり，38名が

表8-1　物流倉庫における火災被害と発生原因

	火災件数	人的被害 (名)			原因			
		小計	死亡	負傷	不注意	電気	機械	その他
2016	1,233	26	0	26	553	317	82	281
2017	1,696	41	2	39	827	419	88	362
2018	1,490	36	3	33	620	444	87	339
2019	1,392	43	4	39	645	403	57	287
2020	1,416	112	46	66	660	412	70	274
計	7,227	258	55	203	3,305	1,995	384	1,543

(出所) 国土交通部，消防庁，韓国建設技術研究院，韓国消防安全院『物流倉庫火災安全管理マニュアル』(2021)，p.5.

死亡し，7月には大型倉庫における火災により5名の死亡が報告されている．火災の原因を見ると，約半分が不注意によるものであり，約3割が電気によるものである．なお，電気による火災は，短絡や漏電，容量オーバー，接触不良が原因であり，普段の注意だけでも未然に防ぐことができるものである．

さらに2021年には，火災発生から6日後に鎮火されるほど大規模の火災がクーパンの物流センターで発生し，大きな話題となった[2]．

以上のような労働者の過労や火災などの事故は，労働環境を改善することで十分に防ぐことが可能である．さらに，労働環境を改善することは，安定的で品質の高い物流サービスの提供につながる．

3) 環境問題

物流産業における環境問題も長年続く課題である．1970年代における環境問題は騒音，振動，排気ガスの問題と，都心における渋滞問題が主要な課題であったが，近年の環境問題はより広範囲である．地球温暖化問題や資源枯渇問題に関する課題となっている．いずれにしても，韓国の物流産業のほとんどが貨物自動車運送事業であることが，環境問題の主因である．

韓国でも日本やヨーロッパを参考にモーダルシフトや共同輸配送を進めることが提案されている[3]．そして，全部改定によって2008年から施行された「物流政策基本法」においても，モーダルシフトへの支援が新設されていた．また，2009年には「持続可能な交通物流発展法」が制定されており，そこでもモーダルシフトの支援が定められている（第21条）．しかし，モーダルシフトが推進されている状況は明らかになっていない．

韓国は，国土が狭く，産業や人口が密集している．特にスピードを重視している韓国社会では，短距離に適しており，柔軟性の高い，貨物自動車すなわちトラックが最も合理的な輸送モードであると言える．そして小口多頻度の輸配送が一般的になっている現状で，さらにラストマイル物流が増加している状況を考えると，環境対策としてのモーダルシフトは理解するとはいえ，大量輸送に適した鉄道輸送や内航輸送に転換することが韓国ではむしろ非合理的であるかもしれない．モーダルシフトの一環として，環境にやさしい貨物自動車への転換を推進することが有効であろう．輸配送には電気自動車（Electric Vehicle）などを導入し，大都市などでの配送や宅配には電気自転車などを導入することが考慮に値するであろう．

（2）物流活動の非効率性

1）国家物流費からみる非効率性

もう一つ，韓国の物流において継続して課題として指摘されているのが物流活動の非効率性である．物流活動の効率性を分析する際に，国家物流費が用いられる例が多い．

韓国では，2000 年から国家物流費を算定しており，韓国交通研究院が「国家交通政策評価指標調査事業」の一環として，国家物流費を算定した報告書（以下，報告書）を公開している．この報告書では国家物流費を "輸送・保管・荷役・包装・物流情報および一般管理部門において荷主企業が支払うトータルコスト" と定義している．日本ロジスティクス協会が毎年調査報告する「物流コスト調査」のマクロ物流コストに当たる．

図 8-1 は，韓国の国家物流費（国際輸送費を除く）と，対 GDP 比率を示している．2001 年以降，韓国の国家物流費は大幅に増加してきた．2001 年に約 81 兆ウォンであった国家物流費は，2021 年まで実質基準で年平均 4.13% の増加を見せている（2015 年の生産者物価指数を適用した実質価値基準である．以降の内容の年平均においても同様である）．

2006 年には初めて 100 兆ウォンを超え，その後も，2009 年（前年比 3.7% 減少）と 2012 年（同 1.3% 減少）そして 2016 年（同 4.3% 減少）を除き，前年より増加してきた．特に 2020 年には急激に増加し，対前年比 26.2% の増加となる 235 兆ウォンとなった．翌年の 2021 年も，対前年比 19.9% 増加となり，282 兆ウォンを超えている．このように 2020 年以降，急激に増加した背景には，コロナによる影響で，電子商取引事業の増加とそれに伴う宅配や配送事業の増加がある．そして，GDP に対する国家物流費の比率は，2001 年の 11.4% から 2017 年の 9.0% まで減少傾向にあったが，2018 年（9.4%）と 2019 年（9.7%）は微増し，2020 年には 12.1% に大幅に増加し，さらに 2021 年には 13.6% まで増加した．

国家物流費を物流の機能別にみると，最も高い割合を占めるのは輸送費である．輸送費は 2001 年の約 55 兆 3000 億ウォンから 2021 年の 156 兆 4250 億ウォンまで，年平均 2.77% の増加を見せている．輸送費の割合は 2001 年に 68.5% であり，圧倒的な割合を占めていた．その後は 2003 年（76.8%）をピークに減少傾向に転じ，2021 年には 55.4% となっている．

輸送費に続くのは保管費であり，2001 年は 17 兆 9960 億ウォンであったが，2021 年には 105 兆 9310 億ウォンとなり，年平均 6.77% の増加となっている．

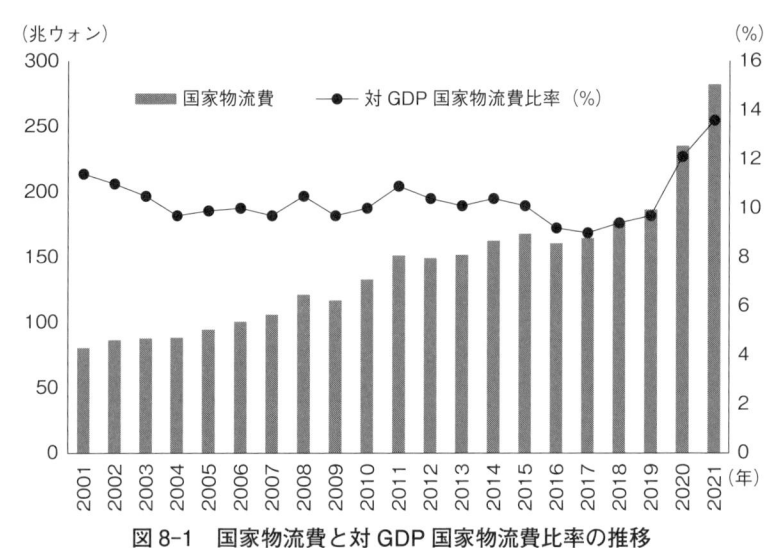

図 8-1　国家物流費と対 GDP 国家物流費比率の推移
（出所）韓国交通研究院　『2023 年国家交通政策評価指標調査事業　第 4 巻国家物流費（2021）』
（2023）を基に筆者作成.

保管費の割合は，2001 年に 22.3% であり，それ以降は 20% 前後に増減しなが
ら推移していたが，2015 年以降は増加し続けている．特に 2020 年には 32.1%
となり，前年より 7% ポイント増加したが，さらに翌年の 2021 年には 37.5%
まで増加している．近年，電子商取引事業の成長に伴う在庫管理費が増加した
ためである．

　韓国では，国家物流費が GDP に占める比率（対 GDP 国家物流費比率）を諸外
国と比較することで，韓国物流の非効率性を指摘する例が多かった．**図 8-2**
は，2001 年から 2021 年まで，韓国と日本の対 GDP 国家物流費比率を示して
いる．この約 20 年間，日本の対 GDP 国家物流費比率は，9% の前後で比較的
に安定している．最も低い値は 2010 年の 8.0% であり，最も高い値は 2014 年
の 9.4% である．同期間の単純平均値は 8.8% である．これに比べて，韓国は平
均値が 10.3% であり，日本より高く，変動も大きい．このことから，韓国の物
流産業は日本に比べて非効率的であると指摘されてきた．

　しかし，これは国家物流費を荷主企業の費用として捉えた分析である．国家
物流費は，韓国交通研究院の報告書でも述べられているように，物流活動の付
加価値として捉えることも重要である．荷主企業による物流活動から得られる
付加価値や，荷主企業から委託を受けた物流企業から得られる付加価値があ

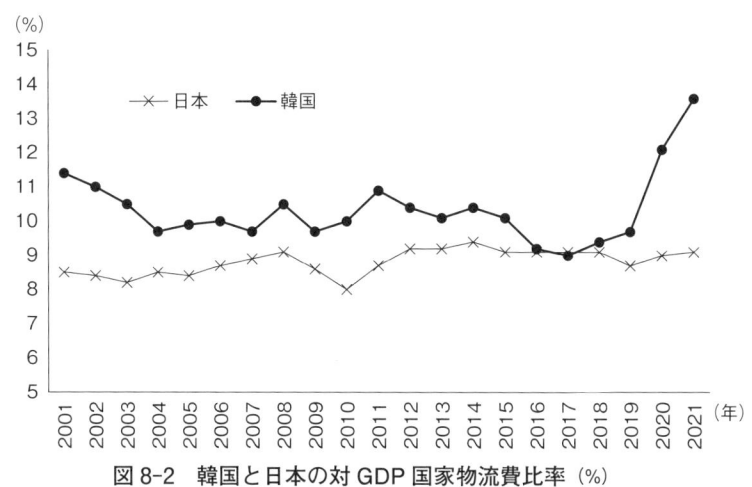

図 8-2　韓国と日本の対 GDP 国家物流費比率（%）

（出所）韓国交通研究院　『2023 年国家交通政策評価指標調査事業　第 4 巻国家物流費
（2021）』（2023），日本ロジスティクス協会『2023 年物流コスト調査報告書』
（2024），同『2022 年物流コスト調査報告書』（2023）を基に筆者作成.

り，これらの経済的な価値は GDP の構成要因となる．また，国家物流費は，潜在的な物流産業の規模として考えることも可能である．もし，家計，企業，政府などの一国の経済主体がおこなっている物流活動のすべてを物流事業者に委託すると仮定すると，国家物流費は物流産業の売上高と一致することになる．さらには，国家物流費は，物流活動によるコストであり，当然のことながら，物流活動量が増加すると物流費も増加する．そのため，国家物流費を単に削減対象として捉えるのではなく，費用の側面と付加価値の側面から分析する必要があろう．

2）単位輸送費からみる非効率性

韓国交通研究院の報告書では，効率性指標の一つとして単位輸送費を算定している．単位輸送費とは，1 トンの貨物を 1km 輸送するために要する経済的費用であり，輸送モード別の輸送費を，モード別の輸送活動量に除して算出している．

本章で用いる報告書では，2001 年と 2005 年と 2010 年の値のみが記されているため，2001 年から 2010 年までの各年の値は 2019 年に公開した韓国交通研究院の「2016 国家物流費調査および算定」のデータを用いる．ただし，

2001 年から 2010 年までの値は 2010 年基準の生産者物価指数を適用して実質価値に換算した値であるため，それ以降の値（2015 年基準の生産者物価指数を適用）との連続性にも注意が必要である．なお，2001 年から 2021 年までの年平均増減率は，2015 年の生産者物価指数を適用した実質価値基準で換算している．

　表 8-2 は，2001 年以降，トンキロ当たりの単位輸送費を示している．2001 年の単位輸送費は 543 ウォンであったが，その後増加し，2010 年には 717 ウォンと，32% も増加した．しかし，2010 年代に入ってからは減少傾向に転じ，2016 年には 602 ウォンまで減少し，2011 年に比べて 25% の減少となった．それ以降は増加し続け，2021 年には 818 ウォンとなっている．2016 年より 36% 増加している．韓国における単位輸送費は，2001 年から 2021 年までの 20 年間，年平均 1.51% の増加を見せている．

　輸送モード別にみると，道路輸送費が最も高く，2021 年時点で 961 ウォンである．鉄道輸送費は，73 ウォンであり，20 年間，年平均 1.62% の減少となった．船舶輸送費が年平均 1.39% の増加を示し，最も高い増加率となっているものの，単位輸送費は最も低く，2021 年時点で 40 ウォンである．

　このように，韓国の道路輸送費は，鉄道の約 13 倍であり，船舶の約 24 倍である．それにもかかわらず，トンキロベースでも道路輸送の分担率が 8 割であり，輸送コスト面で国内輸送の非効率性が指摘できる．当然のことながら，大量の長距離輸送が可能な鉄道や海上輸送を利用することで，輸送効率を上げることができる．しかしながら，輸送モードは品目によって，また輸送量や輸送距離によって，さらには要求されるリードタイムなどによって，適切なモードが異なり，単位輸送費だけで輸送モードを選択することはできない．

　単位輸送費から見える，より大きな課題は，道路輸送における非営業用すなわち自家輸送の非効率性である．2001 年における営業用と非営業用の道路単位輸送費を比較すると，それぞれ，順に 237 ウォンと 2077 ウォンであり，非営業用が営業用の約 9 倍である．20 年間，営業用の単位輸送費は年平均 2.4% の増加となっているが，非営業用の場合は 0.7% の増加にとどまり，2021 年には非営業用が営業用の約 6 倍になった．それでも，非営業用の単位輸送費（2666 ウォン）は営業用（425 ウォン）と大きな差がある．

　自家輸送については，積載率の非効率性がしばしば指摘されているが，以上で見たように，単位輸送費から見ても非効率である．しかし，韓国ではまだ自家輸送が約半分を占めており，これが韓国の物流における非効率性をもたらし

表 8-2 単位輸送費の推移　　　　　（単位：ウォン／トンキロ）

	道路輸送			鉄道輸送	船舶輸送	輸送総括
	営業用	非営業用	道路総括			
2001	237	2,077	794	91	27	543
2002	270	2,203	855	90	23	578
2003	283	2,114	837	95	26	596
2004	303	1,891	784	94	34	598
2005	310	1,809	764	87	35	588
2006	302	1,817	760	84	35	590
2007	330	1,847	789	82	37	602
2008	357	1,982	849	78	40	628
2009	366	1,902	831	74	51	643
2010	391	2,097	907	74	55	717
2011	457	2,418	1,050	79	50	803
2012	409	2,207	954	77	52	748
2013	388	2,037	887	75	48	686
2014	364	2,121	896	73	44	704
2015	350	2,070	870	74	45	689
2016	361	1,726	775	73	38	602
2017	333	2,114	759	82	36	607
2018	328	2,249	787	80	39	651
2019	334	2,331	811	75	38	671
2020	393	2,667	937	80	41	781
2021	425	2,666	961	73	40	818

（注）　2010 年までは 2010 年基準生産者物価指数を適用して実質価値に換算した値であり、2011 年からは 2015 年基準生産者物価指数を適用しているため、データの連続性に注意が必要である。
（出所）　韓国交通研究院「2016 国家物流費調査および算定」(2019)、同「2023 国家交通政策評価指標調査事業 第 4 巻国家物流費 (2021)」(2023).

ている。自家輸送を営業輸送に転換することで、積載率のみならず輸送コスト面でも効率を上げることになる。

3）零細な荷主企業の自家物流の非効率性

上記で、荷主企業の自家輸送が韓国物流における非効率性の課題となることを指摘したが、荷主企業の物流費に関しては産業通商資源部が製造業と流通業

（約1500社）を対象として物流コストを調査した「企業物流費実態調査」が参考になる．日本ロジスティクス協会が毎年調査報告する「物流コスト調査」のミクロ物流コストに当たる．

　企業物流費実態調査によると，対売上高物流費比率は，中小企業が大企業より高く，また，売上高が少ないほど高くなる．2022年の韓国における荷主企業の対売上高物流費比率は6.87%であった．つまり，1万ウォンの売上のためにかかる物流コストが687ウォンである．その比率は，大企業では6.33%となっているが，中小企業は6.98%である．他の年においても同様である．また，売上高が500億ウォン未満の企業のその比率は7.8%に上り，3000億ウォン以上の企業の場合，その比率は4.39%と，大きな差がある．他の年においても，売上高の規模が小さいほど，対売上高物流費比率が高いことが分かる．企業の規模が小さいほど規模の経済の効果が表れにくいため，物流費の比率が高くなっていると考えられる（表8-3）．

　そして，荷主企業の支払形態別の物流コストを見てみる．物流を物流専門事業者に委託した場合は支払物流費に計上され，自社でおこなった場合は自家物流費に計上される．**表8-4**は自家物流費の比率（荷主の物流費の中で自家物流費が占める割合）を示しているが，2022年時点で，大企業の自家物流費の比率が29%であり，中小企業は47%である．他の年でも同じであり，中小企業の自家物流費の比率が大企業のよりはるかに高い．また企業を売上高の規模別に分けてみると，売上高の規模が小さいほど自家物流費の比率が高いことが分かる．

表8-3　荷主企業の対売上高物流費比率

（単位：%）

		2018	2020	2022
企業区分別	大企業	5.37	6.63	6.33
	中小企業	6.63	7.16	6.98
売上高規模別	500億W未満	6.75	7.39	7.80
	500億W以上1,000億W未満	5.45	6.41	5.93
	1,000億W以上3,000億W未満	5.53	6.67	5.00
	3,000億W以上	5.21	5.80	4.39
全体企業		6.45	7.06	6.87

（注）　売上高規模のWは韓国通貨ウォンの意味．
（出所）産業通商資源部『企業物流費実態調査』各年版．

表 8-4　荷主企業の自家物流費の比率　　　　　　　（単位：%）

		2018	2020	2022
企業 区分別	大企業	16.4	31.5	29.0
	中小企業	53.3	58.8	47.0
売上高 規模別	500 億 W 未満	56.7	61.5	49.2
	500 億 W 以上 1,000 億 W 未満	16.7	40.8	33.2
	1,000 億 W 以上 3,000 億 W 未満	21.0	42.1	37.4
	3,000 億 W 以上	11.2	25.6	28.8

（注）　売上高規模の W は韓国通貨ウォンの意味.
（出所）産業通商資源部　『企業物流費実態調査』　各年版.

　対売上高物流費比率（表 8-3）と総合して考えると，一般的に，売上高の規模が小さい中小企業は自家物流をおこなう傾向があり，その結果として，物流費の比率も高くなっている．このことからすると，中小企業はコアコンピテンシーにより集中し，物流は専門事業者にアウトソーシングすることで，物流費を下げることができ，物流効率が上がると考えられる．さらには，この自営転換により，韓国の物流における効率も上がることになる．

　以上，韓国物流の非効率性について，荷主企業の自家物流を含め，国家物流費と企業物流費の両方から確認した．韓国の物流がほかの先進国に比べて非効率的であると指摘される際に，対 GDP 国家物流費の比率が用いられているが，前述したように，この比率の増減が必ずしも効率の増減であるとはいえない．国家物流費は，削減目標を持つコストの側面だけでなく，増加目標を持つ付加価値の側面もあるためである．企業物流費の分析からは，韓国における物流の非効率性の大きな原因が自家物流にあることが分かった．

　このことから，韓国物流の効率性を向上させるためには，GDP に対する国家物流費の比率を削減する対策を施すよりは，荷主企業の自家物流を物流専門事業者にアウトソーシングする自営転換を推進する対策が急がれると考えられる．

8・2　少子高齢社会の韓国における新たな課題

(1) 深刻な少子高齢化

1) 韓国の人口動向

　現在，韓国における深刻な社会課題の一つに少子高齢化がある．少子高齢化は，一般的に経済成長や国の財政などに負の影響を与え，労働力確保の視点からも課題として捉えられる．今も労働集約産業の特性を持つ物流産業にとっても，少子高齢化は深刻な課題の一つである．ここで，まず，韓国における少子高齢化の動向について確認する．

　2024 年 6 月，日本の厚生労働省は，日本の 2023 年合計特殊出生率（以降，出生率）が 1.20 であり，過去最低を更新したと発表したが，韓国の出生率は 0.72 を記録し，連年，過去最低を更新している．

　1970 年の韓国の出生率は 4.53 であったが，その後，減少してきた．1970 年代，当時の政府は，戦後のベビーブームの後，国の近代化のために人口増加の抑制対策を講じた．そこで，一家族で子供を二人までにする‘二人子政策’を取った．さらに 1980 年代に入ってからは，20 年前に比べて人口が 50% も増加したことを課題と捉え，二人子政策から‘一人子政策’に，人口増加の抑制を強化した．

　このような人口増加の抑制により，韓国の出生率は急激に減少し，1983 年の出生率は人口置換率[4] (2.1) の以下である 2.06 となった．その後も減少し，1987 年には 1.53 まで下落した．1990 年代前半には多少増加したものの，再び減少し，2005 年には 1.09 まで下がった．そこで，政府は人口を増加させるための出産奨励政策を取り始めた．しかしながら，その後も韓国の出生率は低下し続け，2018 年（0.98）には初めて 1 以下となった．さらに，2023 年には過去最低の 0.72 まで下落している．韓国は，2013 年以降，OECD 国の中で最も低い出生率を記録している（図 8-3）．

　1960 年に 2500 万人であった韓国の人口（外国人を含む，以降同様）は，1967 年に 3000 万人を超えた．その後，医療技術などにより寿命が延びてきたこともあり，17 年後の 1984 年には 4000 万人を超えた．その後は，上記のように出生率が低下した影響で人口増加率が低減し，28 年後の 2012 年になって 5000 万人を超えた．それからも人口増加率は低減し，2021 年に，韓国の人口は

5177 万人となり，前年の 5184 万人から減少した．

　韓国の統計庁によると，韓国の人口は今後も減少すると予測されている．**図 8-4** に示す 2023 年以降の人口は，出生率や期待寿命そして国際純移動のすべてを中位と仮定したシナリオによる推計値である．推計によると，これから 20 年も満たない 2041 年には，韓国の人口が 4985 万人になり，さらに 2072 年には 3622 万人まで減少する．現在の出生率のままであると仮定したシナリオでは，人口がさらに減少して，2072 年に約 3413 万人になる．いずれのシナリオでも，2070 年代の韓国の人口は，100 年前の 1970 年代の人口まで減少すると推計されている（図 8-4）．

2）生産年齢人口の減少

　以上のように人口減少が予想されている韓国であるが，それに伴い，高齢化による生産年齢人口の減少も深刻な課題である．一般的に 15 歳から 64 歳を生産年齢人口といい，その以下を年少人口，その以上を老年人口という．ただし，現在の韓国では大学を卒業してから社会に進出する例が多く，実際には 25 歳から労働力を提供している．そこで，生産年齢人口を 15-24 歳（便宜上，青年人口と呼ぶ），25-49 歳（同，中年人口），50-64 歳（同，長年人口）に分けて，1960 年から 2070 年まで割合の推移を見てみる（図 8-5）．

　1960 年には 15 歳未満の年少人口の割合が最も高く，約 42% を占めていた．

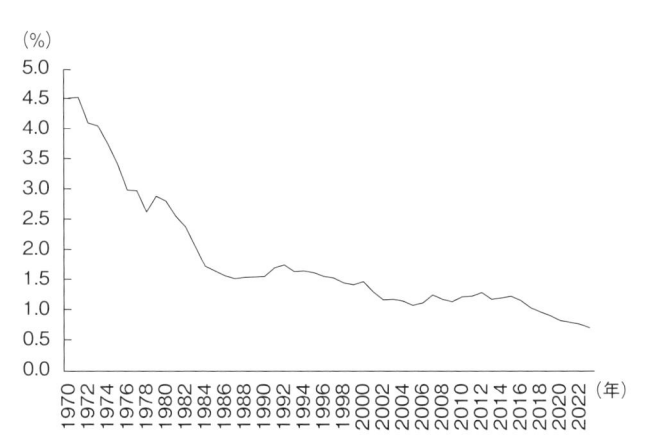

図 8-3　韓国の合計特殊出生率

（出所）統計庁データベース『人口動向調査』を基に筆者作成．

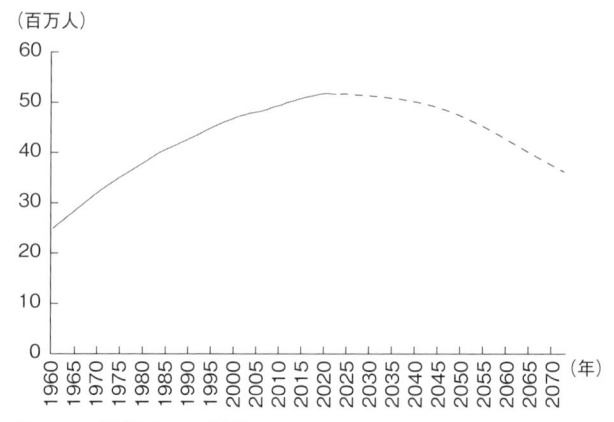

図8-4　韓国の人口推移（2022年まで確定人口，2023年から推計
人口）
（出所）統計庁データベース『将来人口推計』を基に筆者作成.

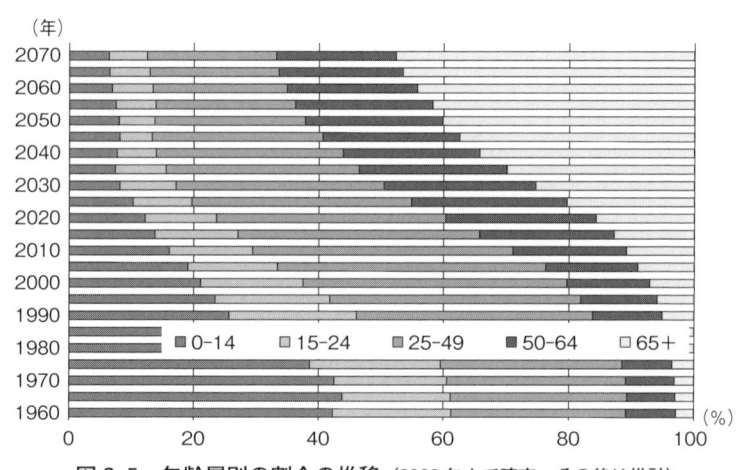

図8-5　年齢層別の割合の推移（2020年まで確定，その後は推計）
（出所）統計庁データベース『将来人口推計』を基に筆者作成.

次に中年人口が約28%であり，青年人口も約19%であった．約8%を占める
長年人口を合わせると，生産年齢人口の割合は約55%であった．その後，
1985年には，前述のように人口増加の抑制によって，年少人口の割合は約
30%に低下し，最も高い割合を占めるのは25歳から49歳までの中年人口（約
35%）であった．1970年代の年少人口が1980年代には青年人口になった結果，

1985年の生産年齢人口は約66%まで増加した.

1990年代と2000年代には,中年人口の割合が最も高く,約40%を占めていた.そして,青年人口は減少傾向にあった反面,長年人口が増加傾向にあったため,生産年齢人口の割合は2010年に約73%まで上った.しかし,15歳未満の年少人口(約16%)が65歳以上の老年人口(約18%)より少なくなり,少子高齢化の問題が進んでいた.

2020年には,生産年齢人口の割合(約72%)が減少に転じ,年少人口(約12%)と老年人口(約16%)の差も広がった.少子高齢化の問題がさらに深刻になってきたのである.

老年人口は,今後,その割合を伸ばしていくと予測されており,2035年(約30%)には中年人口(約31%)とほぼ同じになる.その後は,老年人口が最も高い割合を占め続け,2050年には約40%に,そして2070年には約48%までに増加すると推計されている.その反面,年少人口と青年人口は共に急減し,2070年にはそれぞれ約6%を占めると予測される.その結果,今後の韓国の生産年齢人口の割合は減少し続け,2055年には約51%になり,人口の半分のみが生産年齢人口になる.さらにその後も減少傾向にあり,2070年には約46%になると予測されている.

なお,韓国の高齢化は世界で最も急激に進んでおり,日本の総務省によると,2070年において韓国が世界で最も高齢化が進んだ社会となる(図8-6).

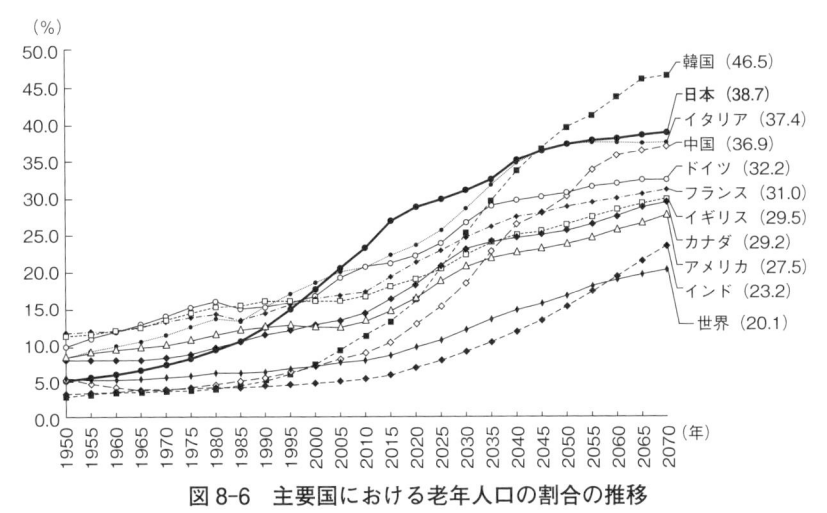

図8-6 主要国における老年人口の割合の推移

(出所)日本総務省 2023.9.17 報道資料 統計トピック, No.138, p.6.

（2）物流の無人化

1）物流の無人化の必要性

　以上で確認したように，韓国では少子高齢化が急速に進んでおり，今後の社会課題となっている．そのため，物流においても，機械化による省人化や自動化が進められてきた．たとえば，搬出入，棚入れ，ピッキング，包装，ラベリングなど，物流センターにおいては多くの物流作業が機械化されてきている．

　しかし，今後の韓国の人口動向を考慮すると，省人化だけでなく無人化が求められる．今まで自動化によって省人化が進められてきていたが，物流センター内における一部の作業のみが自動化されている．無人化まではまだ遠いのが現状である．さらに，物流センターの規模によっても自動化の状況が異なる．一般的に，中小企業の物流センターでは自動化が遅れており，人手による物流作業がおこなわれている．しかしながら，労働力確保の側面からすると，中小企業の物流センターは求人が容易ではない．中小企業も，長期的な視点から，センター内の作業の機械化を進める必要があろう．

　また，ラストマイル物流が増加していることを考慮すると，韓国においても，現在の日本で課題となっているドライバー不足の問題が顕著化すると予測できる．貨物自動車による輸配送がほとんどであり，今後もラストマイル物流が増加すると予想されている韓国として，輸配送の無人化は重要な課題の一つである．

2）輸配送の無人化のための法制度の改定

　韓国でも輸配送における無人化が進められている．そのため，諸外国と同様に，配送ロボットや無人航空機（ドローン）による配送に関する技術を開発し，法制度の改定をおこなってきた．

　関連法律の改定の主な内容は**表 8-5** に示されている．2016 年 3 月に「航空安全法」と「航空事業法[5]」を制定し，超軽量飛行装置とその使用事業について規定した．「航空安全法」の第 2 条第 3 号では "航空機と軽量航空機の以外，(中略)，動力飛行措置，ハンググライダー，パラグライダー，気球類および無人飛行措置などをいう" と定義している．また「航空事業法」で，超軽量飛行装置使用事業は国土交通部長官に登録する必要があると規定している．その要件は「航空事業法施行令」にて定められており，資本金（法人）または資産評価額（個人）が 3000 万ウォン以上，操縦者が 1 名以上，超軽量飛行装置（無人

表8-5　配送の無人化に関する法律の主要内容

制定・改定日	施行日	法律名 (主管部)	主要内容
2016.3.29 (制定)	2017.3.30	航空安全法 (国土交通部)	・超軽量飛行装置の定義
2016.3.29 (制定)	2017.3.30	航空事業法 (国土交通部)	・超軽量飛行装置使用事業の登録要件 ・超軽量飛行装置事業者の保険など加入義務
2023.3.14 (改定)	2023.9.15	個人情報保護法 (行政安全部)	・映像情報処理機器に移動型機器を追加
2023.4.18 (改定)	2024.1.1	道路交通法 (国土交通部)	・室外移動ロボットを定義 ・室外移動ロボットを歩行者として追加 ・室外移動ロボット運営者の義務と罰則を規定
2023.5.16 (改定)	2023.11.17	知能型ロボット開発および普及促進法 (産業通商資源部)	・室外移動ロボットを定義 ・室外移動ロボットの歩道通行の許容 ・室外移動ロボットの保険などを義務化
2024.1.16 (改定)	2025.1.17	生活物流サービス産業発展法 (国土交通部)	・配送手段としてドローンと室外移動ロボットを追加 ・その際の宅配サービス事業の登録要件の整備

(出所) 各法律を基に筆者作成.

飛行装置に限る) が1台以上, そして飛行装置別または事業者別に保険もしくは控除事業に加入することである. ただし, 最大離陸重量が25kg以下である無人飛行装置のみを使用する事業の場合は, 資本金などの要件からは除外される.

　そして, 本格的な無人化を推進するにつれ, 近年, 多くの法律を改定した. 2023年3月に, 室外の移動型映像情報処理機器の運営基準を整備するために, 「個人情報保護法」を改定した (同年9月施行). その改定理由には "既存のCCTVのような固定型の映像処理機器の他に, ドローンや自律走行自動車などを利用した移動型映像情報処理機器の使用が増加することにより, その機器の定義をおこなう" と記されている.

　また, 同年4月には「道路交通法」を改定し (2024年1月施行), 室外移動ロボットを歩行者とみなすことにした. 配送ロボットの歩道通行の法的根拠を備えた (第2条). なお, 同条第21項の3を新設し, 室外移動ロボットを定義しているが, そこには後述する「知能型ロボット開発および普及促進法」の第2

条で定められているものである，と述べられている．また，そのロボットを操作・管理する運用者に，正確な操作と安全な運用を義務付ける第8条の2が新設された．さらに，同法の違反時の罰則対象にも室外移動ロボットを追加し，そのロボットが規定を違反した場合は，ロボットの運用者が罰金または拘留もしくは過料に処されることになった（第157条）．

　さらに，同年5月には「知能型ロボット開発および普及促進法」が改定された（同年11月施行）．室外移動ロボットの定義が新設され，歩道通行を許容するロボットを明示した．同法では，室外移動ロボットを"配送などのために自律走行（遠隔制御を含む）して運行可能な知能型ロボットである"と定義している（第2条第4項）．また，室外移動ロボットの運行安全認証を新設（第40条の2と3）するとともに，人的・物的損害を賠償するための保険などへの加入を義務化した（第40条の4）．

　このような関連法律の改定の後，2024年1月に「生活物流サービス産業発展法」を一部改定し（2025年1月施行），ドローンと室外移動ロボットを運送手段として追加した（第2条）．また，宅配サービス事業の登録（第5条の3）においても，"貨物の集荷・配送にドローンまたは室外移動ロボットを利用する場合には，航空事業法第48条による超軽量飛行装置使用事業の登録，または知能型ロボット開発および促進法第40条の2による運行安全認証など大統領令の定める要件を備えること"が新設された．これによって，従来，二輪自動車を利用して宅配事業や小貨物配送代行サービス事業は，ドローンや配送ロボットも利用できるようになった．

3）物流の無人化における課題

　韓国では移動ロボットによる配送事業が2025年以降から可能になっているが，ドローンによる配送事業は2021年2月に始めて登録が認められている．事業者は，2018年に設立された'海洋ドローン技術'である．韓国でも，農業や撮影などでドローンを用いた事業はあったが，貨物の配送事業が認められたのは同社が最初である．

　同社は，釜山港やその沖に停泊中の船舶の船員などが注文した商品を，ドローンで船舶に配送する事業を開始した．現在は，光陽港や麗水港などまで事業を拡大しており，事業を開始してから約3年間，約900回の配送サービスをおこなっている．

　一般的に，停泊中の船舶には別の船舶によって配送しているが，それに比べると，ドローンによる配送は所要時間が 40 分から 5 分に短縮され，コストも 40 万ウォンから 5 万ウォンに軽減されると報告されている[6]．

　無人化による効果や課題について，精度の高い分析ができるほど十分な事例はないが，韓国では物流における無人化が着実に進められている．しかしながら，無人化のためには安全の担保が先決される必要がある．たとえば，物流センター内で無人化を導入する際に，事故や不祥事にも迅速に対応できるような対策を備えておく必要がある．また，ドローンやロボットによる配送は騒音などの問題を起こすだけでなく，交通や生活の安全に関する問題を起こすおそれがある．韓国の人口の多くが都市に密集しているため，特にこれらの問題に関する対策も必要である．

　韓国では少子高齢化が深刻化しており，物流の省人化や無人化は必要不可欠であろう．今後も韓国が物流を国家戦略とするならば，物流人材を育成しながら，労働集約型の物流産業から知識集約型の物流産業へ転換していくことが望まれる．そのあり方については今後の研究課題にしておきたい．

注

1) 冷凍倉庫で働く場合は，45 分の業務後 15 分休憩をとる．

2) https://www.edaily.co.kr/issue/list?gcode=1&hcode=3761（2024 年 8 月 23 日閲覧）にて詳細な内容が連載されている．

3) たとえば，韓国海洋水産開発院 2008「国家親環境物流体系構築のための Modal Shift 活性化方案」などがある．

4) 人口置換率とは，人口が増加も減少もしない状態となる合計特殊出生率である．

5) 1961 年に制定された「航空法」は，日本と同様に，航空事業，航空安全，空港施設など航空関連分野を網羅していたが，2016 年に「航空事業法」「航空安全法」「空港施設法」に分離制定した．なお，「航空運送事業振興法」は「航空事業法」に統合された．

6) 中小企業ニュース 2021.2.24 記事「国土部，‘ドローン配送’事業登録証初発給……ターミナル〜船舶有償配送開始」（https://www.kbiznews.co.kr/news/articleView.html?idxno=78256, 2024 年 8 月 31 日閲覧）．

あ と が き

　今は，国際化や情報化という言葉は相応しくない時代である．今の若年層が生まれた時から，既に国際社会や情報社会になっていたからである．企業は，情報技術を駆使しながら，世界中で企業活動を行っている．当然，物流やロジスティクスも国をまたいで行われている．

　企業は自社の商品や産業に合わせて，物流システムを構築しているが，物流システムの土台となるのが物流インフラである．物流インフラには制度・施設・技術があり，その整備状況は国によって異なる．そのため，国をまたいで企業活動を行う企業は，各国の物流インフラを検討し，必要によって対策を講じることが重要である．物流インフラの中で最も基本となるのは，国の法制度や政策である制度インフラである．制度インフラに基づいて施設インフラや技術インフラを整備するからである．そして，制度インフラの底辺には，その国の文化がある．

　韓国の文化として「パリパリ文化」が代表的である．誠実な国民性であるがゆえに，迅速に行動して，良い結果を得るように努力する文化である．一方，「パリパリ」働くメンバーをリードする側を表す言葉として，帝王的リーダーや家父長制がしばしば引用される．近年は薄れてきているものの，家庭では父が，企業では社長が，国では大統領が，絶対的なパワーを持つ．これらのリーダーが迅速に意思決定をし，ほかのメンバーは「パリパリ」働くような社会である．

　このような文化的な背景から，韓国は短期間で急激な経済発展を実現し，世界でも上位を占める経済大国となった．しかし，この文化が，制度インフラの継続性に影響する場合もある．韓国では，政権が変わると，以前の政権で計画・実施していた法制度を修正または廃止する場合がある．環境の変化に合わせ，より良い方向に改善する場合もあるが，前政権とは違う何かを見せること，しかも「パリパリ」結果を見せることを優先的に考え，拙速施行となる場合もある．そのため，新しい制度によって，すぐに良い結果を得たこともあるが，検討不足による副作用を経験したこともある．

　また，近年の消費者は，より良い商品やサービスをより迅速に提供してもら

うことを、当たり前として期待している．それに対応するために，企業は「パリパリ」働く．この企業努力によって，顧客満足を得る一方で，事故や過労などの副作用も現れている．

　私は，韓国と日本で働く機会をいただいたことに感謝している．また，ありがたいことに，日本と外国の企業が共同で行う事業などにお手伝いさせていただいたことが多数ある．その際いつも，日本の進め方は他の国と大きく異なることを感じていた．日本は，インクリメンタル・イノベーション，すなわち漸次的な革新を好み，慎重に進める．そして，十分な検討のために，組織内で議論や会議を繰り返している．いわゆる「ねまわしの職人文化」である．しかし，この慎重性が裏目に出た場合もある．日本の企業が期限を過ぎてしまい，事業のチャンスを逃したケースを数回見た．

　このように韓国と日本は，遠くから見ると，東アジア文化圏として類似したところもあるが，近くで見ると，異なるところも多い．だからこそ，互いに参考にすることができるであろう．韓国と日本の関係について「近くて遠い国」とよく聞く．今まで，韓国が日本の後を追い，日本をベンチマーキングしてきた．本書で取り上げた法制度の中でも，日本をベンチマークとしたものがある．一方，日本の後を追ってきた韓国が，今，大きく変わっている．物流の法制度に限ってみても，本書で述べた内航海運とラストマイルに関する法制度など，日本にない制度が施行されている．日本では，今，その検討を始めようとする動きがある．その際，本書が少しでも参考になることを願う．そして，物流に関する研究と学術交流を通じて，韓国と日本が「近くて親しい国」になると幸いである．

　大学院生の時，恩師から「文字を書くことは恥をかくことである」と言われた覚えがある．私の恩師である東京海洋大学名誉教授の苦瀬博仁先生には，物事の考え方から研究に対する姿勢まで，熱いご指導をいただいた．挫折しそうな時，先生のいろいろなお言葉を思い出しながら乗り越えてきた．いつも心から深く感謝している．そして流通科学大学名誉教授の森隆行先生と，同大学の田中康仁先生にもご指導と激励いただき感謝申し上げる．

　また本書は「2024年度流通科学大学教育研究費研究助成型出版助成費」を受けて刊行されたものである．研究の場や機会を与えていただき，激励のお言

葉もいただいている．深く感謝申し上げる．特に，執筆にあたり貴重な情報を提供してくださった方，インタビューに協力してくださった方，そして指導や助言をしてくださった方に心より感謝申し上げる．そして出版に対して労を取っていただいた晃洋書房に深謝申し上げる．

最後に，私の留学生活から今まで応援してくださる大友次巧氏，韓国で毎日祈っている家族，日本とオーストラリアを行き来しながら妻と息子を支えているKam，そしてママが一番好きと言ってくれる最愛の息子Kaiに愛を送る．

2025 年 1 月

李 志 明

参 考 文 献

〈邦文献〉

李雨承 2003「韓国における電子商取引による宅配サービス市場の成長要因分析に関する研究」早稲田大学大学院　博士学位論文.

李志明 2012「韓国の内航海運における外国人船員の雇用制度」『内航海運研究』1, pp.31-40.

——— 2013「韓国の海運税制に関する研究」『日本物流学会誌』20, pp.37-44.

——— 2014「内航海運事業と内航船員育成制度に関する日本と韓国の比較」『流通科学大学論集　流通・経営編』26(2), pp.131-144.

——— 2015「韓国の貨物自動車運輸産業からみる日本の内航海運産業の構造改善の可能性に関する一考察」『内航海運研究』4, pp.31-40.

——— 2018「オーストラリアにおける内航海運の動向とカボタージュ規制に関する研究」『流通科学大学論集　経済・情報・政策編』26(2), pp.1-17.

小尾敏夫・岩崎尚子 2012「国際競争力新指標に関わる研究——超高齢社会の ICT 利活用の効用分析——」『早稲田大学総合研究機構プロジェクト研究プロジェクト研究』7, pp.17-28.

権五京・苦瀬博仁 2012「世界 125 か国を対象とした国際競争力と国際物流効率性の相互関係に関する分析」『日本物流学会誌』20, pp.173-180.

苦瀬博仁 1999『付加価値を創出するロジスティクス』税務経理協会.

国土交通省 2022『航空管理状況調書』.

国土交通省国土交通政策研究所 2023「物流分野における高度人材の育成・確保に関する調査研究」.

齋藤之美・齋藤勝宏 2011「国際競争力指標とその推計について」『季刊 創価経済論集』XL, pp.27-44.

全日本トラック協会 2022『日本のトラック輸送産業現状と課題 2022』.

内航海運研究会 2011『カボタージュ規制について』.

南根祐 2018「韓国のセマウル運動と生活変化」『日常と文化』5, pp.23-37.

日本ロジスティクス協会 2023『2022 年物流コスト調査報告書』.

——— 2024『2023 年物流コスト調査報告書』.

野副伸一 2007「朴正煕のセマウル運動——セマウル運動の光と影——」『アジア研究所紀要』34, pp.251-273.

松本武祝 1993「1970 年代韓国農村におけるセマウル運動の展開過程」『商経論叢』28(4), pp.126-171.

森隆行ほか 2014『内航海運』晃洋書房.

〈欧文献〉

Michel, Roberto 2020 "Answering the call for micro-fulfillment," *Modern Materials Handling*, pp.26-31.

The World Bank 2007 *Connecting to Compete: Trade Logistics in the Global Economy*.

――― 2016 *Connecting to Compete: Trade Logistics in the Global Economy*.

――― 2023 *Connecting to Compete : Trade Logistics in an Uncertain Global Economy*.

World Economic Forum 2017 *The Global Competitiveness Report 2017-2018*.

――― 2018 *The Global Competitiveness Report 2018*.

――― 2019 *The Global Competitiveness Report 2019*.

Yang, Xuefei, et al. 2024 "Winning the race to customers with micro-fulfillment centers: an approach for network planning in quick commerce," *Central European Journal of Operations Research*, 32, pp.295-334.

〈韓国語文献〉可能な限り日本語表記をし，個人の著者名はローマ字で表記した

Beak Chong-Sil・Kim Young-Min・Woo Jung-Wook 2013『物流管理論』ドゥナム.

Cho Gyoung-Chul 2007「宅配産業の市場展望」『隔月刊物流』2, pp.32-35.

Cho Hm-Hak・Baek Hee-Chong 2021「宅配ドライバーの労働の現状と災害の予防」,『社会法研究』45, p.219-244

Cho Yong-Man 1979「物流環境の変化による今後の課題」『韓国鉄道』147, pp.80-82.

Choi Jae-Hoon・Kim Choel-Min 2013「貨物自動車運送市場の現況および先進化方向研究」『経済経営研究』8(1), pp.35-46.

Choi Seo-Ri・Hyon Chae-Min 2018「国内外国人船員（E-10）滞留管理の問題点と改善方案」『IOM 移民政策研究院 ISSUE BRIEF』2018-03.

Eom Ji-Yong 2022『コネクタース』マインドビルディング.

Han Sang-Yong 2010「営業用道路貨物運送業の生産効率性評価および影響要因分析」『大韓交通学会誌』28(5), pp.31-41.

Han Sang-Yong・Lee Jung-Yoon 2011「道路貨物運送業の特性が貨物運送エネルギー効率性に与える影響の分析」『物流学会誌』21(2), pp.59-84.

Hwang Jeong-Hee 2021「外航船員と内航船員の職務ストレスと職務満足度」『水産海洋教育研究』33(6), pp.1335-1346.

Jeong Seung-Ju・Lee Jee-Sun・Shin Min-Seong 2019「運輸業調査のマイクロデータを用いた物流産業の両極化水準の実証分析」『交通研究』26(4), pp.15-31.

Jun In-Sung・Ahn Seung-Bum・Yun Kyong-Jun 2024「GIS を活用した都心物流センターの拠点選定のための研究――ソウル市を中心として――」『韓国港湾経済学会誌』40(1), pp.71-85.

Kim Chan-Ho・Park Sang-Wouk 2009「我が国物流産業の現況および競争力分析」『経営情報論叢』第 19 巻統合号.

Lim Jong-Seok 2018「貨物自動車安全運賃のメカニズムと影響要因に関する研究」『物流学会誌』28(2), pp.9-20.

Ma Jin-Hee・Oh Seung-Chul・Ahn Young-Hyo 2016「我が国の中小宅配業者の競争力の分析および強化方案」『物流学会誌』26(2), pp.27-39.

Ma Jong-Su 2023「2023 年，CJ 大韓通運とクーパンの生死をかけた宅配戦争」『物流統計フォーカス』韓国統合物流協会.

Shin Dong-Sun 2006『貨物自動車の空車率の低減および積載率の増進方案』韓国交通研究院.

So Sung-Kyu・Kwon Young-Tack 2022「宅配サービス産業関連法律関係および法制度の改善方案」『法と政策研究』22(2), pp.33-63.

Song Gye-Eui 2011「我が国の宅配産業の競争力堤高要因」『韓国貿易商務学会誌』30 pp.163-185.

Woo Jung-Wouk・Kim Jin-Bang 2005「韓日貨物自動車運送業の現況と課題の比較研究」『流通情報学会誌』8(1), pp.79-105.

仁川国際空港公社 2021『2020/2021 社会的価値実現報告書』.

海洋水産部 2015『釜山港世界 2 大トランジット・ハブ港育成および特化発展戦略』.

―― 2021『第 3 次港湾背後団地開発総合計画（2017-2030）（変更）』.

―― 2021『第 4 次（2021-2030）全国港湾基本計画』.

―― 2023『海洋水産統計年報』.

韓国海運組合 2004『沿岸海運統計年報』.

―― 2008『沿岸海運発展のための内航商船船員の安定的受給方案研究』.

―― 2017『沿岸海運統計年報』.

―― 2019『内航商船外国人船員雇用ガイドブック』.

―― 2023『沿岸海運統計年報』.

―― 2024『2024 年度内航貨物運送事業登録業者の現況』.

韓国開発研究院 2009『2009 年度予備妥当性調査報告書　仁川国際空港 3 段階拡張』.

韓国海洋水産開発院 2008『国家親環境物流体系構築のための Modal Shift 活性化方案』.

韓国交通研究院 2019『2016 国家物流費調査および算定』.

―― 2023『2023 年国家交通政策評価指標調査事業　第 4 巻　国家物流費（2021）』

―― 2023『貨物運送市場動向』.

建設交通部 2000『国家物流基本計画（2001 ～ 2020）』.

建設交通部・海洋水産部 2006『国家物流基本計画（修正計画 2006 ～ 2020)』.

交通開発研究院 2000『貨物自動車運送事業の現況と規制緩和の効果分析』.

交通部 1993『交通統計年報』.

―― 1994『交通統計年報』.

国土海洋部 2011『国家物流基本計画（修正計画 2011 ～ 2020)』.

国土交通部 2018『国家交通統計』.

―― 2021『第 6 次空港開発総合計画（案）（2021 ～ 2025)』.

―― 2022『国家交通統計』.

―― 2024『国土交通統計年報』.

国土交通部・海洋水産部 2016『国家物流基本計画（2016 ～ 2025)』.

————2021『国家物流基本計画（2021 ～ 2030)』.

国土交通部・韓国交通研究院 2017『全国貨物通行実態調査』.

国土交通部・消防庁・韓国建設技術研究院・韓国消防安全院 2021『物流倉庫火災安全管理
　　マニュアル』.

国家人権委員会 2015『民間部門非正規職人権状況実態調査——特殊形態勤労従事者を中心
　　として——』.

国家物流統合情報センター 2024『生活物流統計』.

産業通商資源部 2018『企業物流費実態調査』.

————2020『企業物流費実態調査』.

————2022『企業物流費実態調査』.

全国貨物自動車運送事業組合連合会 1977『貨物自動車運送事業 20 年史』.

釜山港湾公社 2023『2023 年釜山港湾公社主要事業計画』.

————2023『釜山港年度別物動量』.

物流新聞社 2011『物流産業総覧』.

索　引

【アルファベット】

BBCHP　　73
GCI　　8
IoB　　158
IoT　　158
LPI　　15
WEF　　8

【あ】

一般貨物自動車運送事業　　112
仁川国際空港　　20
インランドコンテナデポ　　148
運輸業調査　　92
曳艀船　　66
オートストア・システム　　155

【か】

海運業　　40
海運業法　　40, 41, 72
海技免許　　76
外国人船員の雇用制度　　83
外国人の雇用許可制度　　82
外国人の産業研修制度　　82
海上運送事業法　　40
海上運送付帯事業　　40
カボタージュ　　63, 70
貨物自動車運輸事業法　　112
貨物ターミナル　　42
貨物流通基本計画　　42
貨物流通促進法　　41
韓国統合物流協会　　170
共有型倉庫　　155
共有経済　　154
許可制　　113
経済成長率　　4
港湾運送事業法　　40
港湾運送付帯事業　　40
港湾法　　41
国際競争力　　8

国際競争力指標　　8
国際物流拠点　　60
国籍取得条件付裸用船　　73
国家物流基本計画　　43, 51
国家物流費　　181
個別貨物自動車運送事業　　112
コンテナ貨物　　32

【さ】

自家物流費の比率　　186
自家輸送　　184
自家用貨物自動車運送　　105
室外移動ロボット　　193
自動車運輸事業法　　109
小貨物一貫輸送事業　　125
小貨物配送代行サービス　　49
少子高齢化　　188
省人化　　192
スマート物流　　158
スマートセンター　　48, 149
スマートセンターの認証制度　　149
生活物流サービス法　　49
生産年齢人口　　189
世界銀行　　15
世界経済フォーラム　　8
船員の高齢化　　80
船員ビザ　　84
船舶運航事業　　40
船舶管理会社　　85
船舶の高齢化　　68
船舶法　　71
船腹量　　65
総合物流事業者　　43
送出国　　85

【た】

ダーク・ストア　　153
対 GDP 国家物流費比率　　182
宅配取扱量　　133
宅配労働組合　　143

多段階構造　119
単位輸送費　183
注文配送施設　49
直接運送制　119
デジタルツイン　158
登録制　64, 110
特殊形態勤労従事者　141
特殊目的高校　163
特性化高校　163
トランジット率　33
ドローン　51, 192

【な】—————————————

内航海運　63
内航船舶数　64
内陸物流基地　148

【は】—————————————

配送ロボット　192
一人当たり GDP　6
部員　80
複合運送周旋業　42
複合貨物ターミナル　148
複合物流ターミナル　48
釜山港　27
物流インフラ　37
物流学修士　170
物流学博士　170
物流管理士制度　42
物流教育　163
物流高校　164
物流効率性指標　15

物流産業　91
物流産業統計　92
物流事業　42
物流施設法　45, 147
物流政策基本法　43
物流脆弱地　50
物流専門大学院　168
物流大乱　113, 145
物流団地　147
物流の発展過程　177
平均賃金　7
PEST 分析　156

【ま】—————————————

マイクロ・フルフィルメント・センター　153
マイスター高校　78, 164
マクロ物流コスト　181
ミクロ物流コスト　186
無人化　192
無人航空機　192
無人宅配　51
免許制　109
モーダルシフト　180
持込車オーナー　108
持込制　108

【や・わ】—————————————

輸送分担率　63
用達貨物自動車運送事業　112
ラストマイル　49, 125
流通団地開発促進法　45

《著者紹介》

李　　志　明（い　じみょん）

1973 年生まれ.
東京海洋大学大学院海洋科学技術研究科博士後期課程修了.
現在，流通科学大学商学部准教授.

《主要業績》

『ロジスティクス概論：基礎から学ぶシステムと経営』（共著），白桃書房，2014 年.
『内航海運』（共著），晃洋書房，2014 年.
『サプライチェーン・マネジメント概論：基礎から学ぶ SCM と経営戦略』（共著），
　　白桃書房，2017 年.

激変する韓国の物流

2025 年 3 月 20 日　初版第 1 刷発行　　＊定価はカバーに
　　　　　　　　　　　　　　　　　　　　表示してあります。

著　者　李　　志　明 ©

発行者　萩　原　淳　平

印刷者　藤　原　愛　子

発行所　株式会社　晃　洋　書　房

〒615-0026　京都市右京区西院北矢掛町 7 番地
電話　075-312-0788 番 ㈹
振替口座　01040-6-32280

装丁　藤原印刷株式会社　　　　　　印刷・製本　藤原印刷㈱
ISBN978-4-7710-3950-6